债务危机、资产泡沫与经济衰退

李延喜　孙文章/著

大连出版社

图书在版编目(CIP)数据

债务危机、资产泡沫与经济衰退 / 李延喜，孙文章著. —大连：大连出版社,2015.7

ISBN 978-7-5505-0869-9

Ⅰ.①债… Ⅱ.①李… ②孙… Ⅲ.①债务危机—研究—世界 Ⅳ.①F811.5

中国版本图书馆 CIP 数据核字(2015)第 057879 号

出 版 人:刘明辉
策划编辑:刘明辉 毕华书
责任编辑:姚 兰
封面设计:林 洋
版式设计:毕华书
责任校对:张丽娜
责任印制:刘正兴

出版发行者:大连出版社
地址:大连市西岗区长白街 12 号
邮编:116011
电话:(0411)83621349/83621075
网址:http://www.dlmpm.com
电子信箱:bhs@dlmpm.com
印 刷 者:大连永盛印业有限公司
经 销 者:各地新华书店

幅面尺寸:170mm×240mm
印 张:13.25
字 数:205 千字

出版时间:2015 年 7 月第 1 版
印刷时间:2015 年 7 月第 1 次印刷
书 号:ISBN 978-7-5505-0869-9
定 价:32.00 元

如有印装质量问题,请与我社营销部联系
购书热线电话:(0411)83621349/83621075

作者简介

李延喜，博士，教授。他将教学与科研相结合，针对财务、会计、信息披露、管理者行为等方面开展理论研究和实证探讨，主持过国家自然科学基金项目、教育部人文社会科学研究一般项目、霍英东教育基金会高等院校青年教师基金项目等，成功为企业提供咨询服务。他讲授的“财务管理”课程入选国家精品课程和国家级精品资源共享课，他指导的学生曾经获得“挑战杯”中国大学生创业计划竞赛三等奖。

孙文章，博士研究生，主要研究方向为公司金融、盈余管理。

序

社会结构的多元化、经济系统的复杂性导致世界各国面临更多的挑战。自美国次贷危机发生以来,虽然各国不断调整经济政策,刺激经济发展,但是效果不大,有的反而带来了更大的弊端。

美国的市场经济越来越受到政府管制、高额税收和两党争端的影响,全球竞争力和创新力的垄断性不断削弱。虽然道琼斯指数创造了历史新高,但是公司和股东对利润的最大限度的攫取,严重阻碍了公司对创新和探索的投资。危机带来的高失业率也制约了员工薪酬的提高,在通货膨胀的考验下,居民的消费欲望减退,经济压力不断加大。

欧盟暂时帮助希腊渡过了危机,但是随之而来的是意大利、塞浦路斯、西班牙、爱尔兰困局。一个共同的欧洲市场、一个强势的欧元对欧盟至关重要。成员国良莠不齐决定了欧盟和各国领导人面临国内民族主义的压力,在维护欧盟整体利益还是保护国内居民利益之间步履维艰。

经济全球化进程的深入推进,带来了新的发展机遇,当然也伴随着一系列的严峻挑战。工业化、信息化、城镇化、市场化、国际化以及人口发展等,致使经济发展与环境保护、资源供给的矛盾越来越突出。以中国为代表的金砖国家,经济快速发展和粗放式扩张模式越来越受到环境、资源的约束,经济发展模式面临调整,但是方向不明。

多年来,中国政府审视国际多变的经济环境,有效地实现了经济的稳定和发展。同时,通过积极参与全球经济,不仅较好地实现了本国经济的快速发展,而且为其他国家提供了可供借鉴的经验。

资本是经济全球化中最活跃的因素,资本全球化是经济全球化的主要形式。可是,资本的泛滥,会在一定程度上导致经济的“飘浮”,形成巨大的经济泡沫。巨大的泡沫下面隐藏着的是国家和地区的债务危机,危机的起源在于公共体系的过度扩张和无限制的货币超发,最终使这些国家自毁诚信体系。

诚信是一切社会和经济活动的基础。东汉的许慎在《说文解字》中对“诚信”的解释为:“诚,信也,从言成声”;“信,诚也,从人从言”。中国社会科学院语言研究所词典编辑室编的《现代汉语词典》指出:“诚信:诚实,守信用。”诚信是指诚实、真实不欺的品格,在政务、商务、社会和司法领域,诚信是最基本的道德品质。宋代理学家周敦颐认为,“诚者,圣人之本”,“诚,五常之本,百行之源也”。西方社会的诚信观念主要有两个来源,一个是基督教文化中的诚信观念,另一个是古希腊文化中的契约理论。简单说,诚信就是在不欺不诈的前提下履行契约。

债务危机表面上看是现金流量短缺造成的支付危机,本质上是违背了诚信而超发债务,明知不能或者无力偿还,却偏偏要发债维持表面的繁荣。因此,债务危机是对诚信违约的偿还,只不过代价太大,不仅仅要偿还债务资金,更严重的是把人的诚信、国家的尊严给丢掉了。

目 录

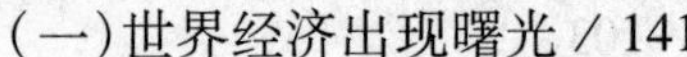

导 言

2007 年,美国发生次贷危机。从 2008 年起,金融危机开始席卷全球,世界经济前景暗淡,经济指标下滑,失业率攀升,经济一片萧瑟。

2009 年,世界各国纷纷推出刺激经济的各项计划,大量资金纷纷突破樊笼涌向市场,到处是投资繁忙的景象,拉动经济的效果逐渐显现。

2010 年,金融危机的大潮已经得到控制,大部分国家的经济已经呈现出回暖势头,但是金融危机的余波仍然在到处泛滥,致使一些国家在慌乱中推出各式的补救政策和措施,虽然解决了眼前问题,但是从长远来看,获益不是很明朗。

2011 年,随着全球经济政策的逐步推出以及闲置产能的不断消耗,前期增长的动力减弱。与此同时,欧洲债务危机时好时坏,使人们对全球经济复苏产生了忧虑。总体来说,造成欧洲债务危机的原因主要是:一方面,这些国家虽然拥有统一的中央银行,但是财政部门并不统一,所以这些国家都会纷纷选择利用各自的财政政策以财政赤字为代价来刺激本国经济,同时,监督和约束机构的局限性导致这些国家的预算并不能得到很好的控制,导致货币超发,债务负担无法承担,从而诱发各国的债务危机。另一方面,各国政府对经济政策的选择不一,导致各国的经济发展严重不均,结构出现严重的失衡,使欧洲整体债务水平偏高,为欧债危机的爆发提供了诱因。

2012 年,美国经济出现复苏信号,房地产市场呈现底部上扬的良好态势。与此同时,其他各个国家考虑分别从消费、投资和进出口这三驾马车入手来刺激经济发展,但是,相对于本国的年产值来说,债务的数额过于庞大,债务违约的风险也在逐渐提高。因此,对全球经济产生的重要拉动作用,还有待观察。

金融危机过后，世界经济虽然出现了首次复苏的曙光，但是由于缺乏新的经济热点和发展模式创新，前期高投入带来了债务扩张泡沫和通货膨胀双重压力，世界经济就像是吃了观音土的饿汉，肚子大了，但是无法消化。

如何应对债务危机，并保持经济稳定发展，是各个国家迫切要解决的严峻问题。

第一章　揭秘美国次贷危机

2003 年，美国的经济开始复苏，为了防止通货膨胀的反弹，2004 年 6 月到 2006 年 6 月期间，美联储连续 17 次上调联邦基准利率。多年来，众多美国民众通过房屋升值进而获得贷款的方式来维持生计。由于市场利率偏低，房屋价格不断上涨，住房抵押贷款者可以利用已经升值的房产作为抵押，以比原有贷款条件更为优惠的条件，再借入一笔新的贷款，偿还旧贷款之后多出的部分便可作为自己的消费开支。但美联储不断地升息导致房贷市场利率上升同时房价下跌，使得再融资者失去偿还新贷款的能力，导致"断供"的出现。违约率的攀升直接导致抵押支持债券（MBS）以及担保债务凭证（CDO）的价格下跌。

2007 年，美国新世纪金融公司向法院申请破产保护，这是美国房市降温以来最大的一起次级抵押贷款机构倒闭案。2004 年 12 月，该公司市值超过 35 亿美元，而到了 2007 年 4 月，公司股价已经跌去97%。由于新世纪金融公司是美国第二大的住房抵押贷款公司，该公司给众多美国购房者提供了按揭贷款，因此其破产引起极大的市场恐慌。美国的次贷危机由此爆发了。

一、房地产繁荣过后的危机及救助措施

（一）房地产繁荣过后的危机

美国房地产市场是二手房占据销售市场主导地位的市场，其原因是美国人迁徙较频繁，所以房屋的换手率较高。就 2006 年来说，美国本土全年共出售约 765 万套房屋，二手房的比重达到了 86%。人口的大量流动推动了美国的城市化进程，与此同时，土地的价格逐渐升高，此外，人工等建筑成本升高，都促使房屋价格提升，推动美国房地产市场的发展。

2000 年，美国南部和中西部的平均房价大约为每套 15 万美元，东西

部沿海地区的平均房价大约为每套25万美元。从1970年到2000年的30年中,只有很少年份的房价年增长率超过5%,有18年的房价年增长率只有2%,甚至比当时的消费品物价指数(CPI)的增长率还低。1970年到2000年这段时期,美国的房地产市场相对来说比较健康,房价的上升速度不快,房地产市场没有泡沫。

然而2000年的网络泡沫破裂以及2001年的"9·11"事件使美国经济受到严重打击,为了刺激经济复苏,美联储采取低利率政策,多次下调联邦基准利率。2003年6月,美国联邦基准利率已经低至1%,成为近50年来的最低水平。在下调基准利率的同时,房贷利率也在不断下调。在低利率政策的刺激下,美国的企业和家庭纷纷贷款对房地产进行大笔投资,美国房地产市场出现供销两旺的异常火爆局面,房贷发放的数额、房价、房产销售量从2000年下半年开始迅速飙升。

同时,美国的金融创新,也就是次级抵押贷款、抵押支持债券以及其他金融衍生工具,纷纷推向市场,使得美国中低收入者在没有良好信用或者不需要更多首付款的条件下能够买房子,这刺激了美国人购买房子的积极性,同时也促进了房地产市场和金融市场的发展。

房地产市场的持续繁荣,带动了建材、建筑、装修等与之相关的上下游行业的迅速发展,在很大程度上把房地产市场和宏观经济的发展紧密联系起来,从而有力地支撑了网络泡沫破裂后美国经济的发展,使其保持强劲的发展态势。学者们对美国房地产市场和宏观经济相关性的研究分析表明,2001年已经明显进入衰退期的美国经济在房地产市场的拉动下增长率提高了0.5个百分点。

在推高房价的同时,流动性也造成了物价上涨的负面影响,为此,2004年6月以后,美国变更了利率政策,结束了2000年以来的降息,开始收缩银根,从而降低流动性。从2004年开始,美联储17次加息,到2006年8月宣布将基准利率维持在5.25%。基准利率的提高直接导致贷款成本的增加,令很多购房者不得不放弃投资机会,大量炒房资金也纷纷撤出市场,房价开始迅速下滑。不断升高的利率导致80%的次级抵押贷款持有者每月的还款金额在不到半年的时间里上涨了30%~50%,持续上涨的贷款利息增加了购房者的还款压力,从而促使违约现象增多。

2001年到2004年，低利率抬高美国人购房热情	→	2006年，10%~12%的高利率水平增加了次级抵押贷款的风险	→	房地产市场疲软是危机爆发的根源	→	世界经济紧密联系，危机向全球蔓延
↓		↓		↓		↓
贷款机构降低门槛	→	利率上调导致借贷者不能按时偿还贷款	→	许多金融机构陷入困境	→	美国股市暴跌，全球各大股市均受影响，更多的金融机构陷入危机

图 1－1　次贷危机发展路线图

在持续加息的过程中,越来越多的次级抵押贷款的借款者无法按时偿还每月高额的贷款本息从而破产,其房子被银行收回,并被再次投入市场,进一步增加了房地产市场的供应量,刺激了房价继续下跌。

从 2006 年开始,美国房地产市场开始衰退,房价不断下跌。如果手中的房产不能以令人满意的价格出售,借款人就索性对外宣称破产,贷款人得到的仅仅是价值远低于放贷金额的房产。一些贷款机构出现亏损,甚至破产,也正是因此,由次级抵押贷款所支持的债券也就成了垃圾债券,这又导致投资这些债券的相关基金公司和金融机构发生财务困难。投资者知晓这个信息后,都要求赎回投资,制约了基金公司的流动性,迫使其暂停赎回债券,导致投资者产生更大的恐慌。商业银行从自身安全考虑不愿拆出资金。出现困难的金融机构从银行和债券市场都无法获得融资,次贷危机就升级为流动性危机。所谓的流动性危机,表现为资产价格下降至其内在价值之下,或金融机构外部融资条件恶化,或金融市场参与者数量下降,即流动性不足的结果。而流动性危机的深化致使投资者对市场失去信心,导致美国股市下跌,并最终引爆了次贷危机。

次贷危机对美国乃至全世界范围内股市产生了重大影响,随着美国新世纪金融公司宣告破产,美国股市全线下跌,同时对全球股票市场造成直接影响。

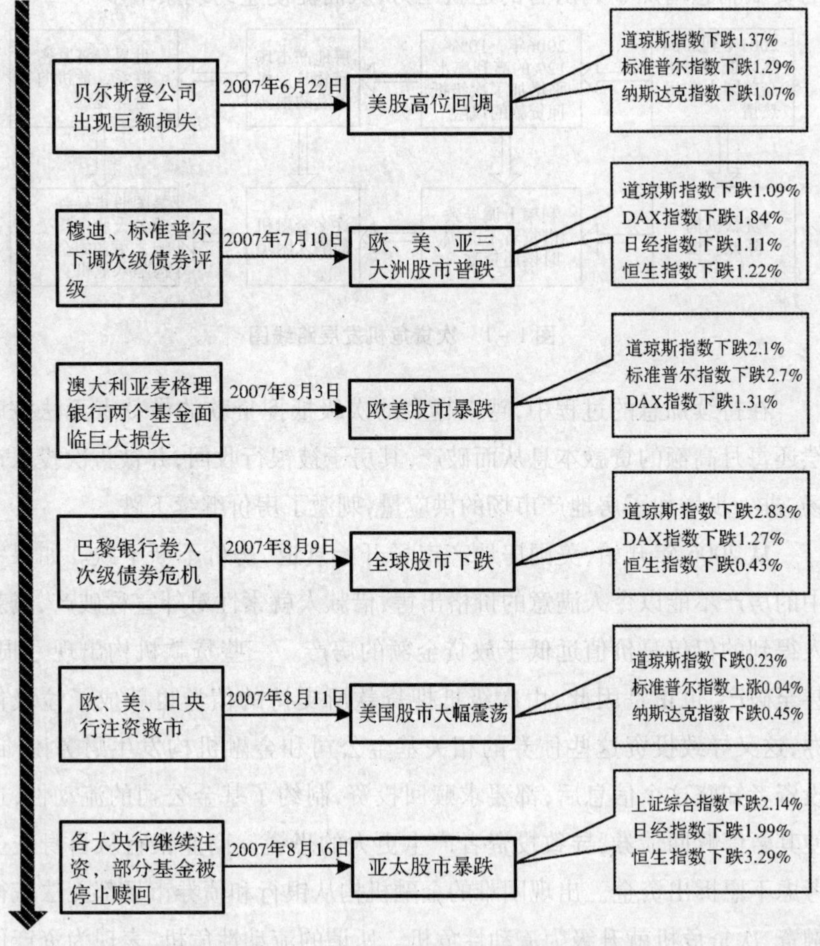

图 1－2　次贷危机对全球股市的影响

自 2006 年 9 月以来，美国三大股指总体上都保持了良好的上升趋势，直到 2007 年 4 月次贷危机爆发。危机爆发后，三大股指都有很大跌幅，之后各种救市措施开始实施，虽然股指出现了短暂回升，但市场仍然处于低迷状态。整体上看，次贷危机对中国股市也有一定程度的影响，但由于近几年中国经济和资本市场的快速发展，次贷危机并没有对沪深两市的长期走势造成显著的影响。

(二)救助措施

1. 美国政府的应急措施

(1)及时采取措施稳定国内外投资者对金融市场的信心

一般情况下,在金融危机爆发后,投资者会产生恐惧心理。这时,丧失信心的投资者为了最小化自己的损失会及时从金融市场中撤出。随着恐惧心理的传播,大量投资者将会不顾一切地撤走资金以减少损失,从而导致市场的整体混乱。这又会进一步增强危机的冲击力,使整个金融市场陷入低迷。

次贷危机爆发伊始,美国金融市场充满了恐慌,在此关键时刻,美联储和美国财政部及时站出来对美国宏观经济的发展状况进行分析,做出乐观评价。这种官方的表态对稳定和恢复金融市场信心起到了重要作用,在一定程度上避免了危机的进一步扩大和金融市场的过度反应。

(2)防止房地产市场恶性循环

个人住房抵押贷款的一大特点是抵押品的价值与贷款发放量在一定程度上是成正比的。危机爆发后,房价大幅下跌,市场处在萎缩状态中,如果此时急剧收缩信贷规模,将会堵塞购房者的融资渠道,变相压制房地产市场的需求,使得房产的销售状况雪上加霜,导致房价进一步下跌,从而进入恶性循环。另外,被抵押的住房一旦被宣布拍卖会进入市场,导致房地产市场上现存房的数量急剧增加,加剧房价下跌以及房地产市场的滑坡。因此,重视控制个人住房消费信贷市场,防止大规模的信贷收缩是保障房地产市场需求、防止市场进入恶性循环的重要措施。

为了防止市场恶化,美国国会讨论向银行及其他抵押贷款机构实施限制性措施,要求在整个贷款期限内对浮动利率抵押贷款借款人的还款能力进行全程评估,以防止更多人因不能按时还贷而丧失抵押品赎回权。美国住房和城市发展部建议,联邦国民抵押贷款协会(Federal National Mortgage Association,简称 Fannie Mae,中文简称房利美)和联邦住宅贷款抵押公司(Federal Home Loan Mortgage Corp. ,简称 Freddie Mac,中文简称房地美)等大型抵押贷款机构应该延长经济困难的购房者的还贷期限。

(3)利用大型住房信贷机构护市

房利美和房地美都承担起了拯救市场的责任并制订了拯救计划。

它们采取的措施包括在市场低迷时折价购入抵押贷款,将其证券化

并推向欧洲和新兴市场。房利美还推出了“援救贷款计划”，向无力偿还目前贷款的购房者提供贷款帮助，防止他们的房屋被强制收回。

(4)国际协调

积极同日本等美国债权国协调，利用国际金融市场的全球联动性和风险共担作用，帮助美国稳定和恢复其信贷和金融市场。

2. 加大注资力度

次贷危机爆发以后，各国央行注入大量资金救市。据新华社报道，受美国次级抵押贷款市场危机冲击，世界各地区主要股市普遍暴跌。面对危机，各地央行 2007 年 8 月 9 日和 10 日纷纷向金融系统注入巨资，上演一出联手救市的大戏。路透社统计显示，世界各地央行 48 小时内的注资总额已超过 3 262 亿美元。

3. 调整货币政策

次贷危机爆发之后，美联储、欧洲以及亚洲各国央行除了大规模注资之外还采取了一系列其他的货币政策，尽最大努力保证金融市场的稳定。

2007 年 9 月 18 日，美联储将联邦基准利率下调 50 个基点至4.75%；2007 年 11 月 1 日，再次将联邦基准利率下调 25 个基点；至 2008 年 4 月 30 日，联邦基准利率降至 2%。目前，美国联邦基准利率已经下调到了 0～0.25%，处于历史最低水平，无法继续下调。

欧洲方面，2007 年 3 月 8 日、6 月 6 日两次上调再融资利率至 4%；2007 年 8 月 9 日，欧洲央行开始以 4% 的欧元区基准利率向市场无限量投放现金；2007 年 12 月 6 日，英国央行宣布降息 0.25 个百分点至5.5%；2008 年 2 月 7 日，英国官方利率下调至 5.25%。

在西方国家忙于放松货币政策，挽救危机的时候，大洋彼岸的中国却是另外一种景象。中国国内流动性过剩，货币信贷扩张以及通货膨胀压力较大，因此，中国人民银行的货币政策逐渐由“稳健”转为“从紧”。在“从紧”的基本原则指引下，2007 年，央行 10 次提高存款准备金率；2008 年，4 次提高存款准备金率；2008 年 6 月，存款准备金率已达到 17.5%。2007 年，连续 6 次上调人民币存贷款基准利率；2008 年，2 次上调人民币存贷款基准利率。这些政策的出台对于抑制通货膨胀、防止流动性过剩具有非常重要的意义。但是这些政策缺乏前瞻性，在全球经济萧条的背景下，我们的政策过于“从紧”。在外部的经济危机的影响传导到中国，使中国的外贸进出口出现断崖式跳水，房地产成交量出现50%以上的跌幅的时候，“从紧”的货币政策恰恰产生了推波助澜的作用。国家在2009年年初不得不调整货币政策，由“从紧”走向“宽松”。

二、次贷危机产生的冲击波

如果说“9·11”以前美国资产泡沫的破裂只存在于股市一个领域，那么此次危机是房地产市场和债市、股市同时发生强烈震荡的“三联动”，也就是说三个资产泡沫同时破裂。此次危机对美国经济的影响程度远远超过2000年的股市危机，对世界经济的影响也更为深远。

(一)华尔街的损失

1. 次贷损失对华尔街的冲击

根据2008年3月25日高盛公司发布的研究报告，受次贷危机持续蔓延的影响，全球范围内次贷相关损失总额高达1.2万亿美元，其中华尔街的损失占40%左右。该报告还指出，美国银行、券商、对冲基金和政府支持企业等减记信贷资产合计4 600亿美元。这些损失当中，住房贷款坏账损失所占比重约为50%，不良商业抵押贷款所占比重约为15%～20%，汽车贷款、信用卡、商业贷款以及非金融性公司债券也造成了一定程度的损失。

2. 百家公司破产、众多高管下课

从整体上看，从2007年年初开始，保守估计有100家抵押贷款公司终止运营、关闭或被卖掉。华尔街的高级管理人员也难逃一劫，至少6个首席执行官、8个总裁及其他高管，以及至少19个部门主管在此次次贷危机中下岗。这其中包括美林公司的CEO斯坦·奥尼尔、贝尔斯登公司的CEO詹姆斯·凯恩、瑞士联合银行的CEO彼得·伍夫利和花旗集团的CEO查理斯·普林斯。而其他还留在位置上的高管们也是如坐针毡，华尔街一片风声鹤唳。

3. 金融行业裁员盛行，其他行业就业受到威胁

自2008年开始，包括雷曼兄弟、花旗和摩根士丹利等在内的各大银行，纷纷减少固定收益交易、证券化、资产管理和投资银行部门的人员，一些行政和技术部门的员工也被解聘。高盛集团2008年1月发表声明，他们将裁员1 500人以清除业绩不佳的员工。到2008年4月，雷曼兄弟裁

员高达18%，花旗裁员17%，美林公司裁员4.5%，摩根士丹利裁员6.2%。

美国纽约独立预算办公室2008年的一份研究报告表明，2007年全年华尔街金融业整体盈利仅仅32亿美元，远低于2006年的209亿美元，而且到2010年前华尔街的盈利水平都不可能恢复到2006年的水平。由于此次次贷危机的影响，华尔街金融机构的整体损失已经超过1 500亿美元，并且还在不断上升，迫使许多金融企业需要裁员来减小压力。该报告预测2008年华尔街金融行业将裁员1.26万人，2009年将裁员7 600人。而根据美国证券业与金融市场协会的统计，2007年7月到2008年3月期间，华尔街金融行业已经裁员3.4万人。根据测算，随之而来的负面影响，每减少一个金融行业的工作岗位，会导致法律、娱乐等其他行业失去两到三个工作机会。据此推算，由此产生的其他行业裁员人数更让人担忧。

（二）金融市场如惊弓之鸟

美国股市受此次次贷危机的影响，就像是一只惊弓之鸟，一点波动都会产生剧烈的反应，随着积极或消极消息的传出，美国股市经历了大规模的调整，2007年11月12日以后持续下跌，到11月23日累计下跌幅度为8.3%。其中金融股的下跌尤为严重。统计表明，标准普尔500指数中金融股2007年第三季度的收益下滑了22%，是10个行业中表现最差的。标准普尔金融指数相对标准普尔500指数下跌15%。金融股的震荡走低直接导致了大盘的走低。

同时，受美联储连续降息和美国经济悲观预期的影响，美元持续走低，美元加权指数达到30年来最低点。就以美元对人民币汇率而言，截至2008年4月已经突破7元大关。

更为严重的后果是，美国次级抵押贷款市场危机已蔓延至其他金融领域，导致银行出于自身安全性考虑，纷纷选择提高贷款利率并减少贷款数量，使全球主要金融市场出现流动性不足危机。

（三）次贷危机对美国的影响

次贷危机对美国的影响绝不仅仅是对华尔街金融行业的影响，损失也不仅仅局限于各金融企业所报告出的负利润。它影响到美国整个信贷市场甚至实体经济，而且次贷危机给人们心理上带来的影响不会在短期内消除。

1. 次贷危机对金融市场的影响

(1)信贷市场紧缩

美联储公布的2008年4月份“高级贷款专员民意调查(SLOOS)”结果显示,美国家庭和企业的信贷环境急剧紧缩,美联储采取的降息和向银行贷款的行动并不能消除次贷危机对美国经济增长的威胁。各大银行不只提高了次级抵押贷款的信贷条件,几乎所有的信贷产品包括商业及工业贷款、商业抵押贷款和信用卡贷款的贷款标准都被收紧了。

大约30%的银行报告说已收紧了信用卡贷款的贷款标准。银行还将继续收紧其他类型消费者贷款(如汽车贷款)的发放标准。

(2)美元贬值,引起国际资本流动,危及美元全球地位

次贷危机引起的连锁反应使得美元贬值的压力进一步加大,美元的全球地位受到严重挑战。

外国所持有的以美元计价的资产高达5万亿美元,美元贬值使各国的损失很大。各国会看淡美国的各类债券,甚至避而远之。而且为了避免遭受损失,各投资主体还通过抛售美元资产来降低其持有比例,从而对美国的金融系统造成冲击。根据美国财政部的统计,2007年8月,27个主要海外经济体中有15个净减持了美国国债。其中,日本净减持比例达到4%。当月,海外对美国股票、债券及其他票据的总投资是净流出的,流出总额为693亿美元,是1998年以来的首次。

次贷危机发生以后,美联储多次降息,欧洲和日本等由于担心通货膨胀压力,降息速度落后于美国,使得美国和欧洲、日本的利差继续缩小,投资者更倾向于抛售美元,更加剧了对美元汇率的打压。如果美元持续走弱,美元的强势地位将受到不断走强的货币的挑战,美元在国际经济中的全球地位将被削弱。

(3)通货膨胀更加严重

随着美元不断贬值,进口产品的价格将上升,进而有可能推高美国的整体价格水平。而且,全球能源和初级产品价格不断上涨,已经给美国经济带来了通货膨胀压力。万一这些能源和初级产品价格上涨的压力进一步传导给制造品价格,那么对于美国这样的进口大国来说,通货膨胀压力将进一步加大。

2. 实体经济受到冲击

房地产市场首先受到冲击，房地产价格持续下跌，居民的住房资产有可能由原来的财富变成负资产，居民家庭财富不断缩水，居民进而减少消费，导致全社会需求下滑，企业开始压缩生产规模和投资，金融机构陷入亏损而裁员，失业率升高又导致消费减少，从而引发恶性循环。此外，美国面临着较大的输入性通货膨胀压力，进口商品价格攀升，生产者物价指数上升，油价也不断攀升。

(1) 房地产市场低迷

次贷危机爆发后美国房地产市场下滑逐渐加快，房地产价格走势持续低迷。美国 2007 年 12 月经季节性波动因素调整的美国房屋建筑商协会(NAHB)房价指数由 11 月的 19 降为 18，该数据是该指数 1985 年推出以来的最低水平。进入 2008 年情况也没有实质性的好转，2 月至 4 月连续维持在 20。NAHB 房价指数低于 50 表明看好住宅销售前景的建筑商数量少于持悲观态度的建筑商数量。

美国房屋交易量和开工量不断下降。由于次贷危机和季节性调整，2007 年 8 月，美国家庭住房交易量下降到 550 万套，环比下降 4.3%，相对上年同期 631 万套，同比下降 12.8%，达到自 2002 年 8 月以来美国住房交易量的最低点。2007 年 10 月，营建许可年率降至 117.8 万户，低于专家预期的 120 万套，为 14 年来的最低水平。未经季节性调整的 10 月房屋实际开工数为 110.4 万套。2007 年 10 月，新屋开工数比 9 月的 119.1 万套降低 3.1%。

2008 年 1 月，旧房销量跌至 1999 年以来最低水平，当月旧房中间价比一年前下跌 4.6%。2008 年第一季度房屋销售额、房价双双下跌，新屋开工数和在建房屋数也大幅下降，住房空置率急剧上升。

由于住房价格下跌，房产所有者很难通过抵押或将房屋出售获得融资。受此影响，很多次级抵押贷款市场的借款人无法按期偿还借款而发生违约，使贷款公司出现损失甚至亏损，而以次级抵押贷款为抵押发行的债券也不断贬值，给投资者带来损失。从而，信贷市场危机大肆影响着美国的经济，并且将金融市场推向更深的深渊。

(2) 就业情况不好导致消费增长下滑

次贷危机爆发以后，美国大约 60% 的行业都在裁员，包括金融服务业、制造业(200 万份工作与房地产相关)、零售业和住宅建筑业,只有三大部门还在创造新的就业机会:政府部门、医疗/教育业、休闲/接待业。2008 年 5 月,美国的失业率已经达到了 5.4%,创 1986 年以来最高点,20% 的华尔街员工失去了工作。次贷产品以及交易与信用的萎缩,导致银行业大量工作职位的丧失。一位华尔街的猎头表示,以前从来没有见到每天上百份的求职信,最终只有 3 个人能找到新工作的情况,这比网络泡沫破裂再加上"9·11"过后的情形都要糟糕。到 2009 年,美国的失业率最高达到 10.2%,比次贷危机爆发前的 4.5% 高出一倍还要多。

占 GDP 最大比重的消费支出增长日益放缓,2008 年第一季度仅增加 1%,是 7 年来的最小增幅;美国消费者信心指数也跌到第二次石油危机时的水平;而美国房屋价格仍"跌跌不休",家庭支出中用来偿还负债的比重节节升高,对消费的影响持续扩大,消费增长的动力严重不足。如果消费增长发生逆转,靠消费维持的美国经济自然会陷入困境。

(3)石油、贵金属价格被推高

由于美元持续贬值,投资者纷纷把资金从金融市场转向商品市场以寻求避险保值,从而使石油和贵金属价格均被推高。2007 年 4 月,国际原油价格只有 60 美元/桶,到了 2007 年 12 月的时候,就已经涨到 95 美元/桶,涨幅超过 50%。黄金价格也由 2007 年 4 月的 900 美元/盎司上涨到年底的 1 200 美元/盎司,涨幅超过 30%。

粮食的价格也开始大幅飙升,以小麦为例,价格从 2007 年 4 月的 450 美元/蒲式耳,上涨到 2007 年年底的 900 美元/蒲式耳。

因为石油及粮食价格飙涨,导致油料及食品的价格升高,消费者的负担加重,他们不得不消减其他方面的支出,对经济发展产生了重大的冲击。

3. 220 万"房奴"无法脱身

在这次美国房地产市场"退烧"的过程中,还有比新世纪金融公司、贝尔斯登、雷曼兄弟更加悲惨的一个群体,那就是 220 万的美国"房奴"。仅仅 2007 年上半年,就有 64 万家庭因还不起债务破产,被银行取消了房屋抵押赎回权,失去了自己的居住之所,这一水平比以往平均水平高出 42%。

美国的一些农民因为经营不善,面临着农场和房子被银行收回的惨况。因为他们的农场和房子都是利用抵押贷款方式获得的。另外,美国商务部公布的数据显示,2008 年 3 月,美国新房销售量已经下降到过去 16 年多以来的最低点,房屋的中间价为每套 22.76 万美元,比 2007 年同期下降 13.3%,创下过去 38 年来的最大降幅。

(四)冲击波中的中国经济

次贷危机爆发引起了全球资本市场的动荡,各大央行纷纷注资救市,投资者都在关注美国次贷危机是否会影响中国。事实上,伴随着全球经济一体化,美国次贷危机在很大程度上会通过如下途径对中国产生影响:

1. 次级抵押贷款支持的债券投资发生损失

2006 年,中国内地金融机构投资美国次级抵押贷款支持的债券的金额高达 1 075 亿美元,较 2005 年增长了接近一倍。

根据各大银行 2007 年度财务报告的数字,中国银行在美国次级抵押贷款支持的债券上的损失为 12.95 亿美元,约合人民币 100 亿元。中国工商银行持有美国次级抵押贷款支持的债券 12.29 亿美元,损失 4 亿美元,损失率为 32.5%。中国建设银行持有与美国次级抵押贷款相关的资产 10.6 亿美元,但是该行表示这部分资产对其整体盈利影响不大。而在危机爆发前,招商银行就已经对其次贷资产进行了平仓,因此,此次危机并未给其带来任何直接经济损失。

2. 美国经济衰退影响中国出口

次贷危机对中国股市的影响主要归因于股民的心理因素,而次贷危机却对中国进出口则存在实实在在的影响。美国消费水平下滑、经济增长放缓都会在一定程度上抑制中国的出口。

统计数据显示,我国 2008 年 2 月的贸易顺差只为 85.6 亿美元,尚未达到 1 月贸易顺差的一半。这表明仅仅一个月的时间,我国出口大幅下降,本次贸易顺差的锐减肯定与次贷危机有一定的关系。再加上美元持续贬值,使得人民币不断升值,出口竞争日益激烈,一些出口商不得不承受利润持续缩水带来的压力,这使得很多出口商把目光瞄准了国内市场。

本次次贷危机除了造成成本危机、价格危机和利润危机之外,更是达到攸关企业能否可持续发展的生存危机的高度。

次贷危机使美国社会消费力下滑,需求萎缩,加之美元对人民币汇率持续走低,很多美国买家把价格放在至关重要的位置上,而国内的劳动力

成本、土地厂房成本以及外购原材料成本不断增加，造成出口商利润持续下降。而对于中国来说，内需替代外贸作用尚未完全展开，倘若此时美国经济衰退使得全球范围内发生经济危机，那么中国也很难独善其身。

次贷危机导致美国信用收缩和财富损失，降低了美国消费者的真实消费水平，进而使中国对美国的出口规模缩小。这一影响范围尚无法估计，但是美国零售行业巨头沃尔玛宣布来自中国的货物的销售额明显下降。当然，就中美贸易而言，美国主要从中国进口廉价的消费品，从这一点看，美国的财富损失反而有可能增加对中国的进口。究竟哪个效果占上风，还要拭目以待。国际大宗商品价格不断上涨主要是因为美元持续贬值，而对于以进出口加工为特点的中国企业而言，原材料价格的上涨给其造成了极大的压力。

3. 热钱涌入，推升资产价格

大量的国外热钱投资于中国股市，国际金融市场流动性的收紧，会影响股市中国外热钱的流向、增量和存量，并进一步影响中国股市的走向。欧美投机性资金在次贷危机的影响下会重新评估包括中国在内的新兴市场的投资风险，放弃具有高风险、高收益特点的投资取向，以便把资金撤回国内以缓解国内流动性危机和融资危机。如果国外热钱在短时间内大量撤出，中国股市和经济就会因此剧烈动荡，20 世纪 90 年代的亚洲金融危机对中国而言就是一个经验教训。而目前 QFII（合格的境外机构投资者）资金在中国 A 股市场上的比重较小，对中国市场的流动性并不存在太大的影响，加之中国资产重估的支持力主要源于对外贸易项目的顺差以及国内银行的信贷创造，因此热钱退出中国股市的影响不具有持续性。相反，目前国际游资主要把亚洲新兴市场国家的金融市场作为避险投资市场，这种案例屡见不鲜。在中国经济持续升温、投资回报率较高的背景下，国外热钱加速流入，而美元降息、欧美央行持续注资救市以及人民币加息和持续升值等因素，更进一步降低了投机于中国资产的成本，因此会引入更多的国外热钱，这样不仅能够对冲央行对流动性过剩抑制的效果，还能够进一步推高中国股市和房市价格，因此资产泡沫化和通货膨胀的形势日趋严重，从而可能会引发更大的金融危机。

4. 对央行的货币政策操作空间形成抑制

为了缓解国际资金投机于中国市场而对人民币造成的压力，央行倾向于保持人民币和美元存款利率之间的差距，倘若美联储减息，那么就会抑制央行货币政策的操作空间。

通过采取直接注资和下调再贴现率等措施，美联储缓解了其减息的压力，而美联储的后续政策很可能会影响我国的货币和汇率政策。无法准确评估美国次贷风波对中国产生的影响。如果美国楼市“软着陆”或短时间回落后反弹，美联储就会持续实施当前的货币政策，而中国也可以有更多的时间和空间进行汇率改革和宏观调控。但是，如果美国楼市持续大幅下跌，美联储很可能再次实行宽松的货币政策。这不利于中国的汇率改革和宏观调控，央行无法上调利率，也就无法有效抑制国内通货膨胀，进而引发中国经济动荡，并可能出现更大的泡沫。美联储实施宽松货币政策，还会在一定程度上抑制人民币升值，国外资本会迅速流向中国，从而扩大中国外汇储备规模，导致金融和经济领域的流动性过剩，以及股市和楼市的价格持续大幅上涨，加剧泡沫的膨胀。而在外界压力下，人民币可能不得不大幅升值，从而导致国际资本撤出中国市场，经济明显降温，从而资产泡沫破裂。这种现象曾经出现在日本。

（五）冲击波中的世界经济

2008 年，受次贷危机及经济发展规律的支配，全球主要发达国家经济增长滑坡，结束自 2002 年开始的经济上行周期。欧盟和日本持有大量的美国次级抵押贷款支持的债券及相关证券，许多银行遭受了直接损失，如瑞士联合银行、英国汇丰银行、法国巴黎银行、法国兴业银行、日本瑞穗金融集团等。

此外，美国房价下跌也使这些国家和地区的房屋价格面临下跌风险。欧洲国家、日本都与美国有频繁的国际贸易，美国需求的下降和美元的持续贬值给这些国家和地区的出口带来了负面影响。更糟糕的是，原油价格的升高使发达经济体普遍面临通货膨胀的压力。

1. 日本国民对未来经济忧心忡忡

根据日本央行的统计，2008 年 2 月破产的企业共有 1 194 家，涉及负债金额为 36 万亿日元，与 2007 年同期相比分别上升了 8.3% 和 26.2%。2008 年 1 月，工业生产总值低于预期，环比下降了 2%。同时原料成本上涨、内需疲软、美元加速贬值以及美国经济形势不明朗都给日本经济以沉重的打击。

日本国民对未来经济忧心忡忡，日本央行的统计表明消费信心指数自2007年年初开始一路下降，物价指数则持续攀升，2008年前两个月的物价指数与上年同期相比上涨了3.0%和3.4%。劳动力就业前景也令人担忧。企业员工加班时间是对经济周期敏感性较高的一个指标，而2008年1月日本国内企业员工加班时间呈现2002年经济复苏以来的首次下降，这暗示着日本经济衰退似乎已经逼近。

受美国次贷危机的牵连，日本金融机构2007年损失达1.9万亿日元。其中，野村控股公司的损失达1 456亿日元；瑞穗金融集团的损失达1 700亿日元，受此影响，原计划的旗下的瑞穗证券与新光证券的合并事宜也宣告延期。

2.欧洲各大银行损失惨重

在欧洲，随着全球各大银行2007年业绩纷纷出炉，美国次贷危机的影响也逐步清晰地显现。在2007年因次贷危机造成的资产损失数额排行榜上，位居首位的是瑞士联合银行，美国次贷危机给其造成的损失高达206亿美元。英国汇丰银行以140亿美元位居第二。

(1)法国各大银行无一幸免

在次贷危机中，法国各大银行几乎无一幸免，在2007年因次贷危机造成的资产损失数额排行榜上，前十一家银行中有四家法国银行——农业信贷银行(第三)、兴业银行(第六)、Natixis银行(第十)和巴黎银行(第十一)。农业信贷银行、兴业银行、Natixis银行和巴黎银行的损失总计高达近160亿美元。其中，农业信贷银行资产减记达63亿美元，兴业银行为47亿美元，Natixis银行为27亿美元，巴黎银行为21亿美元。

Natixis银行是法国最大的商业银行集团之一，由法国储蓄银行和国民银行的下属子公司合并而成，主要从事金融投资和资产管理业务。2007年该集团营业额小幅增长，但净利润减少48%，仅为11.01亿欧元。净利润大幅减少的主要原因是美国次贷危机导致了巨额的资产减记，使金融投资业绩"转盈为亏"。金融投资银行一向是Natixis银行的盈利大户，2006年集团21亿欧元的净利润中有9.48亿欧元是金融投资银行贡献的。然而在2007年，美国次贷危机最终使集团进行了13.85亿欧元资产的减记，这个盈利大户竟然亏损了1.77亿欧元。

巴黎银行2007年第四季度净利润由上年同期的17.2亿欧元下降至

约10亿欧元，降幅高达42%。

(2)收归国有的诺森罗克银行

发生次贷危机以前，诺森罗克银行（又译北岩银行）曾是英国第五大银行，拥有雇员6 500人，2006年该银行盈利6.267亿英镑。2007年由于次贷危机，诺森罗克银行发生挤兑，储户共提取存款122亿英镑（153.23亿欧元），是2006年储户提款总额25亿英镑（31.38亿欧元）的5倍。

次贷危机发生后，英国政府向诺森罗克银行提供了550亿英镑（730亿欧元）的信贷，并于2008年2月17日决定对该银行实施国有化。该银行的首席执行官亚当·阿普尔加思（Adam Applegarth）因此被要求辞职。阿普尔加思也成为继美国的美林公司CEO奥尼尔、花旗集团CEO普林斯之后，又一位因次贷危机而丢掉饭碗的金融业首席执行官。

因为计提与次级抵押贷款支持的债券相关的资产损失，诺森罗克银行2007年税前亏损额为1.676亿英镑（2.105亿欧元），要在2010年前向英国政府偿还240亿英镑（301.47亿欧元）的信贷，并削减2 000个工作岗位。

(3)英国每四分钟有一人陷入破产或其他无力偿债状况

受美国次贷危机影响，英国家庭2008年财务状况堪忧，平均每四分钟有一人陷入破产或者其他无力偿债状况。英国政府破产事务部门的数据显示，英国2008年1月至3月发生25 200多例债务违约，其中约15 600人申请破产，约9 600人申请“个人自愿安排（IVA）”。《每日邮报》援引专家的分析说，这只是“风暴前的宁静”，无力偿债者人数会剧增，这一趋势甚至会持续至2009年。

三、次贷危机的本质——泡沫

(一)了解泡沫

美国次贷危机始自房地产价格下跌，然而房地产价格下跌仅是次贷危机的导火索，并非次贷危机的根源。从本质上而言，次贷危机是一种泡沫的破裂。

泡沫可解释为：在一个连续过程中，一类或一系列资产陡然涨价，价格初始提高会使人们产生价格继续上涨的预期，于是新的买主（常为投机者）就会增加当前的需求，从而推动价格进一步上涨；突然人们不再认为

价格会继续上涨,从而导致价格暴跌,最后演化为金融危机,或繁荣消退但不爆发危机。上述过程与肥皂泡的膨胀和破裂相似,因此这一现象通常被称为泡沫。

泡沫就像幽灵,近30年间一直在地球村游荡,无时无刻不骚扰着不同村民,几乎全村的家庭都曾尝过它的苦头。在当今世界经济中,泡沫破裂可谓愈演愈烈,正如前任美联储主席伯南克所言:“从20世纪80年代起,主要工业国家均经历了股票和房地产价格‘泡沫兴起—泡沫破裂’的多个显著周期。全球金融体系不稳定性显著增加。”

(二)美国次贷危机中的泡沫解读

与荷兰郁金香事件、英国南海公司事件类似,美国次贷危机也是泡沫破裂的过程。不同的是,郁金香球茎是郁金香事件中破裂的泡沫,南海公司股票是南海公司事件中破裂的泡沫,而在本次美国次贷危机中破裂的泡沫有两种:一种是房地产,另一种是由次级抵押贷款支持的金融衍生产品MBS和CDO。

1. 低利率政策催生的房地产泡沫

2000年起,为了遏制经济衰退以及自“9·11”事件之后可能出现的国际金融市场的动荡,美联储积极实行低利率政策。从2001年1月至10月,美联储连续9次降息,联邦基准利率从年初的6.5%降至2.5%,贴现率从6%降至2%。低利率政策使得美国住房按揭贷款的固定利率和浮动利率也不断下调。

较低的利率会给美国老百姓传递这样的信号,即“借钱利息可忽略不计”、“不借白不借,借了不白借”。购房者认为,早晚都需要买房,现在贷款利率这么低,赶早不赶晚。因此,美国政府的低利率政策能够极大地刺激美国老百姓对贷款的需求。2001年至2004年,美国住房贷款发放额连续三年大幅提高。2001年至2005年,美国住房销售量连年创新高,住房需求空前旺盛。在巨大需求的刺激下,美国房价自2002年起进入快速上升时期。购房者随着房价的上升产生了追涨心理,使住房市场需求更加旺盛,住房价格持续攀升。美国房价仅在2004年6月至2005年6月一年期间就上涨了13.43%。美国房价的这种上涨速度对于曾经每年房价上涨10%左右的中国而言,根本不算什么,但对于美国这个房价走势比较温和的市场而言却是一个惊人的涨幅——在过去长达18年的周期中,美国的房价累计涨幅只有 15%,而 13.43% 是美国 20 多年来最大同期涨幅。

在房价飞涨的同时,美国居民收入却没有相应地增长。统计数据显示,2001 年至 2005 年美国家庭收入的中位数反而有所减少,这表明美国发展迅速的房地产市场并没有相应的购买力作为支撑,而仅仅是政府低利率政策刺激的结果。当这种利好因素消失时,美国房地产市场必然"退热",而此时房价也会下跌。

2. 房地产泡沫催生的金融衍生品泡沫

房价不断攀升使得房贷公司的贷款对象更多地转向低收入家庭,即更多低收入家庭有机会获得次级抵押贷款。对房贷公司而言,虽然发放次级抵押贷款具有较高的风险——低收入家庭更容易违约,但同时次级抵押贷款具有较高的利率,而此时的房价处于不断攀升的时期,这就支持了房贷公司看似完美的逻辑:次级抵押贷款利率高,如果低收入家庭不违约,那么房贷公司可以从低收入家庭获得较高的利息收益;而一旦低收入家庭违约,那么房贷公司只需收回房产然后拍卖即可,而此时因为房价的不断攀升,即便对不动产进行拍卖,房贷公司也不会赔钱。

2001 年至 2003 年间,贷款利率较低,低收入家庭此时还有能力承担次级抵押贷款的利息,因此这段时间的违约率较低。次级抵押贷款的高风险暂时被较低的违约率掩盖了,对于发放次级抵押贷款的公司而言,能够获得巨大的收益,很多公司盆满钵满。次级抵押贷款的规模在 2001 年以后迅速扩大,到 2003 年已达到 4 000 亿美元,而到 2004 年更是突破 1 万亿美元,2005 年持续增加到 1.4 万亿美元。次级抵押贷款在美国房屋抵押贷款中的比重从 1999 年的 2% 左右增加到 2004 年的近 12%,至 2006 年第四季度,该比例已接近 15%。在房价不断上涨的时代,房贷公司对次级抵押贷款的印象基本上只剩下了高收益。

高度发达的美国金融体系,使得次级抵押贷款在美国极容易被汇成资产池,同时以这些次级抵押贷款为基础,发行初级资产证券化商品 MBS,随后 MBS 又会进一步被汇成新的资产池,然后再以 MBS 等初级资产证券化商品为基础,发行高级资产证券化商品,如 CDO。因此,无论是 MBS、CDO,还是其他与之类似的资产证券化商品,其价格都是由次级抵押贷款的价格决定的。实际上,两个最关键的因素决定着次级抵押贷款的价格：一是次级抵押贷款的利息；二是次级抵押贷款的风险，该风险主要由违约率决定。因此，低违约率在暂时掩盖次级抵押贷款高风险的特性时，一起暂时掩盖的还有以次级抵押贷款为基础的MBS、CDO等各类金融衍生品的高风险。在次级抵押贷款所支持的资产证券化商品的价格开始逐渐上涨时，不仅当初发行次级抵押贷款支持的债券的公司能够获得巨大的收益，世界各地次级抵押贷款支持的债券的投资者，包括中国的几家银行，也能获得巨大的收益。而投资者认为，这种情况下，次级抵押贷款支持的资产证券化商品MBS和CDO等也成为“低风险+高收益”的代名词。因此，一时间次级抵押贷款支持的债券受到前所未有的追捧，市场上呈现供销两旺的火爆局面。

经济学中普遍认可的基本规律是高收益伴随高风险，然而在高收益面前，与当年郁金香球茎投资者和南海公司股票投资者类似，世界各地的投资者和美国的金融机构再一次玩起了击鼓传花，所有人都认为市场不可能一直追捧次级抵押贷款支持的债券，但同时也坚信自己在次级抵押贷款支持的债券价格下跌之前能够全身而退。

3. 泡沫的破裂

与历史上所有经济体所经历的一样，泡沫总会有破裂的一天。美联储从2004年开始不断调高基准利率，次级抵押贷款的利率也随之不断提高，因此，低收入家庭不得不承担越来越重的还款压力。终于，有些低收入家庭开始违约。次级抵押贷款的违约率自2004年开始不断攀升，而其高风险的一面也开始逐渐显露。渐渐地，人们发现，次级抵押贷款的违约率远远超出当初的预期。在次级抵押贷款支持的债券市场中，这个信号意味着“次级抵押贷款支持的债券的基础资产出现了问题——流入资产池的现金流将大大低于预期”。次级抵押贷款支持的债券的价格在一夜之间暴跌，紧接着，发行次级抵押贷款支持的债券的贝尔斯登等公司的股票价格开始暴跌，然后是投资者担忧整个美国的经济前景，美国整个金融市场继而出现剧烈的动荡。

（三）资产泡沫的成因

泡沫生成的原因是复杂的，包括与预期相关联的过度投机行为、幼稚投机者交易行为、规范失灵、诈骗行为和道德风险等。以下几个是最为主要的原因：

1."钱多"惹的祸

纵观古今历次泡沫,几乎都与流动性过剩紧密联系。"流动性"是经济学术语,指某种资产转换为支付或清偿手段或者说变现的难易程度。由于现金不用转换为别的资产就可以直接用于支付或清偿,因此,现金是流动性最强的资产。而流动性过剩,是指货币当局货币发行过多、货币量增长过快,或者银行机构资金来源充沛,居民储蓄增加迅速,用通俗的话来讲就是"钱多"。

社会上"钱多"便给泡沫的膨胀提供了资金来源。因此,"钱多"可以说是泡沫生成的第一个原因。荷兰郁金香泡沫时期,荷兰正处于历史上的巅峰时期。经过尼德兰革命的洗礼,荷兰堪称当时世界上最为发达的资本主义国家,被誉为"海上马车夫"。而南海公司泡沫时期,英国也正处于经济发展的繁荣期。长期的经济繁荣使得私人资本不断膨胀,而当时投资机会又相对不足,大量闲置的资金急需寻找出路。美国次贷危机也不例外,由于美联储从 2000 年开始执行低利率政策,联邦基准利率最低降至 1%,人为加强了全社会借款进行消费和投资的愿望,同样导致全社会流动性过剩。

2.信息不对称和监管失灵

每次泡沫之后,人们都会感慨"如果当初能够知道真相,或是当局监管得更严格一点,这一切本可以避免"。英国南海公司泡沫事件中,英国政府本应该发挥监管作用,但遗憾的是,南海公司从一成立就认购了大量英国国债,使其具有深厚的政府背景,并且无论是英国王室成员,还是英国政府中的一些高官都是南海公司股票的持有者,因此,英国政府不仅没有发挥监管的作用,还纵容甚至是帮助南海公司进行宣传,使公众对南海公司所描述的宏伟蓝图坚信不疑,因此南海公司每一次发行新股都使其股价飙升。英国南海公司泡沫越来越大,到后来泡沫破裂时,英国政府的信誉也一落千丈。

美国次贷危机中,同样存在监管失灵问题。其中监管失灵最为严重的是美国信用评级机构。这些信用评级机构的工作人员提高了次级抵押贷款的评级,导致投资者放松警惕。美国俄亥俄州的检察官马克·丹(Marc Dann)在次贷危机爆发后曾愤怒地说:"这些评级公司在每笔次级抵押贷款评级中都大赚钱财。它们持续给这些贷款 AAA 的评级,所以它们实际上是这些欺诈事件的同谋。”

3. 金融创新的加速

金融创新工具的应用,也是加速泡沫膨胀的一个重要因素。以荷兰郁金香泡沫为例,如果当初荷兰人没有创造性地把第二年的郁金香球茎订单也拿来交易,或者说没有那种类似期货的交易,那么郁金香泡沫或许不会膨胀到那么大,其破坏力或许要轻得多。

美国次贷危机在这一点上表现得更为明显。通过资产证券化,次级抵押贷款借款人的违约风险被转移到美国的债券市场;次级抵押贷款支持的债券被世界各地的投资者所购买,如此一来,违约风险实际上又被转移到世界各地的投资者身上。因此当次贷危机爆发时,美国的房贷公司、投资银行和对冲基金,欧洲、日本甚至中国的金融企业,都遭受了不同程度的损失。如果没有资产证券化这种金融创新,美国次贷危机的影响根本不会如此之大。

第二章　全球经济危机的成因

随着实体经济被不断地虚拟，产业链条无限延伸，新经济体制逐渐替代旧经济体制，创新、膨胀、超前等新兴问题逐渐侵袭新经济体制。在这个看似完善的经济体制里，生产能力、能源消耗、日常消费都超过了实际能力。历史上我们曾经对生产能力不足、产品紧缺恐慌过；历史上曾经爆发过产品紧缺的经济危机，也发生过生产过剩的经济泡沫。但是现在盲目的生产、消费却让人们感到惊悚。我们为了眼前的利益破坏了大自然的和谐，即将断绝子孙后代的生存之路。我们穿件羊绒衣服，大片的草原被过多的羊群破坏，成为荒漠；我们用纸巾擦脸，成片的山林被砍伐，青山成为没有树木的“秃头”；我们用沐浴液洗澡，大量的化工废液排入江河，使水受到污染；我们乘车解放双脚，大量的石油从地下开采，大量的矿山被夷为平地……我们所做的一切，难道就是为了银行账户的数字增加，为了获得被人们当作万能钥匙的货币吗？经济危机为什么会再次爆发？美国次贷危机竟然引发全球的经济衰退，是经济周期使然，还是历史的偶然？

一、过度虚拟化导致经济泡沫

我们所做的远远不是对自然界和生态环境的破坏，而是对人类当前利益和子孙后代生存环境的摧毁。我们创建了金融市场（金融市场是资金流通的市场，资金供应者和资金需求者通过金融工具进行交易而融通资金。金融市场是实现货币借贷和资金融通、办理各种票据和有价证券交易活动的市场），经济世界中的实体物资通过资本市场转变成可以交易的金融产品，在没有了制度约束和行政监管的金融市场中，实体资产经过多重的证券化而变成虚拟的金融资产，并被放大了许多倍，于是风险也随之放大。尤为致命的是，当自由市场经济的基石——诚信和信用至上的理念——被贪婪的金融机构和投资者所践踏的时候，整个金融市场开始崩溃。

金融市场的股票、债券、期货、CDO、MBS 等金融产品与实体产品挂钩，这些产品成为实体产品的货币标志，当货币标志出现问题后，必然腐蚀到其根本——实体产品，于是实体产品的需求也出现危机。

前面提到过，实体经济已经被过度开发，市场提供的各类商品已经超出了人们的需求和购买能力，因此开始降价，销售量开始萎缩。食品、衣物、日常用品、住房、车子等，销售量都开始萎缩，最终使商品市场出现问题，引发了经济危机和衰退。

这个经济危机其实就是经济运行周期的一个阶段，在经济高涨达到了一定阶段，必然导致各类商品的产能过剩，价格上涨，从而出现泡沫。这是市场经济的运行规律，正如马克思在《资本论》中所言，市场经济规律和自然界的规律一样，人的力量是无法扭转其运行趋势的。金融市场和实体市场出现了美丽的肥皂泡，初始时非常漂亮，在阳光的照耀下五彩斑斓。但是随着温度的升高，泡沫逐渐膨胀，最终破裂。金融市场的泡沫不断膨胀，破裂是早晚的事情，越早破裂，造成的损失越小。

我们分析肥皂泡的形成和破裂过程发现，当泡沫形成之后，外界的温度和阳光对于泡沫破裂产生了至关重要的作用。金融市场和实体经济中，政府和群众作为外部力量，对于泡沫的形成和破裂起着非常重要的作用。

由于群众的盲从心理，出现了羊群效应，也就是人们会产生一种从众心理，这样一来投资者就很容易受周围人群和环境的诱导，从而失去了应有的理智与判断，盲目地追涨杀跌。在市场繁荣的时候，不断买进房屋、股票，推动了价格上扬；在市场萧条的时候，又不断卖出手中的资产，对价格下跌推波助澜。从而加速金融泡沫的破裂，也推动了实体经济泡沫的消失。

二、集体幻觉引发了羊群效应

（一）什么是羊群效应

众所周知，群体的存在导致盲从，包括对领袖人物的崇拜、对价格趋势的判断、对异常炒作的跟风等。当一个投资群体形成的时候，人们的个性消失了，被淹没在集体的决策中，从而导致了羊群效应。高原上一群羚羊被骑马的猎人追逐，羚羊在头羊的带领下拼命地奔跑，期望摆脱猎人的追踪。每只羚羊都没有了自己的思考，仅仅受到周围羚羊的影响，大家一起向前奔跑，根本不会在乎前面是悬崖峭壁还是万丈深渊。

在市场经济中，人们的行为往往与羊群的行为很相似，羊群是一种很散乱的组织，一旦有一只羊动起来，其他的羊也会不假思索地动起来。人们的行为也趋于这种模式。例如金融市场的投资者面临股市暴涨的时候，他们为了能在市场上获利，就不断追加资金购入股票，并期待股票价格的下一轮上涨；当股市下跌的时候，他们又拼命而不计成本地卖出股票，这又必然会引起股票价格更为严重的下跌。当房地产市场出现赚钱效应的时候，投资者会不顾自己的承受能力而贷款购房投资；当房地产市场萧条的时候，投资者又会抛售手中的房屋，导致房价恶性下跌。

(二)产生羊群效应的原因

产生羊群效应的原因有三：一是突然间群体无意识，这种无意识是禀性，不受宗教、道德、学历等影响，一个伟大的物理学家和一个卖烧饼的人之间可能在智力上有区别，但是在这种无意识上没有根本区别；二是相互之间的传染，不论是悲观情绪还是乐观态度，都能够在群体中间迅速传染，就像集体被催眠了一样，完全受催眠者意识的影响，不论是男女老少；三是群体之间的暗示，人们长时间地融入群体，人们的独立性格逐渐被群体同化，就像被集体催眠了一样，人们可能变成了无意识活动的奴隶。

人格意识的消失，相互之间的传染，个体被群体意识催眠，导致了羊群效应。人们成为金融市场、虚拟经济世界中的一只丧失了独立意识的羚羊，跟随着羊群奔跑，并影响着其他羚羊。

(三)如何克服羊群效应

我们应该如何克服羊群效应呢？一般来说，克服羊群效应的一种做法是进行独立的理性决策，另一种做法是达成攻守同盟。

进行独立的理性决策往往只有少数人能做到，因此我们说真理有时候掌握在少数人手里，这些少数人在别人成为羊群中的一员的时候离开羊群，从而摆脱了坠入深渊的命运。

在危机来临之前，有多少理智者能够抵制诱惑而及早抽身呢？当股票市场涨到6 000点时，股评家、分析师、国内外经济学家们一致认为要突破8 000点、10 000点，甚至有人妄言股市会在2008年达到20 000点。

在媒体的轰炸下，投资者迷失了自我，为了攫取更多的利益，把养老的钱、上学的钱、看病的钱投入股市，甚至违规从银行拆借资金、从私人手中借高利贷。真正能够全身而退、没有追高的理性投资者能有多少呢？

另一种克服羊群效应的做法是建立攻守同盟，即产品的提供者、股票的投资者等达成共同进退的协议，共同控制产品价格或者股票市场。房地产商联合起来，制定最低限价标准，以求稳定或者抬高房价。例如，"如果业主已经购买的商品房在一年之内出现降价，公司将会补偿降价差额给业主。"这是沈阳市72家房地产公司（含万达、碧桂园等）在2008年11月做出的联合承诺，并且该承诺被写入购房协议中。这就是一个典型的攻守同盟，也称为不降价联盟。姑且不论这种联盟是否违反不正当竞争法，但是至少有操纵市场价格的嫌疑。而且只是承诺在一年内降价补差价，如果过了一年之后房价下降，差价就不补了。其实开发商期望能稳定房价，在一年之内将房子尽快卖出，回笼资金，一年之后哪管房价的高低呢！相信购房者也会仔细思考这个联盟所开出的条件，反复斟酌之后才能做出明智的判断。

然而，同盟者们到底能坚持多长时间呢？这其实就是开发商与消费者之间的博弈，同时也是开发商内部之间的博弈。开发商为了维持房价，采取了联盟的方式，消费者为了能买到比较便宜的房子，也采取了观望的态度，博弈的最终结果是房地产市场有价无市，最终会有熬不住的一方，这一方很可能不会是消费者。

一旦房地产市场恶化，开发商内部也会出现混乱，小的开发商终将挺不住而率先降价，从而导致同盟瓦解。

令人感到意外的是，这个价格联盟还没有瓦解，国务院和国家发改委就给了它们当头一棒。2008年12月，国务院办公厅和国家发改委的两份报告打碎了房价联盟的幻想。在2008年12月24日举行的十一届全国人大常委会第六次会议上，国务院关于稳定物价工作的报告提请审议，发改委副主任张茅受国务院委托做了报告。报告指出，从全国范围内的房地产市场来看，2008年1月至10月期间，房屋销售面积与上年同期相比下降了16.5%；与9月份相比，10月份70个大中城市商品房的销售价格下降了0.3%。由此可见，我国房地产市场中，大多数人持观望态度。同时，报告认为，对当前的高房价进行适度回调将加快房地产业向理性健康发展的方向回归,但是要防止房价大幅度下跌。这说明高房价已经超出了人们的承受范围,适当地让利给购房者是符合国家政策的。认为房地产价格只涨不跌的想法是不切实际的。就像股票市场一样,刚有股票市场的时候,人们无法承受股价下跌的风险而闹事或者跳楼。目前的房地产市场就像20世纪90年代初的股票市场一样,人们无法承受房价下跌的风险,也根本没有从心里意识到房地产市场会有风险,但是现在风险发生了,而且愈来愈大。

三、金融市场的崩溃

我们无法体会到,什么是金融市场的崩溃,崩溃会带来什么影响。

实际上,当时的美国金融市场已经接近崩溃的边缘。道琼斯指数从2007年9月的14 000多点下跌到2008年1月的7 700多点,跌幅接近50%;纳斯达克指数从2 800多点跌至1 490多点,跌幅也接近50%;标准普尔指数从1 500多点下跌到830点,同样损失惨重。

当然,这还没算上已经破产的雷曼兄弟、华盛顿互惠银行、贝尔斯登、美国国际集团(AIG)等全球知名的证券公司或者银行、保险公司带来的巨额损失。仅仅是雷曼兄弟破产,带来的就是453亿美元的市值蒸发。

华盛顿互惠银行,这家拥有2 300家网点和1 820亿美元存款、资产总额超过3 100亿美元的美国最大的储蓄银行的破产,更是成为美国历史上最大的破产案。这家银行最终以19亿美元的价格卖给了摩根大通银行,使后者成为拥有5 400家分支机构和9 000亿美元存款的美国银行业的巨无霸。

这次金融危机,率先打击的是美国的金融企业,证券公司(投资银行)、银行、贷款公司和保险公司,这些企业在危机中有的倒闭,有的被出售,能够幸免的很少。下面,就让我们回顾一下这次全球性金融危机的演进过程,并将其概括为四个阶段。

(一)美国次级抵押贷款业务出现问题

2007年2月,美国次级抵押贷款风险开始浮现:美国第一大住房抵押贷款公司国民金融公司减少放贷;美国第二大住房抵押贷款公司新世纪金融公司发布盈利预警。

2007年4月,美国第二大住房抵押贷款公司新世纪金融公司宣布破产，标志着次贷危机的爆发。

2007 年 7 月，标准普尔降低次级抵押贷款债券评级，引发了全球金融市场的大震荡。

2007 年 8 月，美国第一大住房抵押贷款公司国民金融公司股价暴跌，公司面临破产。

（二）美国金融机构大面积亏损

2007 年 7 月，美国第五大投资银行贝尔斯登旗下两支对冲基金倒闭；次年 3 月，美国第五大投资银行贝尔斯登宣布陷入流动性危机，被摩根大通收购。这期间，中国的中信证券曾经与贝尔斯登洽谈合作，准备实施换股计划。幸亏中间的评估、审批环节慎重而烦琐，换股计划被迫取消，而没有蹚上浑水。

2008 年 9 月，美国两家著名的住房抵押贷款公司房利美和房地美因陷入经营困境被美国政府接管。也是在 9 月份，美国第三大投资银行美林公司与美国银行达成协议，将以约 440 亿美元的价格出售给后者。9 月份最令人震惊的事件是美国第四大投资银行雷曼兄弟申请美国历史上最大的破产保护，其债务逾 6 130 亿美元。

之后，美联储宣布，批准高盛和摩根士丹利提出的转为银行控股公司的申请，至此美国传统五大投资银行全部消失。

当月，美联储主席艾伦・格林斯潘做了总结，宣布美国正陷于“百年一遇”的金融危机中。

（三）演变为全球金融危机

由于金融的全球化，资金在世界范围内流动，美国的金融危机开始向世界范围内扩散，欧洲首当其冲，其次是与美国联系紧密的其他发达国家，如日本。

2007 年 1 月，法国最大的银行巴黎银行宣布卷入美国次贷危机；全球大部分市场的股指下跌；金属、原油期货和现货黄金价格大幅跳水。

2007 年 7 月，英国诺森罗克银行遭挤兑，拟分拆出售。

2008 年 1 月，瑞士联合银行预计，2007 年第四季度亏损约 114 亿美元。

2008 年 6 月，日本六大银行集团宣布因美国次贷危机而蒙受的损失达到 1.0375 万亿日元。

2008 年 9 月，世界第一大保险公司美国国际集团申请破产保护，并进行重组和股票合并等应急事宜。

2008 年 11 月，经济数据恶化，美国制造业景气指数创 26 年来最低，致使美股两天跌幅达 10%，创 1987 年以来持续两日下跌的最大跌幅。

金融危机导致了经济低迷，给全球经济发展蒙上了阴影。由美国人的住房贷款而诱发的次贷危机，导致了金融危机，进而诱发了经济危机。事态已经达到了无法控制的地步，全球经济已经走上了衰退的轨道。

(四)全球实体经济衰退

2008 年 8 月，国际油价跌至三个月来新低，原油期货在过去的 18 个交易日中价格跌幅达到 20.52%。原油价格是经济的晴雨表，油价大跌说明经济前景堪忧。

2008 年 10 月，英国发布声明称，与 2008 年第二季度相比，GDP 在第三季度下降了 0.5%，英国成为发达经济体中首个陷入衰退境地的国家。

同时，国际货币基金组织发布预测，以当前的发展速度来看，2008 年、2009 年世界经济增长预期仅为 3.9% 和 3.0%，为 2002 年以来最低增速。

紧随其后，德国 2008 年连续两个季度经济负增长，出现经济衰退。

经济衰退的阴霾开始笼罩全球许多国家，美国、日本、法国、冰岛、意大利、西班牙等国的经济纷纷出现负增长，全球的经济危机已经形成。

经济学家发现，某些时候人群所表现出的行为特征与羊群有些相似，这些特征对于催生泡沫“功不可没”。无论是郁金香泡沫事件、南海公司泡沫事件，还是美国次贷危机，投资者当初之所以决定购买郁金香球茎、南海公司股票和次级抵押贷款支持的债券在很大程度上都是受了其他投资者行为的影响。而当上述商品的价格开始下跌时，所有的投资者几乎又是一致的反应——尽快抛售。凯恩斯对股票投资的比喻或许更能揭示投资者的这种从众心理，他说：“股票市场是一场选美比赛，在那里，人们根据其他人的评判来评判参赛的姑娘。”这种从众心理在很大程度上使泡沫不断膨胀，然后在泡沫破裂时又“墙倒众人推”，加大了泡沫破裂的破坏力。

四、金融危机对全球金融体系的冲击

金融危机对金融体系的冲击最为直接也最为深远，表现在以下五个方面：

（一）大批金融机构倒闭或被接管

金融危机爆发后，很多著名的金融机构宣布破产或者被收购，这主要是因为它们陷入了财务困境，其中包括美国五大投资银行中的贝尔斯登、美林公司和雷曼兄弟，世界第一大保险公司美国国际集团，美国著名的住房抵押贷款公司房贷美和房利美等，如表2－1所示。

表2－1　金融危机中倒闭或被接管的著名金融机构

公司（股票代码）	股指跌幅			现状
	金融危机前股价	金融危机后股价	股指跌幅	
贝尔斯登（NYSE：BSC）	2007年年初一度突破150美元	2008年3月20日，股价收于5.96美元	96.0%	被摩根大通收购
雷曼兄弟（NYSE：LEH）	2006年4月，最高达到157.69美元	2008年9月15日，申请破产保护；2008年9月17日，收盘价0.14美元	99.9%	破产清算
美林公司（NYSE：MER）	2007年6月，最高95美元	2008年10月9日，最低探12.12美元	87.2%	被美国银行收购
高盛（NYSE：GS）	2007年10月，最高探245.80美元	2008年10月10日，最低探74.00美元	69.9%	改制为银行控股公司
摩根士丹利（NYSE：MS）	2007年5月，最高探67.89美元	2008年10月10日，最低探6.71美元	90.1%	改制为银行控股公司
房利美（NYSE：FNM）	2007年2月1日，收盘价54.26美元	2008年11月4日，收盘价0.90美元	98.3%	被美国政府接管

续表

公司(股票代码)	股指跌幅			
	金融危机前股价	金融危机后股价	股指跌幅	现状
房地美(NYSE:FRE)	2007年2月1日,收盘价62.00美元	2008年11月4日,收盘价1.05美元	98.3%	被美国政府接管
美国国际集团(NYSE:AIG)	次贷危机爆发前收盘价66.78美元	2008年11月4日,收盘价2.41美元	96.4%	破产保护后被美国政府接管

(二)全球主要股市大幅下跌

在金融危机爆发的这段时间里,最显而易见的影响就是全球股市暴跌,进而导致投资者损失惨重,如图2-1所示。

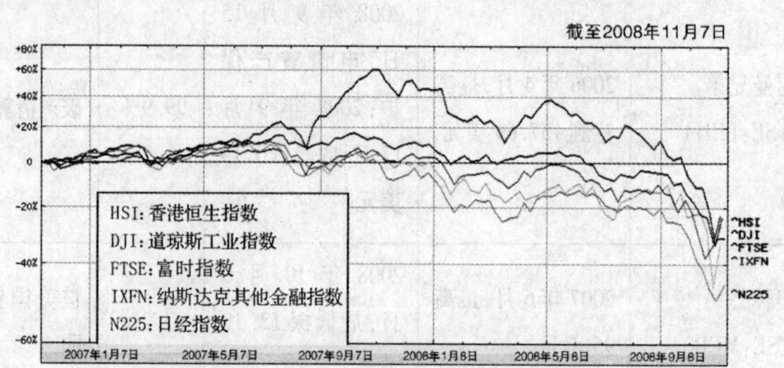

图2-1　全球主要股指走势

尽管世界各国出台了多种补救措施,但是在2008年股价仍未看到回升的趋势,截至2008年11月8日,股指较2007年1月跌幅多达50%。

表2-2　全球主要股指跌幅

指数名称	2007年1月指数	2008年11月指数	跌幅	最高	最低	震荡幅度
香港恒生指数	20 106.42	14 243.43	29.2%	31 958.41	10 676.29	66.6%
道琼斯工业指数	12 459.54	8 943.81	28.2%	14 279.96	7 773.71	45.6%

续表

指数名称	2007 年 1 月指数	2008 年 11 月指数	跌幅	最高	最低	震荡 幅度
富时指数	6 203.10	4 365.00	29.6%	6 754.10	3 665.20	45.7%
纳斯达克其他金融指数	5 361.58	3 180.31	40.7%	5 792.78	2 705.58	53.3%
日经指数	17 383.42	8 583.00	50.6%	18 297.00	6 994.90	61.8%

(三)冰岛等国陷入财政危机

美元汇率不断升高和全球流动性紧缩,导致冰岛等高负债国家无法继续借入资金以应付即将到期的短期债务,陷入财政危机,主要表现在以下三个方面:

1. 货币巨幅贬值

2008 年 9 月,冰岛克朗兑换欧元汇率下降 20%。2008 年 10 月 1 日,冰岛克朗兑换主要外汇币种汇率持续下降,比如其兑换美元汇率于当天下降了 5%。2008 年 10 月 8 日,因为市场不能够提供充足的支持,冰岛央行决定弃用 7 日制定的冰岛克朗兑换欧元 131∶1 的固定汇率,任由冰岛克朗兑换外汇的汇率自由浮动,不久之后,冰岛克朗价值大幅度下跌。

2. 银行业陷入困境

2008 年 10 月 7 日,政府接管了面临严重危机的 Landsbanki 银行(冰岛第二大银行)。2008 年 10 月 8 日,政府接管了 Glitnir 银行(冰岛第三大银行),并将其重组。2008 年 10 月 9 日,Kaupthing 银行(冰岛第一大银行)也被冰岛政府接管。至此,政府已经接管了冰岛三大商业银行。

3. 资本市场陷入瘫痪

2008 年 10 月 9 日,冰岛股市停止交易,这次严重的银行危机最终导致国家破产。

此外,其他的国家,如韩国、巴基斯坦、阿根廷等,也出现了类似的问题,美国的加利福尼亚州等 13 个州的财政也面临危机,各国和各州政府压力增大,其居民福利、公共服务水平等面临着下降的威胁。

(四)市场投资者避险情绪加剧,市场流动性极度紧张

在金融危机爆发的过程中,截至 2008 年 9 月 30 日,反映金融市场信

贷风险和投资者避险倾向的泰德利差(TED Spread)相对上年同期大幅攀升超过 350 个基点。泰德利差的大幅攀升,反映市场认为银行体系风险大幅增加,银行间借贷成本增加,也连带企业间借贷成本随之增加,从而导致流动性锐减,这样就迫使全球央行不断向金融体系注入流动性。

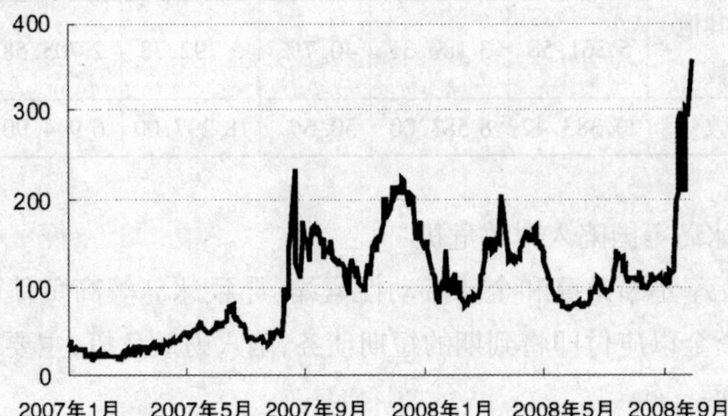

图 2-2　2007 年 1 月至 2008 年 9 月泰德利差(单位基点)

(五)国际大宗商品显著走弱

2008 年 8 月之后,次贷危机对全球经济的影响日趋显现,由于担心欧盟、日本等发达经济体陷入衰退,欧元、日元等主要货币对美元纷纷贬值,美元综合汇率指数持续上扬。美元短期内的走强,再加上投资者预期原油、工业金属等的需求将受全球经济走弱影响而进一步放缓,国际大宗商品价格受其拖累显著下挫。

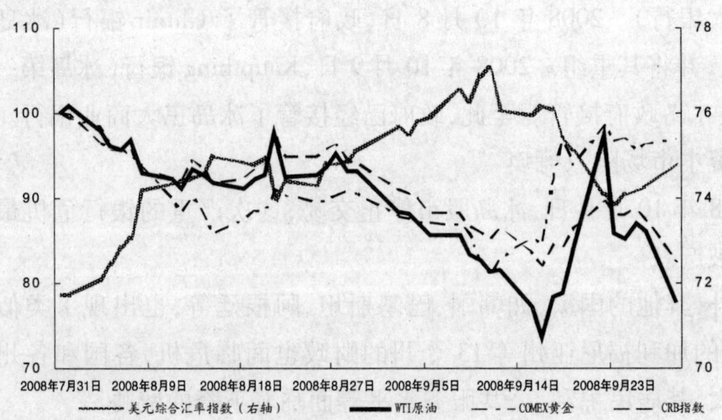

图 2-3　2008 年第三季度美元汇率与国际大宗商品价格走势

五、拜金诱发三大产业产能过剩

现代社会，有些人成为拜金主义的奴隶，他们开始丧失了各种信仰，转而追求金钱和物质。

当人们开始拜金的时候，制度、法律、约束在他看来都不存在了，取而代之的是一切向钱看，想方设法攫取最多的金钱。

于是，更多的石油被开采，更多的矿山被挖掘，更多的树木被砍伐，更多的河流被污染，这一切，都是为了获得更多的利益和财富。

于是，第一、第二以及第三产业开足了马力，科学技术作为发动机为三个产业提供源源不断的能量。

于是，种子改良了，转基因了。原来的种子只吸收土地里的养分和水分，进行光合作用，缓慢结出果实，水稻亩产才 120 斤。现在的种子不仅仅吸收土地里的养分和水分，连化肥也一起吸收，光合作用过程加快，快速成长，水稻亩产超过千斤。

于是，工业生产效率提高了，机器替代了人工，我们的钢铁产量从 1949 年的 15.8 万吨上升到 2008 年的 50 000 万吨，已经超过了我们的需求，出现了生产过剩。

于是，金融服务的品种也推陈出新了，世界资本市场各类金融衍生品泛滥，让投资者眼花缭乱。于是，服务业过剩了，人们无法享受太多的增值服务，第三产业也过剩了。有“批判者”和“最敢讲真话学者”之称的郎咸平教授认为：“中国的产能过剩严重，消费由 20 世纪 90 年代的 60% 跌到现在的不到 35%，所生产的产品一半都是百姓消费不了的，这么多年来就靠出口创汇把之消化。”欧美国家很多人靠借贷生活，而非量入为出，我国靠着这种过剩的产能与欧美工商链条紧密挂钩。美国金融危机爆发后，欧美国家在一定程度上已经改为量入为出，他们不能再消化我们过剩的产能，导致我们的很多企业开始挺不住，开始破产。

既然所有产业产能都过剩了，为什么还要扩产、加大投资呢？究其原因，就是追逐利润和剩余价值。当企业或者某个地区从个体本身考虑，而忽视同行或者竞争对手的存在的时候，无视他们的决策和生产能力的时候，大家看到有利可图，便在利益的驱使下，变成羊群中的一员，不断投资、生产，不断向前奔跑，根本无暇思考。一切都是为了利润。

六、市场经济失灵了吗

原始社会,生产技术落后,生产力不足,导致了各种资源短缺,衣食住行的各类产品严重不足。为了防止社会崩溃,人们平均分配各种产品,勉强能维持生活。

奴隶社会,生产技术不断进步,生产力开始发展,但是阶级的出现使大部分产品被少数奴隶主占有,广大贫民只能勉强果腹。

于是法国爆发了革命,推翻了奴隶主;美国发生了南北战争,废除了农奴制。这时候,市场经济开始蓬勃发展,生产技术推陈出新,生产力得到极大提高,物质开始丰富。但是有些人的贪婪占据了主导,诚信不在,责任不在,计划和约束不在,他们为了一己之私而毁坏森林、空气、青山绿水。

于是大家要问,物质已经极大丰富了,为什么还会出现问题?这是一个非常好的问题,它切中要害。

这个问题的唯一答案是市场经济失灵了,这只"看不见的手"真的无法看见了,市场无法起到优化配置资源、引导供需和价格形成的作用。亚当·斯密在《国富论》中指出,"资本因节俭而增加,因浪费或行为不当而减少",因为很多国家不再节俭,而是铺张浪费,浪费能源、浪费粮食、浪费环境,所以资本不断减少。资本家为了攫取更多的利润,只能不断借贷来追加投资,扩大产能,使商品价格严重脱离价值,不断增加其个人收入。《国富论》在230多年前就给了我们很好的答案:"凡是资本占优势的地方,勤劳就占上风;凡是收入占优势的地方,懒惰就占上风。"当社会上懒惰成风时,也就是社会陷入衰退和混乱之日,当然,市场也就失灵了。

在商品交换初期,人们用两只羊换一担米,交换者相互验收了各自的物品,认为无欺后,双方成交。貌似简单的交易却传达了市场经济的本质信息:首先,交换双方不能欺诈,必须诚实,羊是好羊,米是好米。其次,双方的欲望是有限的,养羊者不能因为羊稀缺就要换三担米、十斤茶叶、二两金子和一把斧头,只换取自己急需的一担米即可;种粮者不能因为米稀缺就要换六只羊、二两金子、十斤茶叶和一把斧头,只换取自己所需的两只羊即可。因为两只羊包含的价值恰好等于一担米包含的价值。

这个简单的交换让我们知道,诚信和自律是市场经济的两大基石。

基石被破坏了，市场经济的大厦怎能不倾斜呢？

那么，是什么导致基石被破坏呢？是贪婪，是欲望，是恶念与仇恨，是拜金主义，是利益至上，是等级观念，是铺张浪费。

贪婪和铺张浪费是需要有人在最前方摇旗呐喊的，这时，虚荣就成为最廉价的心灵补剂，为了获得房子、票子、面子、车子和位子带来的虚荣，有的人开始追求自身之外的东西，从而扭曲了人类追求自然、纯洁、洁净的本性。于是有的人为了虚荣开始自欺，开始欺人，"料子裤子，苞米面肚子"，"金玉其外，败絮其中"。

人一旦生活在自欺、欺人的世界里，就像饥饿的乞丐，在垃圾堆里疯狂地翻拣，忘记了自己的双手，忘记了双手能够创造财富。于是，有的人将目光聚焦在废墟上，期望从别人咀嚼剩下的东西里发掘财富，违背了劳动创造财富的自然规律，于是市场规律遭到破坏。

自然规律、社会规律、市场规律是宇宙的无形法则，违背了法则，甚至以无耻、愚昧、欺骗、不劳而获的手段来榨取财富，必然受到无形法则的谴责、惩罚。

第三章　经济衰退中的经济与民生

2007年以来,全球的消费市场出现大幅度的下滑,零售企业经营举步维艰。自2007年下半年开始,美国有8家中等规模的零售连锁企业被不断扩大的债务与萎缩的销售量压垮,导致流动资金紧张而申请破产保护。2007年,美国运动用品连锁商Foot Locker关掉了140家连锁店,服装零售商Ann Taylor关掉了117家店,珠宝商Zales有100家店停业。

进入2008年,率先挺不住的是美国第二大电子产品零售商Circuit City,它宣布申请破产保护。这家成立于1949年的大型企业在六个季度中有五个季度出现亏损,两年中股票市值已经损失了50亿美元以上,关闭了155家连锁店,并裁员17%。寝具与家具零售商Linens'N Things也宣布破产保护,它在全美47个州开设的500家店可能要关掉或者进行重组。

经济衰退和消费不景气的风暴已经席卷了整个美国,对全美经济产生了严重影响。

一、经济危机影响全球经济增长

(一)对全球经济增长的影响

2007年8月,金融危机开始逐步显现后,实体经济受到严重拖累而导致全球经济增长速度明显放缓。世界银行在2008年11月发布报告称,由于金融危机爆发导致实体经济加速恶化,2009年全球经济增长率将为1%。国际货币基金组织2008年10月预测,2008年至2009年世界经济增长速度将连续两年回落,至2009年,世界经济将进入最为艰难的时期——美、英、德、日等主要经济体的GDP增长率将降至零,2010年才开始回升。

从图3-1中我们看到,1980年到2010年的30年间,美、英、德、日四国的经济增长率是不断波动的。

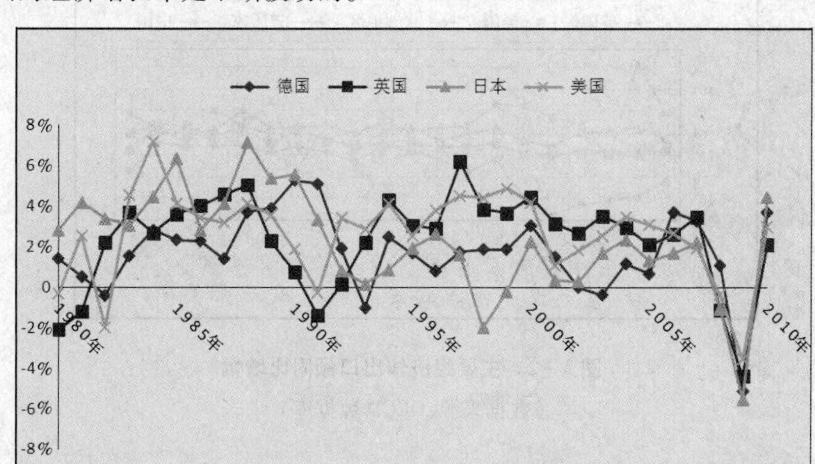

图 3－1　美、英、德、日 GDP 增长率

美国的经济增长在 20 世纪 80 年代达到顶峰，超过了 7%，之后再也没有超过 5%，分别在 20 世纪 80 年代初期、90 年代初期和 2009 年出现了三次衰退。

英国的经济增长曲线与美国的极其类似，只是 30 年来，它的经济增长速度从来没有超过 5%。

德国的经济增长曲线也类似于美国，但是 30 年经济增长的顶点和低点与美国不完全相同：顶点出现在 1990 年，衰退则出现在 20 世纪 80 年代初、90 年代初及 2003 年、2009 年。

日本经济增长在 20 世纪 80 年代末到达顶峰，之后就是“失去的 20 年”，至今仍然无法恢复历史上的辉煌。

（二）对全球贸易的影响

2007 年金融危机爆发后，世界贸易增长并未立即发生变化，而是有个延后期，从 2008 年 8 月开始，由于实体经济增长放缓，各主要经济体的进出口增长均开始放缓。图 3－2 和图 3－3 分别为 2007 年 10 月以来，金融危机期间的主要经济体每月出口额同比变化情况和进口额同比变化情况。

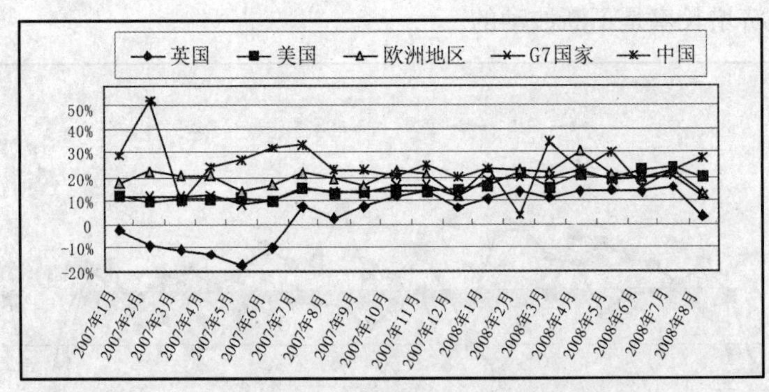

图 3－2　主要经济体出口额同比增幅

（数据来源：OECD 数据库）

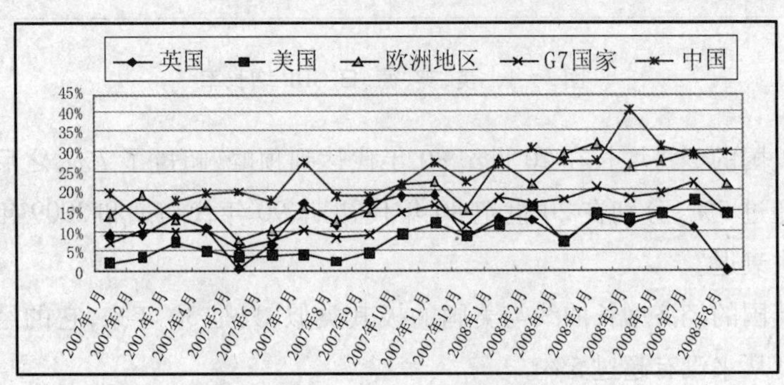

图 3－3　主要经济体进口额同比增幅

（数据来源：OECD 数据库）

可以看出，在 2007 年上半年，虽然主要发达经济体的出口额同比增幅出现了少许波动，但在 2007 年年底前基本保持平稳发展态势，甚至在 2008 年 7 月之前，这些经济体的进出口情况也并未发生较大改变。但是从 2008 年 8 月开始，发达经济体进出口额与上年同期相比，增速明显放缓，表明金融危机开始对发达经济体的进出口贸易造成显著的负面影响。

（三）对全球消费者需求的影响

2007 年金融危机爆发后，消费者信心指数不断下滑，至 2008 年 7 月跌至谷底。图 3－4 为美国、英国及欧洲地区的消费者信心指数。可以看出，从 2007 年 5 月开始，美国、英国及欧洲地区消费者信心指数不断下滑，至 2008 年 8 月，消费者信心指数开始回升，表明在金融危机影响下，消费者需求经过一年多的调整之后,已经有了回升的迹象。

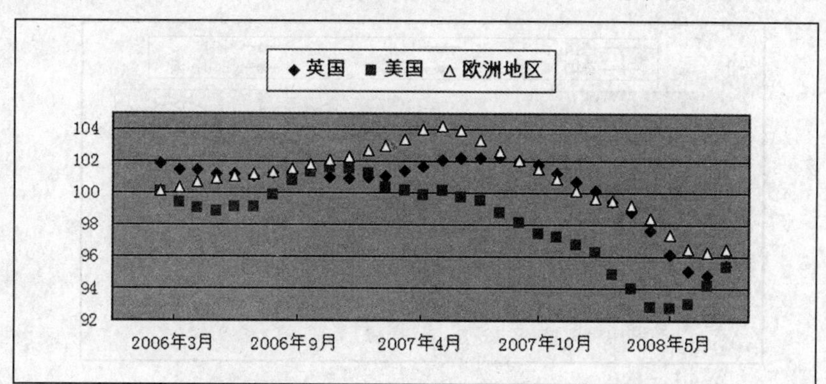

图 3-4 美国、英国及欧洲地区消费者信心指数

(数据来源:OECD 数据库)

受金融危机影响,各国的就业形势不容乐观,失业率上升,收入减少,对消费信心又构成了打击。图 3-5 说明自金融危机爆发以来,受经济增长乏力的影响,2008 年至 2009 年的失业率有明显的上升趋势,这意味着 2009 年主要发达国家的需求将进一步下降。

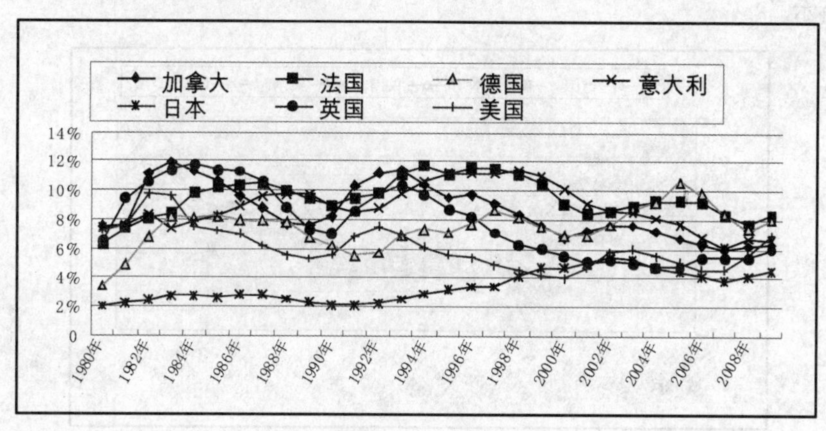

图 3-5 G7 各国年失业率

(数据来源:国际货币基金组织)

(四)对全球商品价格的影响

金融危机爆发后,全球主要经济体为了救市,缓解当前金融体系紧张局势,纷纷积极向市场注入大量流动性,而正是由于不断扩充的市场流动

性等原因,各国 CPI 大幅攀升,如图 3-6 所示。

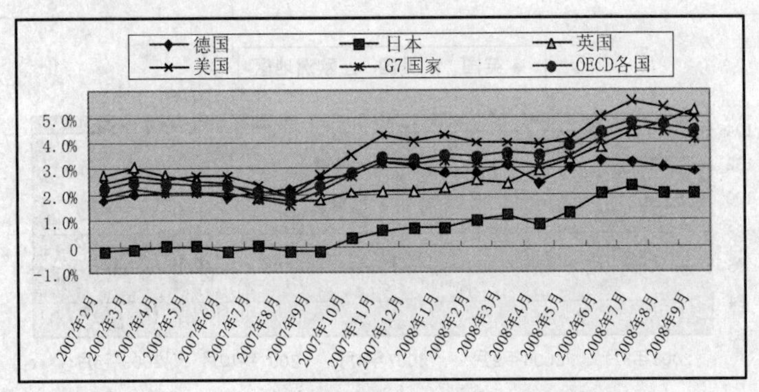

图 3-6 主要经济体 CPI 同比增幅

(数据来源:OECD 统计数据库)

世界经济增长的减速降低了社会对能源的需求,进而导致能源价格指数增幅不断回落,尤其是在进入 2007 年以后,能源价格指数增幅开始急剧下跌,并在 2007 年 8 月跌至谷底。在这之后,由于受到整体经济刺激政策和经济回暖趋势的影响,能源价格指数开始逐步走高,如图 3-7 所示。

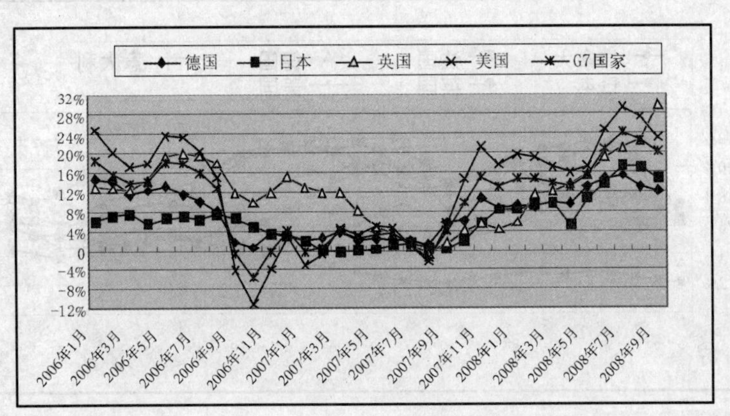

图 3-7 主要经济体能源价格指数同比增幅

(数据来源:OECD 统计数据库)

图 3-6 和图 3-7 为主要经济体的 CPI 和能源价格指数增幅。可以看出,主要经济体的 CPI 增幅和能源价格指数增幅在 2007 年 8 月降到最

低点后，出现了回升趋势。2008 年 7 月，美国 CPI 较上年同期的升幅达到 17 年来最高水平。

由于金融危机减少了市场流动性，从 2009 年开始，主要经济体的通货膨胀率开始大幅降低。

在金融危机爆发期间，国际货币基金组织公布了 1996 年至 2007 年的各国通货膨胀率，并对 2008 年至 2013 年的情况进行了预测，如图 3－8 所示。根据当时的预测，2009 年主要经济体的通货膨胀率将大幅降低，这意味着金融危机前各国普遍存在的高通货膨胀局面将有所缓和。但由于在金融危机期间各国采取大幅降息的政策，引起资本市场的流动性过剩，这又很可能会导致新一轮的高通货膨胀的发生。

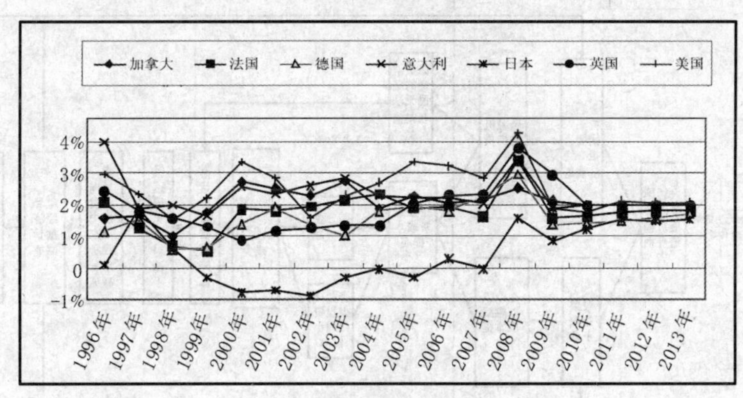

图 3－8 G7 各国通货膨胀率

（数据来源：国际货币基金组织）

二、经济危机影响经济健康发展

这次危机是实体经济被过度虚拟化而缺乏控制和监管所造成的，实体经济被无限放大后，就像肥皂泡被吹大一样，在无法承受表面张力的时候，必然要破裂。实体经济是人类社会得以生存和不断发展的根基，包括物质的、精神的产品和服务的生产、流通等经济活动。其范围在涵盖农业、工业、建筑业、商业服务业、交通通信业等物质产品生产和服务部门的同时，也涵盖了教育、文化、知识、信息、艺术、体育等精神产品生产和服务部门。虚拟经济作为与实体经济相对立的一个概念，主要是指经济虚拟化的产物，即利用虚拟资本开展的一系列经济活动，是依托于金融系统进行的循环运动，也就是“钱生钱”的相关经济活动。其循环运动的基本原理为：首先利用交换环节把现金转换为股票、债券、借据等虚拟资本，然后在时机合适时，利用交换环节把这些虚拟资本转变为现金，从而达到“钱生钱”的最终目的。

(一)经济危机影响经济发展的路径分析

经济危机爆发后，通过以下三种路径影响虚拟经济和实体经济，如图3-9所示。

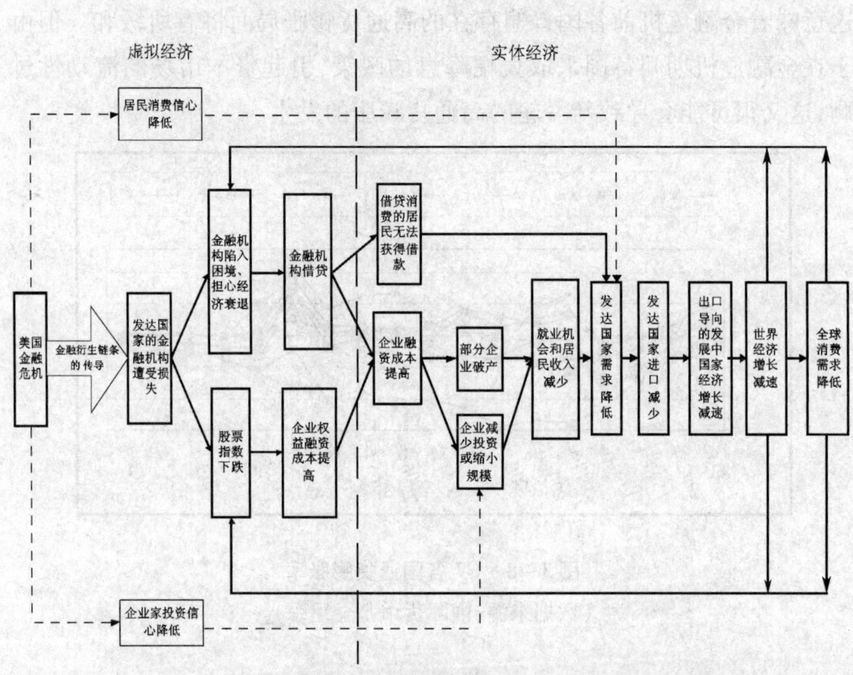

图3-9　经济危机影响经济发展的路径分析

1. 经济危机导致企业融资成本提高

融资成本提高会导致企业破产或规模萎缩。尽管美联储以及其他主要央行力图不断调低本国的基准利率，但决定企业融资成本的市场利率却不降反升。而一些国家出台了经济刺激政策，导致资金流动性泛滥，这些资金要求短期的高回报，间接推动了资金成本的升高。

2. 金融系统无法正常运转导致消费萎缩

经济危机改变了居民的消费习惯，尤其是那些一直以来是通过借贷来维持消费的居民，由于这类群体无法获得新贷款，导致其消费支出下降,这在客观上对实体经济产生了很大影响。

3. 投资者信心下降导致实体经济衰退

经济危机的爆发,严重影响了人们对未来经济的预期,打击了投资者和消费者的信心,从而减少了投资和需求,间接影响了实体经济。美国正常的社会消费能力在持续下降,消费者信心指数继续走低,萎靡不振的消费需求严重制约了实体经济的发展。2008 年 9 月,美国就业岗位减少了将近 16 万个,为 2003 年以来的最大降幅。

(二)经济危机对制造业的影响

经济危机对制造业产生了巨大的影响,主要通过三方面影响制造业销售:首先,需求方预期未来经济会处于萧条阶段,会减少投资并削减购买计划,引起制造业产品需求下降;其次,信贷风险加大,银行为了规避风险,不得不出台信贷紧缩的政策(尤其是对制造业);最后,美元升值后,各国货币兑换美元的汇率持续上升,美国出口制造业面临巨大的压力。

美国制造业遭受了沉重的打击。2008 年 11 月,美国制造业景气指数创新低,降至 36.2,达到 1984 年以来的最低点,如图 3 - 10 所示。

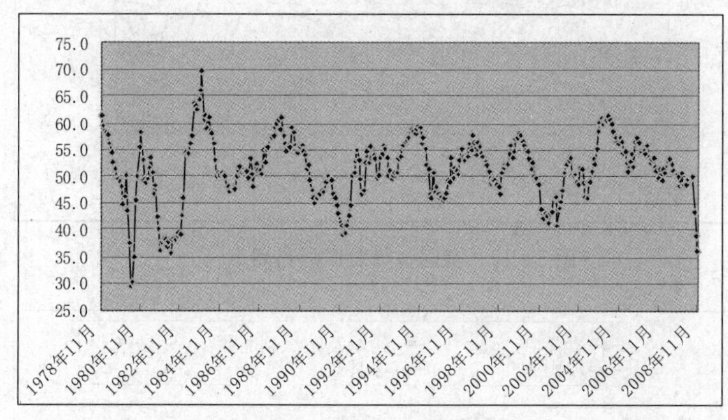

图 3 - 10　美国制造业景气指数

制造业产能利用率从 2007 年 8 月开始不断下滑,2008 年 10 月略有回升,可能是美元贬值带来的出口增加造成的,也可能是急速下跌后出现的反弹引起的,如图 3 - 11 所示。

就制造业各细分行业而言,图 3 - 12、图 3 - 13、图 3 - 14、图 3 - 15 显示了美国各行业的产能利用率月度数据相对上年同期的变化。

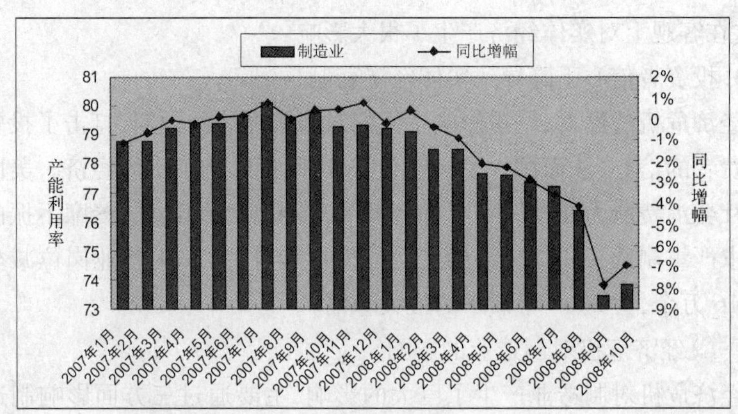

图 3－11　美国制造业产能利用情况

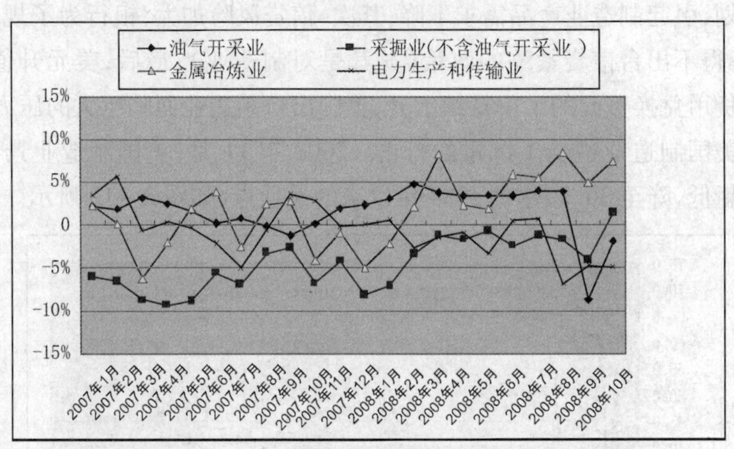

图 3－12　美国各行业产能利用率(一)

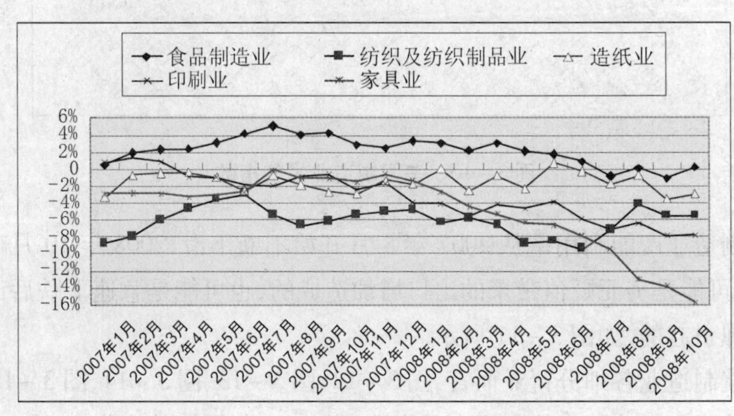

图 3－13　美国各行业产能利用率(二)

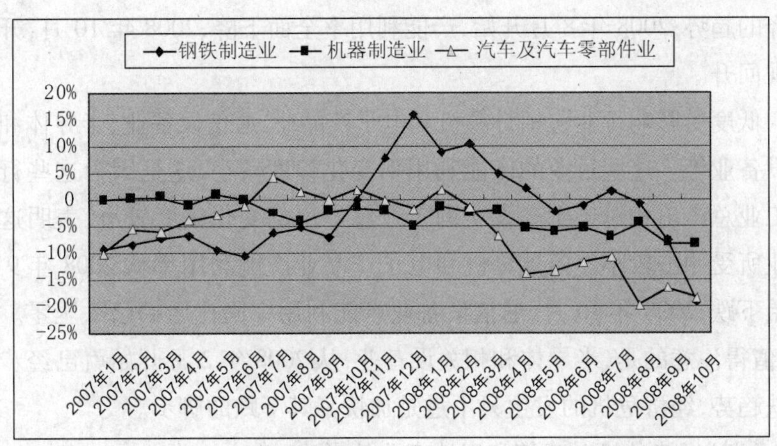

图 3－14　美国各行业产能利用率(三)

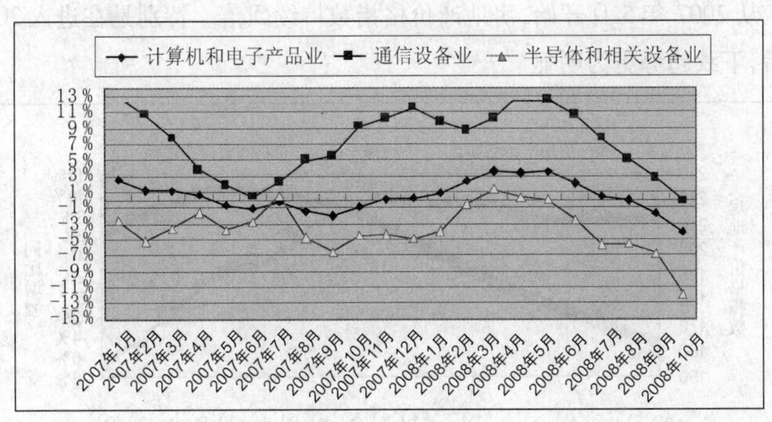

图 3－15　美国各行业产能利用率(四)

经济危机中,制造业各个行业受到的冲击有先后顺序,受到的冲击幅度也不尽相同。我们将其分为高度受影响行业、中度受影响行业和低度受影响行业,具体如下:

高度受影响行业包括机器制造业、汽车及汽车零部件业、纺织及纺织制品业、造纸业、印刷业以及家具业等。这些下游产业的产能利用率增幅连续为负,表明这些行业所受的冲击最大。

中度受影响行业包括处于上游的采掘业(不含油气开采业)、电力生产和传输业等。这些行业从 2007 年 2 月开始,产能利用率就表现出不断下降的趋势;2008 年 8 月开始,产能利用率全面下降;2008 年 10 月,开始出现回升。

低度受影响行业包括计算机和电子产品业、通信设备业、半导体和相关设备业等。这些行业的产能利用率变化幅度较小,这是因为这些行业的工业总产出相对于生产设备的工业总产出的变化幅度较小,表明这些行业所受冲击较小。但计算机和电子产品业产能利用率从 2008 年 9 月开始下跌,2008 年 10 月,通信设备业产能利用率同比增幅已跌至零。此外,值得注意的是,半导体和相关设备业,从 2008 年 2 月开始就已经步入下跌趋势,经济危机的发生只不过是加快了其下跌的脚步。

(三)经济危机对建筑和房地产业的影响

在经济危机爆发期间,美国的房地产价格持续下跌,如图 3 - 16 所示。从 2007 年 5 月开始,房地产价格指数持续回落。特别是在进入 2008 年后,下跌趋势更为明显。

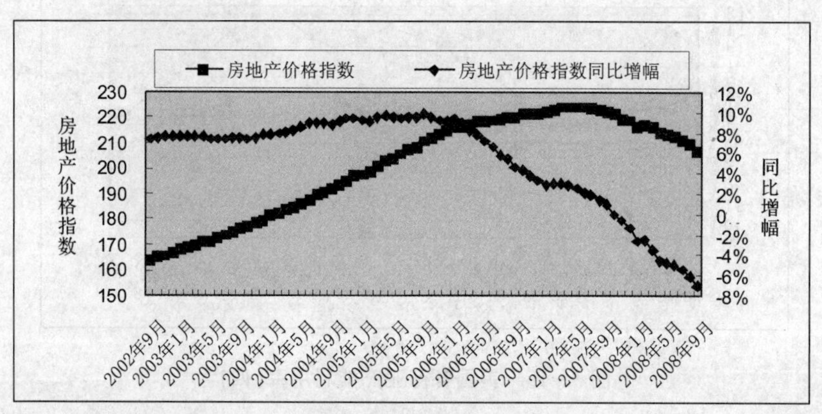

图 3 - 16　美国房地产价格指数

受经济危机的影响,美国房屋空置率持续攀升,如图 3 - 17 所示。2005 年第一季度到 2008 年第三季度,美国自住房空置率同比增幅已经连续 15 个季度为正数。

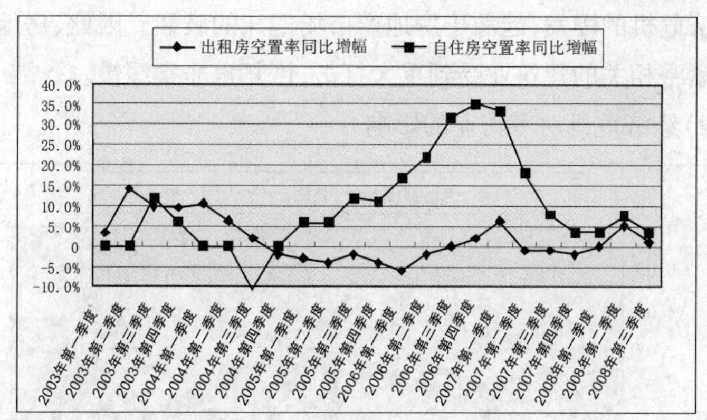

图 3－17 美国房屋空置率

此外,新建房销售量开始持续走低,新建筑完成额也持续下跌,2008年第二季度和第三季度与上年同期相比下跌幅度分别达到 40% 和 35%。进入 2008 年 8 月后,新建筑完成额跌幅略有放缓。

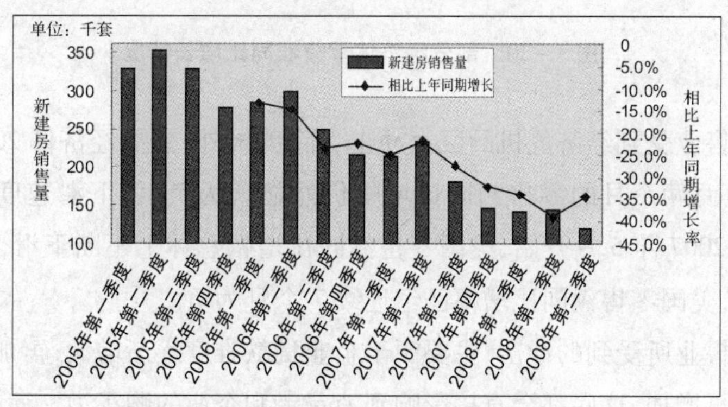

图 3－18 美国新建房销售量

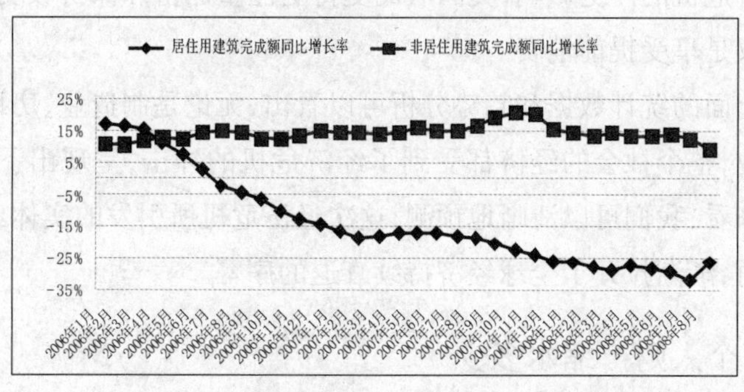

图 3－19 美国新建筑完成额同比增长情况

经济危机的爆发，起源于房地产市场泡沫的破裂。因此，房地产业以及与其紧密相关的建筑业受到重大打击，恢复也非常缓慢。

（四）经济危机对零售业的影响

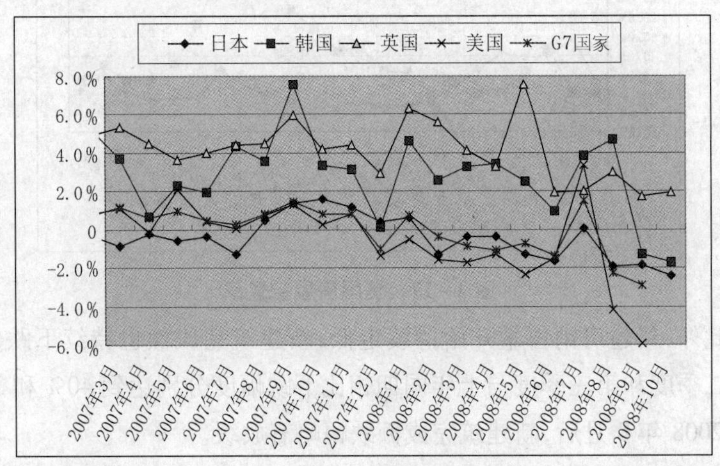

图3－20　部分经济体零售额同比增长情况

零售业受到经济危机的巨大冲击。除英国外，主要经济体2008年9月和10月两个月的零售额同比增幅仍然显著为负，但下滑速度有所放缓。从2007年5月开始，美国零售额同比增幅总体上不断下滑，至2008年7月，美国零售额同比增幅已经连续7个月为负。

零售业所受到的冲击，主要源于企业贷款难度逐渐增大，再加上居民收入不再增加，这些都会直接影响到消费者和企业的购买力。而且，正是由于经济危机的广泛影响，美国居民变得更注重储蓄和保持收支平衡，而不再仅仅是享受提前消费。

从上面的统计数据和趋势分析可以看出，无论是制造业、房地产业还是零售业，整个社会的经济都受到了经济危机的冲击，呈现出下滑态势。在当时来看，我们可以清晰地预测，这次经济危机所引发的实体经济危机势如破竹，渐渐拉开了全球经济持续衰退的序幕。

三、个人财产缩水多少

个人财产缩水了吗？随着股市暴跌、房价不断下滑，我们的财产在不断缩水。有一个形象的比喻:一个农村来的年轻打工者,在城市里奋斗了两年,每天起早贪黑,吃苦受累,终于攒下了2万元结婚用的彩礼钱,高高兴兴地回到家乡准备迎娶新娘的时候突然发现,村子里的彩礼标准已经由原来的2万元上升到5万元,未婚妻的父母也将彩礼的标准提高到5万元。这个小伙子突然发现自己白白在城市里打了两年的工,赚钱的速度远远赶不上彩礼上涨的速度,打工时间越长距离娶新娘越远。

(一)中国内地居民财产缩水多少

2007年年初,A股市场总市值约为人民币8.8万亿元,2007年11月6日,A股市场总市值达到33.62万亿元。到了2008年10月30日,A股市场总市值为11.42万亿元,比2007年最高峰时下降了22.2万亿元。按照全国13亿人口计算,相当于每人损失了1.7万元。如果按照全国1.15亿个股东账户计算,相当于每个股东账户蒸发了19万元。一家三口如果都是股东的话,就要损失57万元。有钱的时候享受,既能够刺激消费,又能够规避股票投资风险。

(二)中国香港居民财产缩水多少

香港股市在2007年10月30日达到最高峰,恒生指数最高时达到31 958点。到了2008年10月29日,恒生指数跌到12 702点,累计暴跌60%。香港股票的市值最高时达到231 970亿港元,2008年10月只剩下85 800亿港元,蒸发了约146 170亿港元,平摊到700万香港居民身上,相当于每人损失208.8万港元,一套60多平方米(市值200万港元)的普通住房被跌得灰飞烟灭。

(三)美国人财产缩水多少

美联储2008年12月公布的资料显示,仅2008年第三季度美国家庭及非营利组织的净资产价值就比第二季度减少了2.9万亿美元,按照美国3亿人口计算,相当于每人的财产缩水了1万美元,一家三口合计损失了3万美元。一家人就是一年365天每天都去迪斯尼乐园玩,也花不了3万美元啊。其中与房地产有关的净资产价值减少了6 469亿美元,是第二季度的3倍,相当于每个家庭的房地产价值下跌了6 000美元。

看来在金融危机来临的时候,全球任何一个角落都躲不开危机的袭击,全球的居民财产都面临着巨大的缩水。各个国家居民辛辛苦苦积攒起来的财富无法抗拒经济下行带来的冲击,在短时间内大幅度贬值,使全球生产力水平下降。

四、猪肉为什么成为物价上涨的“帮凶”

让我们没有想到的是，猪肉竟然能左右物价的走势，成为我国通货膨胀的帮凶。2007 年全国物价上涨 4.8%，其中包括猪肉在内的肉类价格上涨最快，达到 32% 以上，物价上涨 60% 以上是由于肉类价格的拉动。2008 年 1 月全国 CPI 涨幅达到 8%，猪肉价格为 CPI 贡献了 58% 以上的涨幅。加上个别的不法商贩投机取巧，囤积大量的冻猪肉，使原本紧缺的猪肉市场更加供不应求，导致全国各地闻“猪”色变，个别地区猪肉价格甚至超过了 20 元/斤，大有“吃不起猪肉只能看猪跑”的架势。

猪肉价格高涨，调动了养猪户的积极性，加上国家出台了母猪补贴政策，全国范围内掀起了养猪热潮，甚至著名的投资银行高盛公司也被猪肉价格的高涨和获利空间所吸引，用资本运营的手段做起了养猪的生意。

但是风云突变，经济危机来临了，人们收入下降了，消费预期降低了，很多家庭开始节约开支，而不愿意买猪肉了。高肉价导致居民的购买力下降，对猪肉的需求急剧减少。

全国各地生猪出不了栏，母猪遍地跑，猪肉价格直线下滑。2008 年上半年，农业部的数据显示，全国生猪存栏 4.71 亿头，同比增长 9.4%，其中能繁殖母猪存栏 5 175 万头，同比增长 22.5%。母猪存栏数占生猪存栏数的比重达到了 11%，超过了正常值 8% ~9%，出现了养猪泡沫。

2008 年 10 月，全国 36 个大中城市集市、超市猪肉（精瘦肉）平均零售价格为 13.09 元/斤，比 2008 年 2 月 14.73 元/斤的价格下降了 11%。

一般认为，仔猪养到 200 多斤时是最好的出栏时机。而一头仔猪养成 200 多斤的生猪，要吃掉 400 斤玉米、120 斤稻糠、一袋半精料。其中，玉米的价格为 0.85 元/斤，400 斤玉米的价格是 340 元；1 斤稻糠需要 0.9 元，120 斤稻糠需要 108 元。此外，加上 330 元的一袋半精料，饲料的成本大约是 780 元。猪仔的价格约为 300 元，饲养周期按照 120 天计算，人工成本 60 元，合计一头猪从购入到出栏大约需要成本 1 140 元。自 2008 年 4 月到 2008 年年底，仔猪和活猪价格连续下降，累计降幅分别达 23.1% 和 16.4%。猪肉集贸市场价格连续 8 个月下降，累计降幅为 13.1%。生猪的收购价格也已经降到 6 元/斤，200 斤的生猪售价只有 1 200 元，每头猪勉强维持60元的毛利，其间的场地、水电、消毒的费用都没有算在内，养猪基本上处于保本阶段。

我国各类猪的出肉率在75%左右，其中瘦肉率为60%，也就是一头200斤左右的猪能出瘦肉90斤左右，肥肉和其他内脏等60斤左右。一头猪的零售价格在1 900元左右，扣除商店的费用和利润，以及运输、储存等费用，批发商的利润空间也被大大压缩。

价格下降导致养猪户出现卖猪难、养猪亏损的困境。高盛公司也无法用资本运营的手段来实现中国猪场的增值了。

第四章　主权债务危机与经济危机相伴而生

20 世纪 70 年代和 80 年代国际石油价格两次上涨,对全球经济发展产生了巨大影响,一部分国家(石油输出国)因为石油价格上涨而赚取大量外汇,另一部分国家(石油输入国)却出现非常严重的收支逆差。其中,石油输出国通常会将资金存入银行用于对外贷款。于是,受到 20 世纪 70 年代后期商业信贷政策放松的鼓励,发展中国家纷纷举债来发展自身的经济,甚至举债来扩大本国的消费。20 世纪 80 年代,借款国贸易条件出现恶化,同时,严重的通货膨胀也迫使每个国家放缓经济增长,开始采取紧缩的经济政策,这也导致各国的还债能力下降,陆续出现债务问题。

主权债务危机是指一个国家或者地区在国际上借入了大量债务,超过了借款者自身的清偿能力,导致无力还债或必须延期还债的现象。20 世纪末,许多国家和地区相继爆发了主权债务危机,如拉美地区、欧洲以及美国,同时,随着经济全球化的推进,主权债务危机还在向其他国家蔓延。

一、拉美地区主权债务危机

(一)墨西哥主权债务危机

20 世纪 80 年代,拉美地区爆发了有史以来最大的一场债务危机。20 世纪 70 年代中期以后,拉美地区各国为了实现工业化,向西方银行借债,数额庞大,使其债务规模迅速扩大。20 世纪 80 年代以后,全球经济开始衰退,拉美地区许多国家纷纷陷入主权债务危机中。1982 年 8 月 12 日,当时的墨西哥财政部长吉色斯·席尔瓦·埃尔佐格分别给当时的国际货币基金组织总裁雅克·德拉罗西埃、美国总统里根和美国联邦储备委员会主席保罗·沃尔克拨通了求援电话,声称墨西哥的外汇储备已经用光，墨西哥已经没有能力继续偿还外债。

墨西哥债务危机爆发的原因有很多，例如，墨西哥通过吸引外资来弥补经常项目的逆差。从20世纪80年代开始，墨西哥开始大幅度降低本国的贸易壁垒。20世纪90年代初，墨西哥的非关税壁垒已经低于欧洲国家。但是，墨西哥的出口增长却不快，外资热钱的引入弥补了经常项目的逆差，但是外资的流动性和投机性的特点给墨西哥带来了潜在的风险，外资会随着全球经济的发展而发生转移。当投资者对墨西哥的信心下降时，就会相应地撤回资金，进而导致墨西哥危机的产生。此外，政局的变化也在一定程度上降低了投资者的信心。20世纪80年代以后，墨西哥革命制度党的执政地位受到了越来越严峻的挑战，它与其他政党以及各个政治反对派的矛盾也日益激化。而执政党的经济改革并未有效地解决日益突出的贫富悬殊问题，致使民众对政府、执政党的信任度有所下降。墨西哥政局动荡，导致外国投资者的投资信心下降，他们从墨西哥撤出资金，导致资金大量流失，为危机火上浇油。

（二）巴西主权债务危机

1999年1月，巴西米纳斯吉拉斯州新上任的州长伊塔马尔·弗朗哥对外正式宣布，州政府决定91天内暂时不偿还欠联邦政府的154亿美元的债务。同时，州政府也无力支付2月10日到期的由该州发行的约1.08亿美元的欧洲债券。这一事件导致巴西主权债务危机的爆发。不久之后，巴西货币出现大幅度贬值，股市也随后出现大幅度波动，外汇市场上，投资者纷纷抢购美元。为了稳定汇率，巴西央行抛售了数十亿美元。之后，巴西央行正式宣布实行雷亚尔对美元和其他外币汇率自由浮动的政策。受此影响，拉美地区经济两年间连续下滑。

巴西主权债务危机的爆发与当时的经济形势以及政府的政策密切相关。首先，“雷亚尔计划”成功地控制了通货膨胀，同时高估了币值，这就大大降低了巴西产品的出口竞争力，但是当地政府并没有及时采取有效的应对措施。1994年到1997年，巴西政府实行高利率政策，各大企业不得不回避本国的高利率而去国际资本市场筹集资本，这样就导致该国的外债不断增加。此外，政治因素也使原本负债累累的政府雪上加霜。历届政府大选都要投入大量资金，与之前的大选相比，卡多佐为了实现连任目标，实施了扩张性财政政策，导致财政收支严重失衡，出现巨额财政赤字。上述问题并没有得到有效的解决,导致巴西主权债务危机爆发。

(三)阿根廷主权债务危机

1991 年到 1999 年的九年间,阿根廷的经济增长率都高于拉美地区的平均水平。但是到了 21 世纪初,阿根廷拥有接近 1 500 亿美元的外债总额,这个数字约为当年外汇收入的 4.7 倍,阿根廷经济已陷入萧条,政府财政赤字和债务情况显著恶化。由于巴西金融危机和东南亚金融危机对阿根廷经济的深远影响,2001 年 11 月,阿根廷政府宣布无力偿还外债,决定进行债务重组。阿根廷经济部宣布从 2001 年 12 月 3 日起限制提款,限制向国外转移资金。2001 年 12 月 5 日,国际货币基金组织宣布拒绝向阿根廷提供 13 亿美元的援助贷款,阿根廷的国家风险溢价超过 340%。2001 年 12 月 7 日,阿根廷中央银行对新存款提出了更高的准备金率的要求,以遏止银行间贷款转移。2001 年 12 月 23 日,阿根廷政府正式宣布停止支付 1 320 亿美元的债务。阿根廷政府于 2001 年 12 月 24 日对外公告:2002 年 1 月起,发行该国第三种货币阿根廷元。随即,阿根廷比索大幅贬值,这导致阿根廷的通货膨胀加剧,物价上涨,大批企业破产,失业率大幅上升,经济形势不容乐观。在 2004 年年底,阿根廷政府与国际金融机构经过长期的艰苦谈判达成协议,公布了仅以所欠债务 25% ~ 35% 的面值发行新债来归还旧债的债务重组方案。第二年,债务重组取得成功,长达三年多的债务危机宣告结束。阿根廷人喜欢跳探戈舞,因此国际社会将阿根廷金融危机的传染效应称为"探戈效应"。

阿根廷债务危机爆发的原因可以从汇率制度、政府支出和政治因素三个方面阐述。阿根廷的汇率制度为固定汇率制度,这个制度帮助阿根廷吸引了大量的外资流入,但是,固定汇率制度也使得该国资金大量外流,导致该国财政收入逐年下降。财政收入的减少并没有抑制财政支出的增加,阿根廷政府通过大量举债来维持开支,而且债务大多采用固定利率,导致政府还本付息的压力加大。此外,政治问题也使经济问题雪上加霜,各种经济政策的出台和实施往往都易受到各党派之争的影响,同时,公众对政府的意见也会反映在对新经济政策出台的抵制上,这就大大阻碍了经济政策的有效实施。

总体来说,这三次危机的发生都跟自身经济和政治问题相关。各国都希望通过吸引外资来带动本国经济的增长,受经济全球化的影响,资金流动性不断增强。引入资金要具有理性,要和自身的市场经济相符,合理安排债务结构。同时,这些国家或多或少都存在政治问题,而这些政治问题对经济危机起到了催化作用,政府过高的财政赤字导致公众和投资者的信心下降。政府应该更合理地规划财政收入和支出,使之保持稳定和均衡。

二、俄罗斯主权债务危机

1997 年 7 月到 10 月,泰国和韩国相继发生了金融危机。为了挽救本国危机,韩国公司纷纷从俄罗斯撤资,同时其他外国投资者为了回避金融风险也纷纷从俄罗斯撤资。于是,1997 年 10 月到 11 月期间,各国投资者纷纷抛售俄罗斯公司股票,导致俄罗斯股价急剧下跌,股市告急。

自 1992 年起,俄罗斯就一直存在财政赤字问题,政府一直采取发行国债和向其他国家举债的方式来维持政府运转,但是严重的财政危机使得投资者对政府的信心下降,于是大量的资金被抽走。同时,议会修改政府的私有化政策又使原本萧条的经济雪上加霜。

俄罗斯联邦政府于 1998 年 8 月 17 日对外正式宣布卢布贬值,而且推延所有外债的偿还,这不仅导致投资于俄罗斯政府国债的投机资本损失严重,而且导致国际商业银行大量的金融债权难以收回,进而引发俄罗斯债务危机。

俄罗斯债务危机爆发的原因主要体现在以下几个方面:

首先,俄罗斯的债务问题与该国的经济发展有着直接的关系。自苏联解体以来,俄罗斯经济不断衰退,企业利润下滑,财政收入年年下降,出现了财政赤字,尤其是地方政府的财政赤字在不断增加,财政收入很难维持政府的正常运转。为了摆脱国家财政困境,俄罗斯政府不得不大量发行短期债券并对外借款。至 1997 年年底,俄罗斯可以确认的对外负债总额为 1 280 亿美元,但资产总额却仅有 277 亿美元,其中,外汇储备只有 130 亿美元,仅为对外负债总额的十分之一。20 世纪 90 年代初,欧美等国的著名经济学家汇聚一堂,为俄罗斯经济改革出谋划策,最终达成了“华盛顿共识”,对俄罗斯经济实行“休克疗法”,全面实行私有化,并由计划经济体制直接向市场经济体制过渡。但是“华盛顿共识”开出的药方没有挽救俄罗斯的病情,“休克疗法”造成俄罗斯国内严重的恶性通货膨胀,居民收入出现大幅度的下降,居民的消费能力萎缩,导致了长达20年的经济衰退。

其次,经济结构畸形是俄罗斯债务危机爆发的比较深层的原因。俄罗斯的外汇收入中70%来自石油和天然气等自然资源的出口,所以俄罗斯的偿债能力主要依赖于国际能源的价格,这样就会造成该国经济的不稳定。如果国际能源市场比较繁荣,那么俄罗斯的经济就会出现增长;相反地,如果国际能源的价格出现急剧的下跌,俄罗斯的经济就会下滑,政府的偿债能力就会减弱。而国际能源价格波动幅度很大,这在很大程度上加大了俄罗斯政府的债务风险。

再次,俄罗斯政局不稳也推动了这次债务危机的爆发。叶利钦解除了切尔诺梅尔金的总理职务之后,提名了当时年仅35岁缺乏经验的基里连科担任总理,可是这次任命一共经历了三次表决才勉强通过。在总理空缺期内,该国少收了30亿美元的税款,这使得原本就入不敷出的财政更是雪上加霜。俄罗斯政局动荡进一步降低了投资者的信心,同时也导致大量资本从该国流出,此时俄罗斯的经济走入了低谷。

此次债务危机的爆发给俄罗斯带来了较为严重的后果,同时也对全球的市场造成了一定的影响。俄罗斯的债务危机使得俄罗斯的经济低迷,国内居民资产严重缩水,物价上涨也使得居民的实际收入下降。同时,这次危机还造成大批银行,特别是大银行损失惨重。银行为牟取利差,大量借取利率较低的外债,估计共约300亿美元,兑换为卢布后,购进高回报的国债。本来看似稳妥的投资,由于卢布贬值而造成了巨大的损失。

俄罗斯从两个方面入手解决债务危机:一个方面是以货抵债。这种方式使俄罗斯成功地偿还了对捷克的债务。自1994年起,俄罗斯政府的债务利息主要通过商品偿还,从2002年起开始偿还债务本金。其中,用以还债的商品主要包括核检测的专门设备、核燃料、电力、冶金产品、零部件及军用器材。另一个方面是债务互换。2000年2月,俄罗斯政府与伦敦俱乐部的国际商业银行达成债务结构重组协议,该协议是债务互换和债务重组的混合体。该协议规定,西方国际商业银行免除自前苏联以来俄罗斯政府总计欠下的320亿美元债务中的36.5%,剩下的债务将分别通过两次转换来偿还,一是将承债主体由部分国有银行转换为俄联邦政府,二是将债务本身转换成30年期的欧元债券,并有7年的宽限期。

三、迪拜主权债务危机

20世纪60年代,迪拜地区发现了大量石油储备,为迪拜经济发展插上了黑色翅膀。20世纪70年代到80年代,迪拜凭借石油所带来的巨额财富开始大力发展基础设施建设。但是,石油属于自然资源,储存量有限,随着石油的开采,迪拜的石油资源在日益减少。于是,从20世纪90年代开始,迪拜政府开始投入资金进行多元化发展来带动当地经济,主要是依靠现代服务业来推动经济的迅速增长。

2006年,迪拜非石油产业的收益已经达到当地GDP的94%,主要是贸易服务业、运输和仓储业、房地产业和金融业的贡献,而石油对推动迪拜经济所起的作用已经微乎其微了。迪拜利用石油美元在国外进行房地产业和证券业投资,为迪拜带来了丰厚的收益,其中房地产业为迪拜带来的收益是巨大的。迪拜的人口并不多,对房地产的需求也并不大,但21世纪初,迪拜允许外国人对该地区的房地产业进行投资以促进经济发展,于是迪拜的房地产业成为全球投机者钟爱的目标,房地产业的繁荣不但带动了本行业的发展,而且拉动了建筑业、银行业和运输业等相关行业的发展。由于供求关系导致建筑成本迅速攀高,同时当时的迪拜通货膨胀严重,于是房地产市场出现了严重的供求失衡的局面,这就进一步加剧了房地产市场的泡沫,也为日后的危机爆发埋下了伏笔。

2009年11月,房地产泡沫破裂,迪拜政府对外宣布将重组其最大的主权投资公司迪拜世界,同时表示将延迟6个月偿还即将到期的债务,债务总额达600亿美元。该事件发生之后,迪拜房地产价格大幅度下跌,于是很多房地产商相继出现了资金短缺和资金链断裂的情况,迫于无奈,很多房地产项目都被搁置了,这预示着迪拜债务危机的爆发。2010年3月25日,迪拜世界宣布,该公司已经向代表债权人的统筹委员会提交了债务重组计划。截至2009年12月31日,迪拜世界债务总额为235.1亿美元。

迪拜债务危机的爆发存在一系列原因:首先,实体经济是经济社会发展的基础。全球化的今天,各国为了促进经济发展都在尽可能地引入外资。对于迪拜来说,主要是通过引入资金来大力发展该地区的服务业和房地产业,于是房地产价格出现了跨越式的上升。迪拜本地的人口较少,造成了本地人对房地产的需求并不大,主要依靠外国人投资和购买。全球经济危机导致国外投资者投资信心下降,进而迪拜房地产需求急剧下降,造成了房地产泡沫破裂,这对该地区的经济无疑是一个巨大的打击。迪拜经济是建立在房地产业和服务业基础上的,这些行业的泡沫非常容易破裂,导致迪拜收入下降,无法偿还到期债务,进而爆发了债务危机。

其次,迪拜过于乐观,没有正确审视债务比率的问题。迪拜人口不到150 万人,而债务超过 230 亿美元,人均债务很多,同时债务资本跨境流动速度很快。所以,当全球经济危机来临时,迪拜这种“以资养资”的经济最终难逃厄运。

再次,迪拜政府参与担保举债,鼓励房地产业和服务业的发展。在危机发生之前,政府大力举债来帮助本地区的金融市场发展,但是迪拜的金融市场并不完善,债券和保险市场欠发达,对于这些政府都视而不见,不断放宽外汇政策,甚至允许外资将利润 100% 汇回,以此来吸引外资,导致资本大量涌入,迪拜一度陷入通货膨胀中。面对这样的局面,政府仍然只重视经济的增长。当全球资金流动性降低时,大量的外资和资本流出导致该地区的资本价值严重缩水,金融市场出现一片混乱,经济急速下滑,偿债能力也瞬间降到低谷,进而引发了债务危机。

从表面上看,房地产投资过度导致资产泡沫不断扩大,最后破裂,引发了迪拜债务危机。但是房地产泡沫破裂只是迪拜危机爆发的导火索,其实质是迪拜政府所采取的经济发展模式出现了问题。迪拜政府一直主张举债、引进外资发展房地产业和服务业,对基础产业如制造业的投入不足,导致了经济空心化比较严重。而房地产业等产业与全球经济联系紧密,因此受全球经济波动的冲击也更明显。如果全球经济繁荣,这些行业也会繁荣;如果全球经济低迷,那么这些行业也会随之萧条,导致的结果就是迪拜经济不景气,引发债务危机。

四、欧美主权债务危机

(一)冰岛主权债务危机

2008 年 10 月,冰岛主权债务危机爆发,随后是中东欧国家,由于国际救助及时而未发生较大的国际金融动荡。受到美国次贷危机的影响,冰岛银行业损失惨重,共欠外债610 亿美元,这相当于冰岛经济总量的12倍,随后冰岛政府接管了三家银行,但是政府并没有财力来支付英国以及荷兰等国家储户在这些银行的巨额存款。冰岛政府为了转嫁责任,举行了全民公决,请全体公民投票表决是否要归还欠款,表决的结果显而易见,任何个人都不会愿意承担由政府或者银行决策失误造成的巨额债务,所以冰岛政府顺应民意,拒不还款。当然这就产生了一个后果,冰岛在国际资本市场上成为一个欠债不还者,而且还相当坚决,因为是全体人民投票的决定,政府不能更改。个人在面临这样的决策时,往往会从短期利益考虑,而出现了非理性决策,因为没有人会考虑违约的后果,所以导致冰岛的信誉尽失,颜面扫地。直接结果是冰岛货币贬值,并导致进口商品价格上涨,迫使麦当劳等撤出了冰岛,原因是麦当劳等需要的进口食品调料等价格上涨,公司无法盈利。冰岛居民和政府为自己的决策付出了沉重的代价。

(二)希腊主权债务危机

2009 年迪拜身陷风暴中心之后,希腊也成为欧洲陷入国家破产困境的重灾区,但究竟是谁将它推至破产深渊的边缘?

2001 年之前,为了加入欧元区,希腊与高盛等机构签订了一系列金融衍生品协议,期望降低财政赤字。2001 年,希腊加入欧元区,勉强达到政府年度预算赤字不能超过 GDP 的 3% 的要求。2004 年,希腊政府向上修正 2000 年至 2002 年间的财政赤字。隐瞒的财政赤字为之后的债务危机爆发埋下了伏笔。同时,希腊政府的宏观调控几乎完全依赖于财政政策,于是当全球经济危机波及希腊时,希腊政府不得不通过扩大财政支出来稳定经济,这就导致财政赤字更加严重。

希腊新民党建立民主政权以后,为了收买民心,不断提高社会福利,从而造成了大量的财政赤字。希腊政府的社会福利支出从 1998 年的占

GDP 14.1%逐步上升到2009年的占GDP 20.6%。为了弥补财政赤字，希腊政府大量举债，导致本国货币贬值，无法偿还债务，最终希腊陷入债务危机。

（三）西欧其他国家主权信用评级被下调

欧洲奉行高福利政策，西欧其他国家也是如此。高社会福利是造成欧元区主权债务问题的原因之一。欧元区各国政府福利支出占其GDP的比重均维持在10%以上。

在希腊发生主权债务危机之后，一样债台高筑的西班牙和葡萄牙成了投资者担心的新目标。受此影响，这些国家的股市发生了剧烈震荡，并引起了欧美主要股指大幅下挫。2009年12月，全球三大评级机构穆迪、标准普尔和惠誉相继下调希腊的主权信用评级，随后，欧洲多个国家也开始深陷危机之中，“欧猪五国”（PIIGS，葡萄牙、意大利、爱尔兰、希腊、西班牙）的信用评级被调低，经济下滑，整个欧洲面临一场严峻的考验。

因为西班牙和葡萄牙的财务状况持续恶化，许多投资者都担心其发行的政府债券违约风险增加，所以纷纷抛售这些债券。此外，经济衰退让西班牙2007年的预算盈余转为赤字，西班牙成为2009年欧元区财政赤字第三高的国家，仅次于希腊和爱尔兰。2010年，西班牙失业率平均高达19%，大量的失业救济需要发放，使财政赤字问题雪上加霜。

2011年9月，标准普尔将意大利主权信用评级下调一级至AA－。标准普尔认为意大利经济增长缓慢，政府无力拯救经济，并会对欧盟的整体经济造成直接影响。2011年10月，惠誉将意大利的长期主权信用评级由AA－下调至A＋。不到一个月的时间，意大利主权信用评级被两次下调，这对意大利政府信用造成了巨大的影响，投资者对意大利的经济发展充满疑虑。

不久之后，惠誉将西班牙长期外币与本币发行者违约评级直接调降两个等级，从AA＋调降至AA－。标准普尔将西班牙长期主权信用评级下调一级，由AA下调至AA－。

欧洲多个国家的主权信用评级被下调，人们对欧洲的信心下降，疑虑不断增加，给欧洲经济发展蒙上了厚重的阴影。造成以上局面的原因主要有两个方面：一方面，这些国家虽然拥有统一的中央银行，但是财政部并不统一,这些国家都会利用财政政策,以财政赤字为代价来刺激本国经济。同时,监督和约束机制的局限性导致这些国家的预算并不能得到很好的控制。另一方面,各国政府之间在经济政策上选择不一,比较分散,导致各国的经济发展严重不均,出现严重的结构失衡,这也诱发了各国政府债务危机的爆发。

(四)美国主权信用评级被下调

2011 年注定是不平凡的一年,由美国次贷危机所引发的全球性的金融危机还在蔓延,美国政府宣布将国债上限上调,这一举动造成美国国内甚至全世界的金融市场出现动荡。2011 年 8 月,标准普尔下调美国主权信用评级,由原来的 AAA 调降到 AA + 。评级调降的主要原因是国会与美国政府之间针对提高国债上限所产生的冲突,也包括民主党和共和党之间因为党争而影响了政府运作,同时缺少标准普尔期望的维持中期债务稳定的举措。如果标准普尔仍旧认为实际财政赤字削减的力度不足,可能会在之后两年内将美国长期主权信用评级进一步下调至 AA。2013 年,由于美国两党相互妥协,美国的主权信用评级没有被进一步下调。

美国国债上限的规定起源于 1917 年,是具有美国特色的一种国债发行管理办法,它由美国国会立法通过。其根本目的是对政府的融资额度做出限制,防止美国政府为了增加政府开支而任意发行国债,避免出现债务膨胀后资不抵债的恶果。也就是说,它是反映美国政府债务情况的一个很重要的指标,如果联邦政府国债总额接近法定上限,美国财政部就必须采取非寻常措施来履行所承担的义务。

遵循凯恩斯的思想,为了刺激经济发展,美国的政府支出大幅度增加,支出往往和战争相关。20 世纪 80 年代初,战争和经济衰退使美国政府产生赤字共计 1 万亿美元。20 世纪 80 年代至 90 年代里根总统任期内,美国和苏联两大阵营开始了冷战,为了应对战争,国防支出增加,加上持久减税刺激经济等措施,共计增加支出 1.9 万亿美元。随后,海湾战争爆发,政府经济出现下滑,导致政府收入大幅度下降。21 世纪初,伊拉克战争和阿富汗战争导致美国财政开支继续扩大。

2007 年次贷危机爆发后,奥巴马政府扩大支出并且实行减税政策,经济的低迷和失业救济金增加导致美国政府收入降低。战争和金融危机的爆发使得美国政府财政赤字不断上升。为了调节财政收支的严重不平衡,举债已成为美国政府的家常便饭,但是巨额债务的偿还压力和美国经济的衰退导致美元大幅度贬值,进一步加重了美国债务负担。

美国次贷危机的爆发对全球来说是一次巨大的灾难。美元持续低迷,石油价格高涨,企业利润下降,全球股市下跌。在这段时间里,黄金成了避嫌的投资工具,价格大幅提高。

第五章　欧债危机

位于南欧的希腊风平浪静，是一片由阳光、沙滩、海浪和文艺、神话、悠久历史组成的梦幻之地，是旅游者的天堂。2009 年希腊新政府上台之后，披露其债务规模高达 3 000 亿欧元，财政赤字占其 GDP 的比重为 12.7%，而政府债务占其 GDP 的比重为 113%，远远超出欧盟在《稳定与增长公约》中所设定的 3% 和 60% 的临界值。标准普尔、惠誉和穆迪等信用评级机构相继下调了希腊政府的信用评级水平，标准普尔更是在 2010 年 4 月进一步下调希腊主权信用评级到无法获取融资的垃圾水平。此后，葡萄牙、西班牙、爱尔兰、意大利等国的主权信用评级也相继被下调。2011 年 9 月，穆迪调低了法国两家银行的信用评级，欧债危机由欧元区边缘国家向核心国家蔓延，对债券市场、银行系统乃至实体经济都造成了严重影响。

危机爆发后，希腊政府采取了紧缩的政策，期望降低财政赤字，减少负债，达到欧盟提出的援助条件。但是人的消费存在棘轮效应，一个衣食富足的居民，突然间让他节衣缩食，会让他产生抵触甚至反抗，于是希腊居民上街游行、罢工，反对政府的紧缩方案，具体过程如表 5－1 所示。

表 5－1　　希腊债务危机的主要进程

日期	事件
2009 年 12 月 17 日	希腊千人游行，抗议财政紧缩
2010 年 2 月 3 日	欧盟委员会支持希腊的赤字削减计划
2010 年 2 月 24 日	大约 200 万希腊国民举行了该国史上最大规模的罢工，对政府实施紧急削减财政支出的措施提出抗议
2010 年 3 月 3 日	希腊公布 48 亿欧元紧缩方案
2010 年 4 月 12 日	欧元区同意出资 300 亿欧元援助希腊
2010 年 4 月 27 日	标准普尔下调希腊主权信用评级至垃圾级

续表

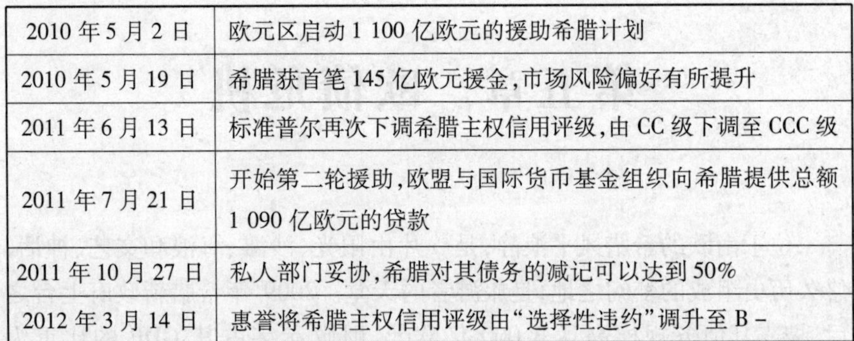

2010 年 5 月 2 日	欧元区启动 1 100 亿欧元的援助希腊计划
2010 年 5 月 19 日	希腊获首笔 145 亿欧元援金，市场风险偏好有所提升
2011 年 6 月 13 日	标准普尔再次下调希腊主权信用评级，由 CC 级下调至 CCC 级
2011 年 7 月 21 日	开始第二轮援助，欧盟与国际货币基金组织向希腊提供总额 1 090 亿欧元的贷款
2011 年 10 月 27 日	私人部门妥协，希腊对其债务的减记可以达到 50%
2012 年 3 月 14 日	惠誉将希腊主权信用评级由“选择性违约”调升至 B -

最终欧盟援助了希腊，但是希腊的紧缩政策使居民福利压缩，失业率上升，给社会带来了极大的危害。希腊的新民党为了取得执政权，提高福利来兑现竞选承诺，本来无可厚非，但是这种不顾政府承受能力的高福利却养了一大群懒汉，他们不劳动也不创造价值，向财政要吃要喝，最终拖累了国家，也将厄运带给了自己。

一、欧债危机的进程

欧债危机是包括希腊在内的欧盟国家于 2008 年金融危机全面爆发后所面临的主权债务危机。欧债危机爆发的导火索是希腊的债务危机。2001 年，希腊同高盛签订了货币掉期交易协议，目的是达到加入欧盟所需要的条件。这一交易使得希腊 10 亿欧元的债务暂时消失，同时使得希腊整个国家的负债率下降到符合加入欧元区所规定的 1. 2% 的水平，从而成功加入欧元区。而对于高盛而言，除了能够得到希腊政府支付的 3 亿欧元的佣金之外，还能控制希腊的巨额债务。从与高盛所签订的协议来看，希腊必须在未来很长一段时间内支付给对方高于市价的高额回报。随着时间的推移，希腊的赤字率不断攀升，由于无法支付高额的债务，最终引发 2009 年的主权债务危机。

欧债危机最初的迹象是在 2009 年 12 月，国际金融评级机构下调了希腊的主权信用评级，但由于希腊的经济规模比较小，大多数经济学家都认为其债务危机的影响只会是小范围的，不会波及更大的领域，因而没有给予足够的关注与重视，更没有及时采取救助措施。

继希腊之后，葡萄牙、意大利、西班牙、爱尔兰等国接连被曝出财政问题,“欧猪五国”成为国际三大评级机构标准普尔、惠誉和穆迪的重点攻击对象。评级机构频繁发布的降级警告使得市场愈发恐慌,金融市场持续动荡,同时,企业融资成本也出现了大幅度的上升,这进一步加剧了市场恐慌和解决债务问题的难度。

2012 年 1 月,标准普尔正式下调了欧洲 9 个国家的主权信用评级,法国、奥地利和欧洲金融稳定基金(EFSF)首次失去了 AAA 等级,令欧债危机雪上加霜。截至 2012 年 3 月,欧元区 17 国中仅有德国、荷兰、芬兰和卢森堡 4 国保住了 AAA 等级。欧债危机不仅引发了国内民众的罢工、游行等活动,还致使多国总理被迫提前下台。如同多米诺骨牌,欧债危机使得“欧猪五国”的领导人及其领导班子在短期内纷纷下台。

在欧元区的范围内,除了已经爆发债务危机的希腊、爱尔兰等国之外,其他一些国家的财政状况同样不容乐观。

2011 年,虽然各国政府实施了不同程度的财政紧缩政策,促使欧元区财政赤字水平总体缩小,财政状况有所改善,但是,欧元区成员国家的公共债务仍旧在持续增加,债务负担仍然很重。

2011 年,欧洲众多国家从欧洲央行借入的贷款规模创下历史纪录,各国债务堪忧,如图 5－1 所示。

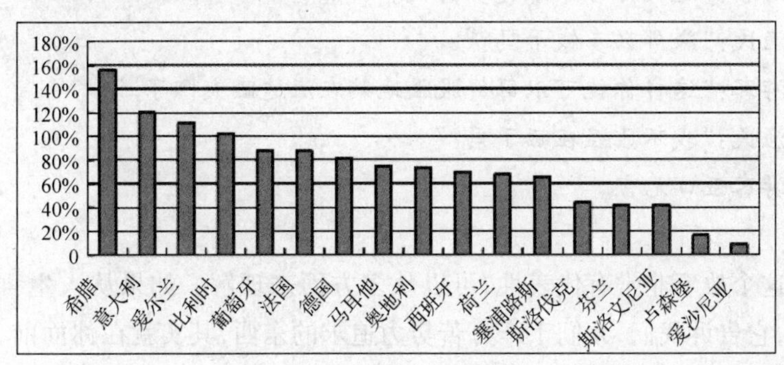

图 5－1　2011 年欧元区公共债务占 GDP 比例

到了 2012 年,欧元区成员国的债务总量就已经达到 8.215 万亿欧元,相当于 GDP 的 87.2%,超出欧盟规定的 60%;欧元区财政赤字与其 GDP 之比为 4.1%,超出欧盟规定的 3%。如图 5－2 所示。

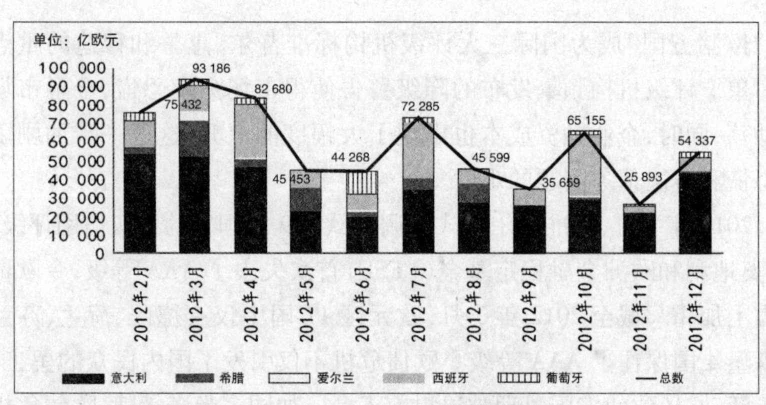

图 5－2 “欧猪五国”2012 年到期欧元债务

二、众说纷纭的欧债危机起因

关于希腊债务危机的起源我们来看一个关于希腊渔民的小故事：

一个游客到雅典海边，见一个希腊渔民在懒洋洋地晒太阳。这个游客就和渔民攀谈，游客说：“天气这么好，你为什么不出海打鱼？”

渔民：“我为什么要打鱼？”

游客：“这样你可以赚更多的钱。”

渔民：“赚那么多钱干吗？”

游客：“这样你就可以舒舒服服地躺在海边晒太阳了。”

渔民：“我不已经在晒了吗？”

游客哑口无言。

这个故事非常有代表性，可以从多方面来理解。如果从人生哲理来分析，它告诉我们，人们千辛万苦努力追求的东西，其实就在你面前，只是你没有发现和珍惜。我们日常生活中对长辈的一声问候、对家人的一个拥抱、对朋友的一个电话、对陌生人的一个微笑，其实是最好的财富。

但是如果从另外一个方面来解释，希腊渔民太没有进取精神了，没有赚钱的意识，希腊缺乏市场竞争，国家发放大量的福利，而根本不管国家财力的限制，导致希腊政府大量举债，最终无法偿还。

一般而言，主权债务危机多发生在发展中国家的开放进程中。发展中国家实行进口替代或出口导向战略，致使这些国家的政府投资支出急剧增加，而大幅增长的投资形成的生产力又不能在短期内转化为国家可支配的收入，因此，不得不借入巨额外债，这些债务的利息成本和归还本金的压力就成为这些债务国的致命问题。

而这次欧债危机则起源于欧元区国家，欧元区国家属于发达国家，而非发展中国家，它的形成和发展体现出不同以往的特点。

（一）欧元紧缩是根源

克鲁格曼认为，欧债危机不断蔓延是由于欧元和欧洲央行的通货紧缩政策，2008 年欧洲央行提高利率的收紧货币政策犯了致命错误。索罗斯认为，欧洲主权债务危机的根源是欧元，而欧元又建立在有缺陷的金融体系之上。

无论从何种角度评价欧洲货币一体化的进程，其起点均表现出不牢固的特征：过于分散的经济使得欧洲大陆难以形成一个通行的货币政策；极可能发生“非对称冲击”，即部分国家经济保持高速增长，而其他国家经济却表现出衰退迹象；欧洲各国与美国的联邦制不同，它们既缺乏统一的预算体系和劳动力市场，也缺乏共同语言。

南欧部分国家的债务在危机爆发前持续累积，急需调整这些国家的债务，然而所提出的调整方案却无一不是单边的，即债务国被要求削减支出的同时，债权国却并没有相应地采取积极的扩张政策。虽然债务国巨额的支出使得欧洲领导人把其作为症结的所在，但是作为一个整体而言，欧洲的支出实在太少了。而且，他们对财政实施更加严厉的紧缩政策，这也是导致情况急剧恶化的主要原因。

（二）欧债危机乃财政危机

从一定意义上讲，财政危机是导致欧洲主权债务危机的罪魁祸首。一方面，长期以来，欧元区国家政策上倾向于低利率，以此来帮助希腊等国降低贷款成本。另一方面，政府财政政策的溢出效应对货币政策产生了重大影响，使得各国不得不只依靠财政政策应对危机，并逐步扩大财政赤字。尤其是在全球经济危机的大背景下，希腊和西班牙等国的这些问题日益凸显，而且越来越难履行偿债义务，最终给整个欧元区带来冲击。只有欧洲各国取得财政收支平衡，才能从根本上解决不断恶化的财政问题。

此外，欧债危机还暴露出欧元区的另外一个问题，虽然欧元区的货币政策较为统一，但其财政政策却无法统一。统一的货币政策导致各国不能针对自身情况而实行相应的政策,连本币贬值的自由也没有。于是各国只能通过各自的财政手段应对各种经济困难,这就难免使某些国家的财政赤字和国债水平突破欧盟《稳定与增长公约》的限制,而且欧盟对违规的国家也无法采取任何强制性限制手段。因此,欧元区国家的财政收支不均衡,缺乏统一的财政政策才是欧债危机的根本所在。

(三)经济一体化与政治一体化的失衡

英国前首相布朗认为,欧洲问题是"三维的,即财政、银行、竞争力","我们正在见证西方的衰落,只有增长带动的回应才会使这种转变慢一些"。

欧元区各成员国的经济增长失衡严重,引领欧洲经济发展的核心国家(如德国和法国)主要依赖于实体产业和对外出口的增长,而外围国家经济增长则依赖于信贷的扩张,而不是竞争力的提升。这些国家尽管经济发展相对滞后,失业率长期居高不下,但却实行同核心国家相似的高福利政策。实现高福利是各个党派抛出的诱饵,为了获得选票和执政地位,各个党派不断以高福利来吸引选民支持。如果国家的经济形势好,财政有节余,高福利政策是无可厚非的,但是政府没有财政节余,用欠债的方式来实现高福利,是无法持续的。

历史上,为了实现欧洲的一体化进程,欧洲人做了各种各样的尝试,却屡屡失败。经过两次世界大战的洗礼,经济一体化最终成为欧洲人实现欧洲一体化的希望与寄托,而经济一体化结出的第一颗果实便是欧元区的成立。欧元区各成员国通过让渡包括货币主权在内的部分主权,组成单一的货币联盟。加入欧元区后,成员国享受到诸如促进跨境贸易、消除汇率浮动和促进跨国就业等使用单一货币的好处,有益于各国政府和企业在国际资本市场上的融资。在促进成员国之间经济一体化方面,欧元区的成立发挥了很多积极作用。

但是,欧元区的成员都是主权相互独立的民族国家,各个成员国具有各自的历史和文化,各国之间不仅很难在短时间内融为一体,而且各国之间也存在利益冲突。与经济一体化相比,欧洲的政治一体化更加逊色。在共同外交和安全政策、共同司法和内务合作、共同防务政策等方面,欧洲政治一体化的进展仍十分有限。

就希腊债务问题而言,欧盟在经历了一年多的努力后,所面临的问题更加严峻,此次危机威胁到更多的国家。从这种情况来看,欧元区作为一种主权国家的一体化模式,其实并没有发挥其真正的作用。

此外,欧洲金融市场不断加剧的动荡局势加大了银行危机和债务危机一同爆发的可能性。作为希腊等国债券的主要持有者,欧洲中央银行风险敞口较大。据国际清算银行 2011 年 6 月公布的数据,截至 2010 年年底,欧洲中央银行累计持有“欧猪五国”债券高达 2.2 万亿美元。在这一过程中,欧元区经济一体化和政治一体化的不同步,是欧元及欧盟运作机制不协调的直接原因。欧洲政治一体化滞后于经济一体化,在不存在政治联盟的前提下,经济联盟难以得到稳固发展。作为欧元区的共同货币,欧元的价值和稳定还取决于欧元区各成员国之间能否在政治上达成一致。如果不能合理解决政治一体化的问题,便会对欧元产生致命的打击,所以及时解决国家的主权让渡问题便成为当务之急。国家对税收的权力关系到国家重要经济职能的发挥,更是国家主权不可或缺的重要内容。加入欧元区的国家已经做出了货币主权的让渡,但是对税收权力和经济决策权力仍然保留着。在这一问题上,仅仅依靠经济一体化是无法彻底解决的,还需要政治一体化的帮助。

欧元区的各成员国在国际金融危机爆发后呈现出经济复苏步伐不一致的现象:德国和法国的经济表现出趋于正常的迹象;而希腊、西班牙、爱尔兰等国的经济复苏却表现得较为曲折,这主要是因为这些国家的房地产泡沫破裂。欧元区各成员国对货币政策的诉求不尽相同,然而欧洲央行无法同时考虑欧元区所有成员国的利益,这一问题在单一货币体制下很难得到有效解决。如果欧元区有一个较好的政治决策机制,那么才能在个别成员国主权债务风险上升时及时制定合适的解决措施。由于欧盟本身就是一个由分别代表各国自身利益的个体集合而成的对欧元区各项重大问题进行决策协调的组织,各成员国常常会在机构设置、席位分配、表决机制等问题上争论不下,这就导致在执行效率和执行力度上有很大的不足,进而欧债问题不可能迅速得到有效的解决。因此,置不同发展水平的国家于一个统一的货币区,只进行经济一体化却不进行政治一体化,必然会存在诸多无法协调的矛盾,这种制度上的弊端和不足为危机的爆发埋下了伏笔。

希腊主权债务危机爆发后,欧元区的各成员国丧失了当初推动欧洲一体化的决心,取而代之的是以减少本国损失为目的,积极寻找和协调各方能够接受的解决方案。由此可见,不协调和不稳定的经济政策使得成员国在面临债务危机时仍然坚持以本国利益为重,这便大大增加了成员国之间的协调成本,因而错过了解决问题的最佳时机。

(四)矛盾综合体

从表面上看,欧元区主权债务危机是由于希腊等国政府丧失偿债能力而造成的支付危机,但在这些国家获得欧盟和国际货币基金组织的巨额金融救援后,危机不仅没有解决,反而不时恶化。2011 年下半年,欧债危机出现了向法国等核心国家蔓延的势头,欧洲银行业受到了严重威胁。在这一危急时刻,欧盟和国际货币基金组织的领导人开始着手系统解决欧债危机,并采取了一系列应对措施,如表 5 – 2 所示。

表 5 – 2　　欧盟对希腊的援助计划

2010 年 2 月 3 日	欧盟委员会支持希腊削减赤字计划
2010 年 5 月 2 日	启动第一轮援助希腊计划,欧盟和国际货币基金组织向希腊提供 3 年期贷款,总额高达 1 100 亿欧元,贷款利率为 5%
2010 年 5 月 10 日	欧盟批准各成员国 7 500 亿欧元的援助希腊计划
2011 年 7 月 21 日	启动第二轮援助希腊计划,欧盟和国际货币基金组织向希腊提供 1 090 亿欧元贷款,贷款利率为 3.5%,期限为 15 年至 30 年

虽然在 2010 年 5 月,希腊就已经获得了价值 1 100 亿欧元的第一轮贷款,该贷款主要来自欧盟、国际货币基金组织,但是这笔贷款却有着非常苛刻的条件:贷款利率较高,为 5%;贷款期限相对较短,只有 3 年;全部贷款额在 3 年内分 13 次拨付,而且欧盟、国际货币基金组织在每次拨款前要查证希腊政府是否按约定采取了紧缩的财政政策。从希腊的动态趋势来看,在未来几年里,其国内生产总值的增长速度绝对不会超过 5%,这也就意味着希腊的债务负担将更加沉重。

欧盟于 2011 年 7 月 21 日召开欧盟委员会会议,并最终就针对希腊的第二轮援助计划达成一致。国际货币基金组织和欧盟向希腊提供 1 090 亿欧元的贷款,其中,欧洲金融稳定基金为欧盟贷款的主要提供者。第二轮贷款与第一轮贷款相比,各项条件被适当放宽:贷款利率降到 3.5%,还款期限延长到 15 年至 30 年。与此同时,欧洲金融稳定基金的功能得到加强:一方面,欧洲金融稳定基金可以直接投资资本金于欧洲的金融机构；另一方面，在特殊情况下，欧洲金融稳定基金可以直接对二级市场进行干预。

除此之外，国际金融协会发布了鼓励私人部门将其所持希腊国债转换为15年至30年长期新债的声明。这样做使私人部门在未来的3年里贡献出540亿欧元，还帮助希腊减少了大量债务，总计135亿欧元。

由此可见，第二轮对希腊的援助计划，更有益于希腊债务危机的缓解。

然而，措施的效果似乎并没有那么显著或者说立竿见影。这些措施只能从表面上或是暂时性地解决债务危机，并不能从根本上避免债务危机延后发生或再次发生。

欧债危机爆发的主要原因在于欧元区自身货币环境、经济政策等方面积累的问题长时间得不到解决。货币环境方面，在欧洲货币一体化的过程中，欧元区各国尤其是非核心国的利率大幅度下调。利率的下调更有利于公共部门及私人部门获得成本较低的贷款，进而导致欧元区国家出口竞争力增强，同时，也使得消费需求尤其是进口产品需求大增。欧元区非核心国家的经常账户因此逐渐恶化。低利率及强劲增长诱使许多国家放松了财政纪律，大量透支。经济政策方面，自20世纪80年代以来，欧美发达国家奉行自由主义经济政策，经济自由主义主张政府应该尽量少干预市场，所以各国对经济的调控力度不断削弱，无法主导经济的发展。

由于政治原因，这些国家不得不长期奉行高福利的社会经济政策，执政者出于选举需要，不敢对现行体制进行改革，导致财政上入不敷出，多年来靠举债度日，欧盟各国储蓄消费差异见表5-3。欧盟各国近几年的社会福利支出在GDP中的比重不断上升，并有持续上升的趋势，许多南欧国家的社会福利支出在GDP中的比重逐渐上升至20%以上，其中希腊和爱尔兰的上升情况尤为突出。2010年，希腊社会福利支出占GDP的比重为20.6%，占政府总支出的比重更达到了41.6%。这种现象在经济运行状况良好的情况下并不会导致严重的问题，然而当环境中存在外界冲击，本国经济增长停滞时，便会引发一系列的问题。在2008年到2010年，爱尔兰和希腊两国的GDP出现了负增长，但是这两国的社会福利支出并未因此而减少。2010年，希腊政府的财政赤字在GDP中的比重达到

10.5%,而爱尔兰政府的这一比重更高,达到32.4%。

表5-3　　欧盟区各国储蓄消费差异　　单位:欧元

国家	人均储蓄	进口(百万)	人均消费	出口(百万)	经常账户盈余(百万)
丹麦	2 400	20 300	118 540	106 158.9	12 381.1
芬兰	1 800	17 500	72 643	70 298	2 345
瑞典	4 200	17 500	173 287.3	152 336.8	20 950.5
冰岛	-4 400	14 600	5 320.1	4 267.3	952.8
挪威	12 100	26 300	130 787.6	8 927	952.8
爱尔兰	400	16 100	17 673	127 900.9	29 772.1
希腊	-2 400	15 300	48 879.9	69 057.1	-22 994
西班牙	300	13 900	279 001	301 995	-22 994
意大利	-300	15 600	414 728.4	442 162.8	-27 434.4
葡萄牙	-1 400	10 900	53 462.3	65 828	-12 365.7
法国	1 000	16 700	9 153	537 498	-45 345
德国	2 400	16 500	1 159 800	102 450	135 450

数据来源:欧洲统计局

社会保障支出所占比例大、刚性强,压缩空间较小,降低公共债务总额不可能一蹴而就。欧债危机爆发的深层次原因是欧元区统一的货币政策和分散的财政政策之间的矛盾以及缺乏对成员国财政的监督措施。欧元区虽然明确规定了入盟国家的加盟条件,但是对入盟后的成员国监管缺失却成为这次危机爆发的直接原因。另外,国际金融市场的剧烈动荡,再加上全球经济衰退等多种因素,以及各国经济总量差异大、经济结构差别明显、经济发展模式各异、人口老龄化与高福利低收入问题等错综复杂的社会矛盾,导致欧元区经济分化日益严重。欧债危机以来,欧元区一直努力加强各国财政政策协调,但是并没有什么效果。欧元区迫切需要建立统一、集中的财政体系和政治制度等。

希腊主权债务危机爆发后,德国和法国联手进行援助,它们除了担心欧元区破产和欧盟垮台之外,关键在于这两个国家是希腊主权债务的重要债权人。葡萄牙同样被主权债务所累,西班牙、德国和法国是其重要债权人。在欧元区和欧盟走向经济一体化和政治一体化的时候,像这样的危机,并不会仅仅局限于个别国家,而是带有全欧的特性,甚至全球国家都不能幸免。而且,欧元区国家之间交叉持有国债的现象非常普遍,一个国家出现债务危机,其他债权人有可能被拖下水,所以它们彼此之间必然要相互救助。各国持有“欧猪五国”债务数据如表 5 -4 所示。

表 5 -4　　欧洲国家持有“欧猪五国”国债的数量　　单位:亿欧元

国家	德国	法国	英国	意大利	西班牙	葡萄牙	爱尔兰	荷兰	比利时	瑞士
希腊	278	410	88			74	59	32		25
爱尔兰	1 060	380	1 240						380	
葡萄牙	276	257	175	33	596	39	42			
西班牙	1 386	1 257	852	193		178	188	544		
意大利	1 223	3 095	451				305	344		

数据来源:Wind 数据库银行间市场交易商协会数据库

三、欧债危机的影响

欧债危机的爆发不仅使欧洲地区遭受了打击,对全球经济同样产生了影响。无论是发达经济体还是发展中国家,经济增长速度都明显减慢。2011 年,第二季度美、日、欧经济增长相对于第一季度分别降低了 0.8%、0.3%、0.7%。中国前三季度 GDP 同比增长 9.4%,分季度看,一季度增长 9.7%,二季度增长 9.5%,三季度增长 9.1%,呈现逐季小幅回落的态势。受此影响,国际贸易增长也逐季放缓,多数经济体对外贸易已从强劲复苏逐步回到危机之前的常态水平,而 2012 年世界经济继续延续着低速增长局面。

(一)对美国经济的影响

欧债危机影响美国经济的主要渠道有两个:双边贸易和美国机构持有的欧洲各国债务损失。

2011 年以来,欧元对美元已累计贬值 15% 以上,加之欧洲债务危机导致对外需求减少,在一定程度上抑制美国对欧洲的出口。美国自身的经济复苏正处于步履维艰的阶段,又受到欧洲债务危机、欧洲经济复苏进程放缓的拖累,美国对欧洲的贸易受到了严重的打击,贸易额持续走低。

根据经济合作与发展组织(OECD)的一项研究,在其他条件不变的情况下,对欧洲出口额只占到美国 GDP 的1%左右,所以对欧出口下滑对美国经济增长的影响较小。此外,参照世界银行与国际货币基金组织在欧债危机期间发布的世界经济展望(表 5-5、表 5-6),美国 2010 年和 2011 年经济增长率的预期均在 3%左右。这充分表明两个权威机构仍对美国经济前景保持乐观。

表 5-5　世界银行经济增长展望(年 GDP 增长率预测)　单位: %

地区或国家	2010 年	2011 年	2012 年
世界	3.3	3.3	3.5
欧元区	0.7	1.3	1.8
美国	3.3	2.9	3.0
中国	9.5	8.5	8.2

数据来源:Global Economic Prospects

表 5-6　国际货币基金组织经济增长展望(年 GDP 增长率预测)　单位: %

地区或国家	2010 年	2011 年
世界	4.6	4.3
欧元区	1.0	1.3
美国	3.3	2.9
中国	10.5	9.6

数据来源:World Economic Outlook

欧洲债务危机给美国金融机构造成巨大的风险敞口,降低了其资产质量。2010 年 2 月,巴克莱资本所公布的研究报告表明,73 家美国大型银行对西班牙、爱尔兰、葡萄牙和希腊的债务风险敞口总计 1 760 亿美元,约占美国各大银行全部海外风险敞口的 5%。这些风险敞口大部分集中于少数美国大型投资银行。例如,摩根大通在"欧猪五国"的风险敞口为 363 亿美元,约占其核心资本的 28%;摩根士丹利在"欧猪五国"的风险敞口为 324 亿美元,占其核心资本的比重约达 69%。所以,欧债违约风险的过度集中可能导致少数大的金融机构出现问题,从而引发美国银行业的多米诺骨牌效应。

（二）对亚洲经济的影响

欧债危机问题久拖未决，加重了投资者对全球经济复苏与稳定的担忧。外国投资者对亚洲新兴市场经济期望的变化，促使资本从新兴市场国家撤离而转向更安全的避难所，亚洲地区主要国家的股指出现不同水平的下跌，给新兴市场国家股市带来巨大波动。这是因为，新兴市场国家的出口主要依靠美国、欧盟等发达经济体，欧洲经济增长缓慢，必定会对主要依靠出口的亚洲新兴经济体造成负面影响。

欧洲债务危机已经对东盟十国及中国台湾、韩国等经济体的经济增长造成不良影响，包括韩国以及东盟十国在内的地区，2012 年经济增长水平由原来预测的 7.5% 下调至 7.2%。欧债危机致使欧洲的银行等机构紧缩信贷规模，使亚洲国家在欧洲市场上取得资金的数额和途径都不断减少。

（三）对非洲经济的影响

欧盟是非洲的第一大贸易伙伴和第一大援助体，而且，欧洲的跨国公司也是非洲外资的主体。欧债危机的爆发和相关救助措施的实施，都将对非洲经济产生直接的、重要的影响。

首先，援助减少，偿债压力的升高使得非洲国家早已入不敷出。自欧债危机以来，欧元区国家都在忙于解决主权债务危机，欧洲国家的舆论和民意也大多要求政府专心“自救”，而不是向外“撒钱”。所以，对非减债和援助议题被搁置，主要为缓解贫困的一系列计划受到影响。此外，据国际货币基金组织和世界银行 2011 年的数据，撒哈拉以南非洲国家的外债 2010 年达 2 310 亿美元。尽管这一地区每年接受 100 亿美元的援助，但同时要偿付 140 亿美元以上的外债。东非共同体各成员国央行的数据显示，2010 年各成员国债务增长了 10% 至 25% 不等。南非储备银行称，南非仅 2010 年第三季度外债总额就增长了 140 亿美元，达到 939 亿美元。截至 2013 年 8 月，赞比亚外债总量较 2012 年年底上升 7.7%。尼日利亚外债从 2012 年年底的 45.8 亿美元上升至 2013 年 3 月的 52.3 亿美元，3 个月内增长了 14.2%。

其次，对欧出口受到限制。在非洲，北部非洲和南部非洲的主要海外市场在欧洲国家，其中，北部非洲国家 60% 的出口创汇都源自与欧盟的贸易，而南部非洲国家制造业 1/3 的利润依赖于欧洲市场。欧洲债务危机造成欧洲国家降低对非洲资源性产品的需求，对非洲经济造成消极影响。

最后，通货膨胀加剧。欧洲债务危机爆发之前，非洲内陆石油进口国家已经由于石油价格上涨而引起通货膨胀。2007 年，厄立特里亚(23.5%)、几内亚(24%)、津巴布韦(6 840%)的通货膨胀率都高于20%。次贷危机发生以后，美联储开始持续降息，美元不断走低，以美元标价的原油价格持续高涨，而且流动性过剩致使国际游资大量流入粮食、石油等大宗商品期货市场，导致粮食、石油等大宗商品价格上涨。在非洲，各国新一轮输入性通胀的主要推手是制成品价格的上涨。并且，许多非洲国家利用货币贬值来应对推动美元贬值的量化宽松政策，非洲所有货币对美元都表现为贬值，最后造成进口制成品的价格大幅度上涨，输入性通胀压力因此加重。

(四)对中国经济的影响

中欧关系是中国对外关系的战略重点之一。目前，中欧双方都处于各自发展的重要时期，中欧关系也处于承前启后、继往开来的重要时刻。中国与欧盟互为重要的贸易伙伴。欧盟是中国的第一大出口市场，对欧出口约占中国出口总量的20%。欧洲债务危机对中国经济造成的最重大的影响就是出口下滑。

一方面，欧盟经济复苏缓慢，直接抑制中国对欧出口的增长，削弱了中国经济增长的外在动力。欧元区国家为应对主权债务危机而实施了紧缩性的经济政策，投资减少，居民消费不振，对进口产品的需求呈现下降趋势。这直接反映为中国对欧出口的增长幅度下滑，甚至可能出现下降。另一方面，欧元贬值使中国产品价格急剧上升，产品竞争力削弱；同时，国内的劳动力等成本上升，致使出口盈利空间减少，在一定程度上减弱了中国产品的国际竞争力。当然，在中国的总需求组成中，国内消费需求还存在很大的潜力，加上中国对新兴经济体贸易的迅速扩张，在一定程度上能够弥补欧洲需求下降造成的外需短板。

欧洲债务危机加剧了国际短期资本流动的波动性。因为发达经济体复苏无力，套利资本大量进入经济增长相对强劲、利差较大的中国等新兴市场经济国家，增大了中国等新兴市场经济国家的输入性通胀压力。2011 年 10 月，欧洲央行与英国央行在维持低利率的基础上，开始扩大量化宽松货币政策的规模，中国面临更大的本币升值压力和输入性通胀压力。

因为中国金融机构对欧债的直接投资并不多，所以欧洲债务危机对中国金融业的直接冲击是有限的、可控的。欧债危机爆发之前，中资金融机构持有的希腊、意大利等主权债务危机国家的国债和金融资产的规模相对较小。欧债危机发生后，中资金融机构已经对风险比较高的欧洲债券进行减持，并且暂停与部分欧洲金融机构的外汇对手交易，限制授信额度，以避免可能出现的违约风险。

在过去的10年里，中国经济的杰出表现成为中欧贸易增长的源泉。中欧贸易关系可以说是“大到不能倒”。中国最大的贸易伙伴是欧盟，同时中国也是欧盟第二大贸易伙伴，中欧贸易关系是世界最重要的双边贸易关系之一。2011年，双边贸易额为5 672.1亿美元；2012年，虽然继续受到欧债危机的影响，中欧双边贸易额也达到了5 460.4亿美元。跨境贸易让中国和欧洲的企业都获益匪浅。

四、欧债危机带来的思考

（一）防止实体经济“空心化”

美国著名的经济史学家查尔斯·P.金德尔伯格在其名著《世界经济霸权（1500～1990）》中指出，一个国家的经济最重要的就是要有“生产性”，历史上的经济霸权大多经历了从“生产性”到“非生产性”的转变，这令霸权国家有了生命周期，从而无法逃脱由盛到衰的宿命。实际上，这种“生产性”不仅是霸权国家盛衰的重要基础，也是一般国家经济繁荣与衰退的基础。欧洲债务危机有一个明显的产业背景：近半个世纪的欧洲金融服务业迅猛发展，大量制造业外迁造成实体经济“空心化”，经济不振时无力“输血”，这些国家的经济失去了“生产性”。

与之形成鲜明对比的是，有“世界工厂”之称的中国，在欧债危机的背景下，部分地区和行业也状况频出，其中一个现象就是大量温州企业出现“债务危机”。许多游资从实体经济抽离，进入高利贷和房地产领域，这不仅加大了中国房地产业的调控难度，而且直接推高了物价水平，对这一现象需要非常警惕。

所以，无论是发达经济体还是新兴经济体，都面临着竞争中比较优势的逐渐丧失,都必须尽快地实现产业升级,不断提高自身竞争力,才能在全球化浪潮中立足。对中国而言,保持经济“生产性”至关重要。

(二)保持国民福利与经济的同步

欧债危机暴露出一些国家寅吃卯粮无力负担高福利的弊端,但这不能否定福利制度本身的积极意义,不能将提高国民福利、建设社会保障制度与经济发展对立起来。

保持国民福利与经济同步发展,是建设一个健康持续发展的国家的内在需要。欧洲债务危机带给我们的重要启示是:在建立健全社会保障体系的过程中,不仅要积极主动地推动社会保障体系建设,而且要保持理性,防止出现没有经济发展支持的过高的福利,保证社会保障制度健康可持续发展。现阶段的中国,需要探讨的并不是高福利的可行性,而是如何补上历史欠账,搭建覆盖城乡的社会保障网。社会保障的改革应该坚持循序渐进的策略,注重扩大保障的覆盖面,努力消除保障水平和标准的不公平现象。

(三)重视政府债务问题

就希腊而言,要彻底战胜债务危机,最主要的是推动经济的发展,并且注重经济发展的质量和效率。首先,政府可以利用增加投资补贴或增加政府购买的方式刺激经济,但要量力而行,将债务的规模控制在可以承受的范围之内。其次,政府可以引导希腊人民改变消费和储蓄习惯,增加储蓄,减少消费,这样有益于减少赤字,平衡贸易逆差。再次,适度减少福利性开支,减轻政府的财政负担。若没有充足的收入保障,还要坚持高福利,那就只能依靠不合实际的借债,而这样是非常不理性的。最后,进行经济结构转型,改善出口行业,增加利润,减少贸易逆差。

就欧元区而言,首先,应该加强对成员国的监管,严格限制各成员国的政府债务,严格控制各成员国的债务占 GDP 的比例,减小发生债务危机的可能性。其次,对于欧元区面临的问题,不能通过货币贬值来减轻债务负担,应通过建立相应的机制、体制来减小债务压力。最后,欧洲央行应该从这次危机中吸取教训,建立健全危机应对机制,以便能够对危机发出预警,在危机发生后采取行之有效的措施及时化解,并且进行金融体系创新,保证经济平稳运行。

就我国而言,2010 年,我国国债余额占 GDP 的比例约为 17%;2011

年，约为15%；2012年，仍约为15%。根据国家审计署的报告，我国2012年地方政府债务总额为17.9万亿元，中央国债余额为8万亿元，与当年52万亿元的GDP相比，总体债务风险可控。但是在个别地区，由于前期没有控制债务规模，而导致过度发债，现在面临巨大的偿债压力。汉朝贾谊曾言："欲天下之治安，莫若众建诸侯而少其力，力少则易使以义，国小则亡邪心。"我国在控制主权债务规模的同时，现阶段就应该防患于未然，把主要精力放到怎样防范和化解地方债务风险上。

(四)欧盟应对危机的经验

在应对本次债务危机的过程中，欧盟的做法可以说是中规中矩，其基本出发点均是维护欧盟各国的整体利益和保证对人民长期负责。

经验表明，应对债务危机，尤其是高福利引发的财政赤字下的债务危机，最好的做法是开源节流，最终实现政府收支的平衡。在之前的几次债务危机中，很多不负责任的国家的做法则是扩大开支、增发货币，以通货膨胀甚至是恶性的通货膨胀来化解债务危机。

在化解欧债危机的过程中，欧盟没有像美国那样，通过印刷钞票来化解危机，而是致力于从根本上解决此次危机的关键问题，处理金融寡头利益和选民利益之间的矛盾，寻找资源低消耗，经济稳定增长和国民高质量、低浪费生活的新平衡，这对于整个人类的发展都具有重要意义。

此外，欧盟还找到了打击美元金融进攻性力量的杀手锏——欧洲央行直接货币交易(OMT)计划。做空欧洲的投机资本主要目标是各国国债，使国债收益率达到6%~7%，给该国造成沉重的债务压力，使之无法还本付息而违约，并对欧元产生冲击。直接货币交易计划对做空资本产生巨大的威慑，即如果做空资本推高某国长期国债收益率，会触发欧洲央行直接印钞去购买该国国债，从而使该国国债收益率急速下降，价格急升，使做空资本产生巨额损失。

第六章 美债危机

美国作为当今世界上最大的发达国家,经济实力强大,经济体制完善,堪称“金融界的老大”。经济的全球化使得资源配置更加优化,各个国家都考虑分别从消费、投资和进出口这“三驾马车”入手来刺激经济发展。美国是一个消费性的国家,美国的文化使得美国人具有提前消费的特点,而为了促进本国经济的发展,过去很多国家都倾向于向“金融老大”借钱,激励“金融老大”的消费行为,进而拉动本国的进出口贸易,带动本国经济。但是,债务的数额相对于美国的年产值来说过于庞大,债务违约的风险也在逐渐提高。

2011 年 8 月,美国民主党和共和党达成协议,通过了《提高美国债务上限和削减赤字法案》,这预示着美国政府再次提高了债务上限。在美国两党提高上限后的第三天,该国的主权信用评级就出现变动,标准普尔对外宣布将美国长期主权信用评级由 AAA 下调至 AA +,同时将债务的前景展望评为负面。这意味着各国所储备的美元将面临违约风险,可能造成席卷全球的巨大经济危机。

一、美债危机的由来

美债是美国国债的简称。美国国债是伴随着美国一起发展的。1791 年年初,美国募得 750 多万美元的国债,用于支付战争军费。随后,国债数额不断增长。到了 1835 年,安德鲁·杰克逊总统采取措施将国债数额暂时性地缩减到零。但是,这挡不住美国国债增长的趋势,不久美国国债又开始快速增长。

历史上影响美国国债波动的事件有很多,其中最主要的就是战争。美国国债第一次急剧增长的主要动因是美国的南北战争。1860 年,美国国债为 6 500 多万美元,上下波动比较平稳,随后战争爆发,美国国债数额迅速上升,1863 年,美国国债超过了 10 亿美元。战后,美国国债已经达到了27亿美元。美国国债第二次急剧增长是在第一次世界大战和第二次世界大战期间。两次世界大战爆发前,美国国债波动缓慢,然而战争的爆发使其沸腾起来。第一次世界大战期间,美国国债增长到220亿美元,美国国债增加主要是用来支付美国参加战争的费用;第二次世界大战期间,美国国债翻了五倍。之后,美国国债又进入平静期,保持在某个区间上下波动。直到20世纪80年代,美国国债才又开始迅速增长。冷战过后,美国国债数额出现一段时期的暂时下降。随后,随着经济的迅猛发展,美国财政支出增加,这导致美国国债每年以很快的速度在增长。

次贷危机的爆发给美国带来了前所未有的挑战,为了挽救市场经济,美国相应地增加了国债的发行。2011年8月,美国总统奥巴马签署了国会通过的2011年预算控制法案,避免了出现债务违约。2011年8月5日,由于美国政府的削减财政赤字计划未达到标准普尔期望的4万亿美元标准,标准普尔降低了美国政府的AAA主权信用评级至AA+,引发了全球金融业的剧烈波动。

(一)美国国债的分类

对于每个国家来说,发行国债的利率高低受当时该国通货膨胀程度以及未来经济增长的影响。美联储购买国债就相当于向市场上释放了资金,市场上资金多了,获得货币的成本降低,市场利率自然下降,银行利率也会下调。一般来说,国债的利率是既定的,但是国债的价格会随着市场而波动,进而引起国债收益率的变化。

美国国债的发行采用定期拍卖的方式。关于美国国债的分类主要有三种情况:

按照债券的偿还期限分类,美国国债可分为短期国库券(T－Bills)、中期国库票据(T－Notes)和长期国库债券(T－Bonds)三大类。短期国库券为期限为1年或低于1年的债券,中期国库票据的期限为1年到10年,长期国库债券的期限为10年以上。

按照债券的发行方式分类,美国国债可以分为以下三种:一是凭证式国债,是指国家采取不印刷实物券而用填制国库券收款凭证的方式来发行的国债。它以国债收款凭单作为债权证明,利息从购买之日开始计算,不能够在市场上进行流通与转让。二是实物券式国债,是指票面上不记载债权人姓名或单位名称的债券,通常以实物券形式出现。由于不记名、不挂失，其持有的安全性不如凭证式国债和记账式国债，但购买手续简单。实物券式国债可上市转让，流通性较强，价格波动较大。三是记账式国债，其债权的记录通常采用记账形式，发行和交易主要是通过证券交易所的交易系统，能够记名、挂失。如果投资者要对记账式国债进行买卖，则必须先在证券交易所开设一个账户。因为记账式国债采用无纸化的形式进行发行和交易，所以相对来说，它具有较高的效率、较低的成本，并且交易过程相对安全。

按照债券的持有人分类，美国国债可以分为以下两种：一是联邦政府授权账户持有的国债，如社保基金等；二是联邦政府以外的投资者、州政府以及地方政府等持有的国债。截至 2012 年 9 月，美国国债的总额超过 16 万亿美元，比 10 年前的 6.2 万亿美元增加了近 10 万亿美元，相当于每年增加近 1 万亿美元。其中，国外投资者持有的美国国债达到 3.88 万亿美元。

（二）美债危机爆发的导火索

美国的宏观经济通常是以债务为基础来运行的。在美国，美元不是由政府发行的，政府只能通过发行债券的方式来进行融资。美国联邦储备银行是美元的发行主体。美元是不可兑换的银行券，不可以随意印刷，美元印刷的数量要参照购买国债的数量来确定。美联储向美国政府买入国债，同时提供给美国政府相同数额的美元。

经过上述交换，美国政府拿到了美元，美联储获得了美国国债。这时，美联储能够在债券市场上将国债出售从而获取利润，也能够通过收取利息的方式获利。美国政府在获取美元以后，能够将其在预算支出方面使用，从而保证政府以及社会公共事业能够正常运转。如果国债上限提高，则认为对美国增加财政赤字的行为表示赞同，这能够在短期内使得美国本国的需求扩大，并且使得产出增加。这也是美国国债在美国经济体制中如此重要的原因。

2013 年 10 月，美国财政部在其官方网站上公布了国债总额。数据显示，美国国债自 2012 年突破 16 万亿美元之后再创新高，达到了创纪录的 17 万亿美元。一年之内，美国国债又增长了 1 万亿美元。即使按照 3% 的利率计算，这笔巨额债务每年的利息也高达 5 100 多万美元，占 2013 年财政收入 2.77 万亿美元的 18%。而 2013 年美国 GDP 的总量为

16.6 万亿美元,债务占 GDP 的比例已经超过 100%,高于公认的 60% 的警戒线。

二、美债危机的"发酵剂"

目前,次贷危机的影响还没有消失。美国政府采取很多政策来挽救危机,但是这些政策又在一定程度上加重了美国政府债务负担,加速了美债危机的进程。这些政策包括货币政策、财政政策和外汇政策。

(一)货币政策

次贷危机给美国带来了重创,为了挽救经济,美国实行了一系列宽松的货币政策来刺激经济,并相继推出了四次量化宽松(Quantitative Easing,QE)货币政策,而这些政策虽然应对次贷危机取得了一些成效,但是它们同时也催化了美债危机。所谓量化宽松货币政策,是指中央银行为了使货币供给有所增加,在零利率(或近似零利率)政策实施以后,大量购买中长期债券(包括国债、金融机构债券等),从而将较多的流动性资金注入市场中,对市场中的借贷行为表示鼓励与赞同。简单地说,就是中央银行通过间接增印钞票的方式来对市场进行干预。其中,"量化"是指将货币发行量在一定范围内予以扩大,"宽松"是指将货币供给给银行带来的资金方面的压力予以减轻。当央行大量收购银行以及金融机构的中长期债券时,私有银行体系便成功地接纳了新发行的货币。该政策中收购的中长期债券,一般具有周期长、金额大的特点。

2008 年 11 月 24 日,美联储宣布将购买由房利美、房地美和联邦住宅贷款银行发行的价值 1 000 亿美元的债券和债券担保的 5 000 亿美元的资产支持证券。这是美联储在金融危机以后第一次动用量化宽松货币政策,即 QE1。美联储希望通过 QE1 来阻止美国金融市场自由落体般的下滑。

自 2007 年 8 月开始,美联储开始施行降息政策,隔夜拆借利率在最开始高达 5.25%,但在经历了先后 10 次大幅度的降息调整之后,逐渐降至 0~0.25% 的目标区,美国进入了零利率政策时代。随着雷曼兄弟宣布破产,美联储通过与多个经济体的中央银行签订货币互换协议,改革贴现窗口政策,推出定期标售工具(TAF)、定期证券借贷工具(TSLF)、一级交易商信贷工具(PDCF),收购贝尔斯登公司的部分不良资产等措施来补充金融市场的流动性。同时,美联储也主动向金融市场释放流动性,它在购买长期国债(数额高达 3 000 亿美元)之后,又对房利美与房地美发行的抵押贷款支持证券进行收购,以此来紧急挽救金融市场。

到 2009 年年初,美国经济逐渐稳定,美联储又通过公开市场操作来购买长期债券解决财政刺激的资金不足问题。QE1 的推行大大缓解了资金的短期压力,但它也为市场输入了大量的资金,推高了通货膨胀率。

金融危机对美国的冲击是巨大的,美国在第一轮量化宽松货币政策后经济出现了复苏,但比较缓慢,而且美国的经济数据也并不让人欣喜,于是美联储推出了第二轮量化宽松货币政策(QE2)。

2010 年 8 月,美联储购买了 6 000 亿美元的美国国债,每月购买额为 750 亿美元,直到 2011 年第二季度。目的是通过大量购买美国国债来压低长期利率,达到振兴美国经济、避免通货紧缩的目标。

2011 年 8 月 2 日,美国参议院通过了提高债务上限的协议,该协议的基本框架是立刻提高近 9 000 亿美元的债务上限。2012 年 3 月,时任美联储主席伯南克表示,虽然失业率降至 8.3% 令他本人很满意,但美国要取得进一步进展需要继续采取宽松的货币政策。他还提到,就业市场正在好转,但整体环境仍远未正常。

2012 年 9 月 13 日,美联储宣布了第三轮量化宽松货币政策(QE3),以进一步支持经济发展和就业市场复苏。具体实施方法为:美联储购买的抵押贷款支持证券需要达到 400 亿美元/月的额度,与此同时,它仍然需要进行卖出短期国债、买入长期国债的扭曲操作。此外,美联储将联邦基准利率继续保持在 0 ~ 0.25% 的超低区间,并且计划将这一水平至少保持到 2015 年年中。

2012 年 12 月 12 日,美联储宣布了第四轮量化宽松货币政策(QE4),每月购买 450 亿美元国债,替代扭曲操作,加上第三轮量化宽松货币政策每月 400 亿美元的购买额度,美联储每月债券购买额达到 850 亿美元。

这四次量化宽松货币政策对刺激美国经济和促进美国经济复苏起到了重要的作用,但是也导致了美元的泛滥,通货膨胀不断发酵,这会给其他国家带来巨大的汇率波动和资产泡沫冲击,也进一步催化了美债危机。

(二)财政政策

2008 年全球金融危机期间,美国货币政策几乎陷入零利率陷阱,无法通过降息来化解危机,财政政策成为美国政府当时的最佳选择,大幅度减税并且进行大规模的公共投资,从而刺激经济增长。奥巴马总统提出振兴经济的计划,计划主要涵盖了以下几个方面:一是将联邦政府办公楼改造得更节能;二是加大对公路和桥梁建设的投资力度;三是将学校硬件设施改造成为节能设施;四是为了增加孩子使用互联网的机会,将宽带网络的应用在全国予以推广普及;五是将前沿科学技术广泛应用于医院等。大规模的公共投资刺激了美国经济的增长,并在一定程度上解决了就业问题,同时,政府也相应地通过基础设施的投资向市场注入了更多的货币。

2010 年年末,美国通过了《税收减除、失业保险重新授权和创造就业法案》,来促进就业和经济增长。该法案内容主要包括:延长 2001 年至 2003 年适用的所得税税率减免期限;向低收入工薪阶层、有学生家庭提供税收减免;延长企业投资和研发活动的税收优惠期限;延长失业救助期限;延长向可再生能源项目提供补助的 1603 计划(1603 计划指美国于 2009 年开始施行的针对光伏等可再生能源发展的财政部现金补贴激励政策,旨在鼓励投资者支持光伏等可再生能源项目);向在特定的经济萧条地区从事生产的企业和个人提供特别税收激励等。此举赢得了美国国民的好评,大大减轻了美国国民的税负压力,同时也在一定程度上增加了美国国民的信心。

在财政政策和货币政策的共同作用下,美国暂时性地处理好了本国的经济危机,更好地促进了经济的发展和就业,但是积极的财政政策也预示了美国通货膨胀的加剧以及政府债务负担的加剧,增加了美国国债的违约风险。

(三)汇率政策

美国是世界上最大的进口国,每年都会出现较为严重的贸易逆差,造成资金大量流出。为了促进经济的发展,美国推行了严格的贸易政策来保护国内的企业。从 2012 年 3 月 13 日到 20 日,仅仅一周时间,美国针对中国出口产品的贸易反倾销调查行动多达 6 起。除了实施反倾销调查之外,美国还采取行政和立法措施,强化贸易保护主义,包括设立跨部门贸易执法中心、出台《1930 年关税法》修订案等。

同时,美国还通过美元的贬值来减轻自身的债务压力,这也是消除政府债务便捷、有效的方式。例如，美国通过对人民币施压，迫使人民币对美元升值。美国参议院于2011年10月11日通过了《2011年货币汇率监督改革法案》，美国议员认为美国贸易逆差是中国央行长期持续购进美元，人为压低人民币汇率所致，中国此举构成了汇率操纵。

2002年至2007年，美国对外债务负担实际减少了44 364.54亿美元。按4%的收益率计算2007年现值，2002年至2007年，美国对外债务负担实际减少了48 236.59亿美元。

三、美债危机与全球经济

经济全球化的今天，美元一直充当着世界货币的角色，世界各国为了得到较为稳定的收益，也争相购买美国国债。由此可以看出，美国国债能够在世界范围内造成重大影响。美国主权信用评级的下降，导致美国国债的违约风险增加，其后果是全球性的危机。

首先，美债危机引发全球资本市场的动荡。美国主权信用评级的下降引起了全球股市的暴跌，评级消息公布之后，欧洲股市总体跌幅扩大，德国、俄罗斯、瑞典、挪威的股指跌幅都超过5%。美国股市跌势最为惨重，道琼斯指数失守11 000点关口，标准普尔指数和纳斯达克综合指数跌幅分别高达6.90%和6.66%。

全球股市动荡，人们将目光投到黄金上面，美债危机的爆发促使黄金价格走高。同时，以美元计价的国际大宗商品价格急剧上升。支撑美元国际货币地位的是全球对整个美国经济的信心，AAA信用评级的下降导致全球各国对美元的信心下降，很可能出现大量抛售美元的现象，美元大幅度贬值，给全球外汇市场带来巨大影响。

其次，美债危机会导致大量的通货膨胀输出。美债危机的产生会造成美国国内通货膨胀的恶化，通过金融市场的传导作用，美国会将本国巨大的通货膨胀压力向全球各国输出。20世纪70年代，布雷顿森林体系瓦解，全球货币进入纸币时代，欧美各国由于过度发行货币导致了长达10年的通货膨胀。直到20世纪80年代，里根政府通过提高利率的方式，利用紧缩性的货币政策，以高失业率为代价，才使通货膨胀的恶况得以控制。但是就这次债务危机的状况来看，如果美国政府将利率提高，那么政府承担的债务就会有所增加，政府还清贷款的成本和压力也会大幅度增加，而用来减轻巨额负债的便捷、有效的方法就是借助较高的通货膨胀率。美债危机的爆发使得国内外投资者的信心受到了严重打击，投资者纷纷抛售美元。债券市场是全球最大的货币蓄水池，如果债券市场中有资金撤出，由于在资金分流方面股市和房市只能起到有限的作用，将导致流通领域流入大量的资金，从而在全世界范围内引发通货膨胀，由全世界共同来分担由美国造成的通货膨胀。

再次，美债危机也加重了欧美国家的经济萧条。投资者对美国国债失去信心，进而将手中持有的美国政府债券抛售，从而在全世界范围内引发大规模的信用收缩。美国是一个典型的负债消费型的国家，信用收缩将会使美国经济陷入衰退，同时对全世界的经济也会产生巨大的影响，比如世界范围内的经济增长将缓慢、失业率将提高并达到较高水平。

同时，受债务压力、财政赤字削减压力和政治因素的影响，美国政府的财政政策实际上处于紧缩状态。当前，市场流动性充裕，即便实施宽松货币政策，效果也将十分有限，因为投资者对美国国债缺乏信心。许多发达经济体的通货膨胀比较明显，政府要实行货币政策也面临着物价上涨压力的约束。此外，发达经济体启动新一轮增长周期，需要重大的结构调整和新增长动力的出现。但是，到目前为止，并没有出现比较有实质性的结构调整，新兴产业发展缓慢，新的经济增长点并不明显。美债危机爆发，市场信心动摇，即使短期内不会使欧美国家经济出现严重的衰退，也会使欧美国家的经济复苏期延长。

四、美债危机与中国经济

第一，美债危机给中国股市带来了巨大冲击。欧债危机和美债危机的相继爆发使得欧美股市出现暴跌，大宗商品交易也开始急剧下滑，随后，亚太股市与大宗商品价格也开始出现大幅度下跌。虽然境外市场与中国的资本市场之间的联系不如西方发达国家之间那么密切，但是，信息和经济的全球化，使得中国股民对中国股市也产生忧虑，中国股市呈现低迷的状态。

第二，中国是美国最大的债权人，美债危机的爆发导致中国的外汇储备资产严重缩水。中国作为美国国债的最大持有国，同时，也作为全球最大的外汇储备国，拥有 3 万亿美元以上的外汇储备，其中 70% 以上为美元资产。美国政府的信用降级直接导致美元的贬值，从而引起中国外汇资产大幅度贬值，同时，美国又指责人民币币值被严重低估，要求人民币升值，这又加重了中国外汇资产的缩水。

第三，美债危机将抑制中国的出口贸易，进而影响中国的经济。美债危机爆发后，美元大幅度贬值，导致中国出口产品价格升高，从而影响中国产品的出口。中国的出口产品主要是低附加值产品，其优势主要是价格优势，但是美元贬值导致中国出口产品的价格优势丧失。同时，随着原材料价格的上涨，很多中国国内企业出口贸易利润下滑甚至亏损，不少中小型外贸企业在危机中相继破产。美国恢复元气还需要一段时间，所以，在未来的几年中，中国的进出口企业可能面临外需持续疲软、本币升值、国际贸易摩擦不断增加的不利环境。

美债危机的爆发主要源于美国政府、企业和个人家庭的负债较高，危机爆发后，美国经济出现低迷，消费支出也相应地降低，减少了商品的进口。同时，美国政府还会就人民币升值问题对中国施压，导致中国出口贸易更加艰难。此外，美国的贸易保护会变得更加严重，这就导致中国出口贸易将受到更大的干预。

第四，美债危机将加剧中国的通货膨胀。美国政府面对巨额的外债和严重的财政赤字采取了量化宽松货币政策来缓解危机所带来的负面影响，而量化宽松货币政策又造成美元流动性过剩，使得以美元计价的石油、铁矿石、重金属等原材料以及粮食等的价格急剧上涨，导致中国进口原材料的价格大幅度增长，进而加剧中国的通货膨胀。

美债危机的爆发也为中国带来了机遇。美国国债为美国政府、企业和个人家庭带来了巨额负担，美国政府面临着减少赤字的压力，美元将长期不被看好。相应地，中国人民币将在一定程度上吸引更多的投资者，这将为人民币在全球货币地位的提升奠定坚实基础，推进人民币国际化的进程。中国需要找到促进经济发展的切实可行的对策。

首先，中国需要优化外汇储备结构。中国外汇储备规模过大且过于集中于美元资产，美元资产的贬值使中国的外汇储备出现大幅度的缩水。所以从外汇储备总量上看，中国需要改变外汇储备量大并集中在国家手中的状态，采取藏汇于民的方式，鼓励企业和居民进行外汇投资，从而降低外汇储备风险。从外汇储备结构上看，中国既要持有相当比例的美元资产,也要持有一定比例的其他货币资产,不能过多地集中在美元资产上,要对具有资源比较优势的国家或地区的坚挺货币进行合理配置,这有助于实现中国储备资产多元化。从美元储备资产结构上看,中国要对短期债券、长期债券以及股权投资进行合理分配,构建安全性和流动性的完美组合。

其次,中国需要进行贸易结构调整来促进出口和进口的平衡,从扩大内需角度拉动经济的发展。影响中国经济的“三驾马车”分别是投资、消费和净出口。而中国是一个全球性的出口大国,贸易依存度很高,投资和净出口在GDP中占的比重很大,而国内消费占的比重较小。面对美债危机带来的美元贬值和出口下滑的严峻形势,中国需要扩大国内消费来促进经济的发展。中国对于世界来说是一个巨大的需求市场,中国国内的消费群体很大,虽然出口贸易受到阻碍,但是,如果刺激国内消费者的购买力,可以弥补出口下滑造成的损失。

再次,中国应适当调整产业结构,进而促进贸易结构优化。中国应合理利用资源,大力发展新兴产业,由劳动密集型向技术密集型转变,因为中国目前主要出口的是劳动密集型产品,附加值较低,价格也低,而美债危机的爆发抵消了价格优势,所以要通过改造传统的劳动密集型产业,调整产业结构,大力发展以高新技术为主的产业,提高出口产品的附加值。

最后,中国迫切需要建立健全金融风险控制体系。目前中国资本市场的法律制度不是很健全,风险控制体系也并不完善,需要建立一个健全的金融风险控制体系,更好地预测和控制金融风险。中国应加强关于金融监管的国际合作,跟踪国际金融风险,并采取相应的措施防范风险。美债危机是全球的危机,对危机进行风险控制是每个国家的义务,中国应该积极配合其他国家共同优化金融风险控制体系。

第七章　中国房地产泡沫与债务危机

安得广厦千万间，大庇天下寒士俱欢颜，风雨不动安如山。

——杜甫

近年来，中国房价上涨迅速，已经成为百姓最为关心的问题之一。摩根士丹利亚太区前首席经济学家谢国忠曾抛出惊人观点：中国房价 2008 年或 2009 年将进入谷底。而渣打直接投资有限公司董事总经理陈凡认为，中国房地产价格上涨是必然的。那么，中国的房价在最近几年到底表现如何？本章将对中国房地产价格的特征及影响因素进行详细的描述和分析，并对中国 2000 年至 2010 年房地产泡沫程度进行对比，分析中国房地产的供需状况，对中国 35 个大中城市未来房价的走势进行预测，同时简要分析中国的经济现状。

一、中国房地产泡沫概述

(一)什么是房地产泡沫

房地产泡沫是资产泡沫的一种，是以房地产为载体的泡沫经济。它一般是指由房地产投机引起的房地产价格脱离市场基础价格的持续上涨现象。通常表现为在经济繁荣期，地价飞涨形成泡沫景气，但到达顶峰状态后，市场需求量急剧下降，房价大跌，泡沫也随之破裂。因为建筑产品是劳动产品，其价格相对比较稳定、容易判别，所以房地产泡沫实质上是地价泡沫。地价泡沫是指土地价格超过其市场基础决定的合理价格而持续上涨的现象。

根据经济学的解释，房地产泡沫是由于虚拟需求的过度膨胀导致的价格水平相对于理论价格的非平稳上涨。泡沫过度膨胀的后果是预期的逆转、高空置率和价格的暴跌，即泡沫破裂，泡沫是不可持续的。

房地产泡沫的存在意味着投资于房地产有更高的投资回报率。在泡沫膨胀期间,大量的资金集聚于房地产行业,投机活动猖獗。而一旦泡沫破裂,不仅导致经济和社会结构的失衡,而且还极易带来金融危机、生产和消费危机及政治和社会危机。

(二)解读房地产泡沫之谜

房地产作为商品及实物资产,为人们提供使用功能,同时也体现了其社会财富价值;它表现为金融资产的某些特征,为投资者提供了投资选择。

房地产内在属性决定了房地产泡沫的形成机制。房地产由土地和地上建筑物构成。因此,房地产具有实体性和虚拟性、投资性和消费性、不动性和流动性等相互对立的属性。土地资源的实体稀缺性和垄断性以及土地价格无限性共同决定了房地产供给的有限性和信息的不对称性,从而引发人们对房地产价格走高的心理预期,进而诱发房地产投机行为产生。此外,诸如经济的高增长、城市化进程的加快以及各种利好事件,如北京奥运会等,都会促成人们对房地产"涨价合理"的预期。

1. 房地产业特殊的供求关系

房地产业的特殊性在于严重的供给约束。在资本、劳动力、土地三要素中,土地供给弹性最小。由于房地产供给弹性较小,而需求弹性较大,因此房地产企业有天然提高价格的倾向。在经济持续增长时期,商品房的均衡价格会持续上升,并依靠套利活动实现。

土地资源的稀缺性、垄断性、国有性,以及房地产的开发周期长,从长期上决定了房地产的供给是一定的,从短期上看,它的供给缺乏弹性。在一个充满投机的房地产市场中,投机需求曲线是不规则变动曲线。当价格升降幅度较小时,曲线按正常情况波动;当价格升降幅度较大时,价格越上涨,需求就会越旺盛,而一旦价格下降,需求则会大幅度下降。如果这种需求是有经济增长支持的、与实体经济相符合的有购买力的需求,无疑会促进房地产业的发展;如果是由于房地产业的高收益率而引起的非合理性投机行为所形成的虚假需求,则会导致市场的虚假繁荣。一方面,会使人们错误预测不动产收入(如地租)将进一步上升。另一方面,由于房地产价格的上涨,使得房地产投资的风险被低估,引发房地产业的融资成本下降。收益升高、资金成本下降,导致房地产价值被高估,不动产价格被人为地推高,最终超过实体经济所能承受的范围。这时,需求量急剧下降,而供给因惯性继续上升,市场出现大量高价的空置房,开发企业纷纷被套牢、破产、倒闭,形成大量银行不良资产,房地产业融资困难,资金成本上升,导致房地产价值下降,最终泡沫破裂,危机来临。

2. 投资者的预期

经济学认为,预期是人们参与经济活动时对未来状况的一种判断,是一种复杂的心理活动。其本质是对与当前决策有关的经济变量的未来值的预测。预期分为理性预期和非理性预期。举一个简单的例子,投资者购买国债,该债券票面利率为5%,如果投资者按照面值购买了100万元的国债,则他预期每年获得的收益为5万元,我们认为这个预期是理性的;如果他认为每年会获得10万元的收益,则属于非理性预期。

通常情况下,若对未来市场预期价格上升,现实价格也会随着上升;反之,若对未来市场预期价格下降,现实价格也会随着下降。这就是所谓的"自我实现的预期"。

预期有两个明显的特点:第一,预期的同质性,即经济主体对资产价格的走向具有共同的预期。一大批人对资产的价格的涨跌方向看法相同,而这种共同的预期是形成泡沫的基础。第二,需求与价格预期的正反馈。市场参与者预期未来的价格会上升,结果随后的市场价格走势证实了自己的初始预期,他们就可能会进一步产生未来的价格继续上升的预期,而这种预期也会再次导致市场价格在该时期内上升。照此类推,市场价格会越来越高,这样就形成了正反馈过程。但是如果价格逐渐脱离了价值,就会出现泡沫,预期也就变得非理性了。例如,荷兰历史上著名的郁金香球茎泡沫危机中,人们普遍认为价格会不断上涨,于是倾尽所有去购买郁金香球茎,使其价格远远超出了价值,最后泡沫破裂,很多人血本无归。

对房地产未来价格的非理性预期造成了投资者对房地产投资高回报的设想,大量的资本投入房地产市场中,推动地价不断上涨,进而使住房价格不断攀升;当泡沫破裂时,房地产价格急剧下跌,投资者预期价格还要下跌,房地产商纷纷抛售其持有的房产,于是供应量大幅增加,但是由于投资者存在悲观预期,没有人愿意买入,而使需求量减少,从而加剧了价格的下跌。

3. 过度投机

随着人口数量的不断增加和城市化进程的加速,人类社会对土地的需求不断扩大，土地价格急剧上涨。由于稀缺性，市场在短时间内无法增大供给量，从而使需求与供给之间的差距进一步拉大，在这种情况下，有限的土地价格飞涨，严重脱离了其实际价值而产生地价泡沫，这是房地产泡沫产生的内在动力。

在具有投资品性质的房地产市场中，如果投机者对房地产价格上涨形成了共同的心理预期，为了在未来高位抛出获利，他们会选择低价大量买进，房地产价格从而被抬高。在非理性预期和羊群效应的作用下，投机者和资金大量涌入房地产市场，导致需求量急剧增加，进一步推高房地产价格，从而吸引后继投机者和资金的进入，甚至使投机需求取代真实需求成为市场主体，形成恶性循环。投机需求完全脱离了实体经济领域，投机者并不在意资产本身的使用或盈利能力，只希望能在较短的时间内获得价差收益，但投机收益有可能引起实体经济领域中价格的异常波动，从而产生狂热、泡沫等经济现象。

4. 金融自由化和宽松的货币政策

房地产业是一个资本密集型产业，进行房地产开发必须拥有雄厚的资金。随着房地产开发规模的不断扩大，银行贷款成为开发商资金的主要来源。房地产业的高回报率，使许多银行在贷款操作过程中，违反法律法规的规定，向开发商发放大量贷款，从而使行业进入门槛降低，造成过度开发，金融风险不断堆积，增加泡沫产生的可能性。

正是由于金融资金的支持，房地产的后继投机资金才会大量跟进，为房地产泡沫的产生提供支持。随着金融开放以及金融体系发展，以金融为代表的虚拟经济与实物经济相背离的趋势日益明显，新建立的金融体系和金融制度为泡沫的产生提供了机会。金融自由化动用了更多的金融资源，充分发挥了市场机制在资金流动中的作用，资本流动性大大增强，但是资金的过度流动会导致泡沫的形成与膨胀。

此外，宽松的货币政策和低利率导致货币供应量迅速增加，流向房地产的资金过快增长，投机过度必然导致房地产价格脱离实际而产生泡沫。

面对巨额的外汇储备和本币升值的压力，我国政府曾采用了宽松的货币政策以抵消升值的压力，防止本币大幅升值。对因巨额外汇储备而投放的基础货币不予冲销收回，通过低利率、低存款准备金率等办法投放大量货币，货币供应量增长很快，流动性过剩现象突出。

从2002年到2012年,我国货币供应量持续较快增长。2002年年底,流通中的现金(M0)、货币(M1)、货币和准货币(M2)分别为17 278.43亿元、70 882.19亿元和183 246.94亿元。到2012年年底,流通中的现金、货币、货币和准货币分别增加到54 700亿元、308 700亿元和974 200亿元,分别是2002年的3.17倍、4.36倍和5.32倍。到2013年3月,货币和准货币已经突破100万亿元。2014年1月,货币和准货币达到110万亿元,我国的货币和准货币与GDP的比例高达195%,为全球最高。

过高的货币供应必然引发通货膨胀预期,银行存款利率低于物价上涨率,银行存款利率实际为负利率或接近负利率,将钱存入银行实际上在一天天地缩水或获利甚微。持币不如购物,于是社会资金纷纷涌向看起来最具保值、增值价值的房地产业。

5.信息不对称

在完全竞争的市场环境下,房地产的市场价格应等于其重置价值,并受供求关系的影响。房地产交易是开发商和购房者双方的博弈,购房者是相对弱势主体,开发商则是强势主体,两者之间存在着严重的信息不对称。在信息不对称的情况下,过度的投机炒作常常会导致投资者过高地估计未来收益。与其他任何市场一样,房地产市场的变化也是永恒的,各种动态因素的变化,都会引起房地产市场的变化。同时,由于供应方掌握供应信息和成本信息,而需求方无法了解,在信息不完全的情况下,投资者对市场的变化很难做出及时、准确的判断。中国有句老话"买的没有卖的精",就反映了信息不对称给买方造成的影响。由于房地产开发的周期较长,使得开发商的有效供给常常滞后于变化的市场需求,从而加快泡沫的生成。可见,信息不对称会扭曲市场对房地产供求关系的正常反应,也是造成房地产市场投机的重要原因之一。

6.政府干预失误与权力寻租

由于以商品房为主的房地产具有投资和消费的双重特性,因此,政府对房地产的干预比对其他任何市场都要多得多。其干预的方式除了城市规划、土地政策、利率政策、税收政策、鼓励和引导企业与私人投资外,还包括政府直接投资或以转移支付方式进行投资。与市场机制的作用一样,政府的干预也不是万能的,它也会产生正、负两种效应。当其利用手中的权力为短期的政治、经济目标服务时,就不可避免地会导致政府干预的失误，甚至失败。而房地产业又是一个与诸多产业高度关联的产业，这意味着房地产业不仅自身投资规模大，其乘数效应也非常大。当房地产业高速发展时，它会带动诸多产业的共同发展；当房地产业发展违背了价值规律，产生泡沫时，其泡沫破裂产生的负效应也会波及其他产业。

在经济快速发展，房地产业成为支柱产业的时候，如果不注意土地供应总量的控制，或土地供应总量失去控制，尤其是集体农用土地改变用途失控，就会导致房地产开发过热，增加盲目性。房地产开发要与本地区的经济基础、人口规模相适应，否则就可能会过热，进而引发泡沫。在这种情况下，如果媒体导向发生错误，产生房地产泡沫就在所难免，这是非常值得警惕的。

权力寻租是指在不完善的市场机制中，少数拥有特权的人凭借其权力进行不公平竞争从而获得自身经济利益的行为，一般伴随着所谓"权钱交易"现象。转轨时期，中国土地供应的双轨制是造成土地市场权力寻租的根源。政企不分的体制所引发的官办公司与政府部门千丝万缕的联系则为权力寻租大开方便之门。同时，权力寻租者为了捍卫其既得利益，又进一步强化土地供应双轨制以及政企不分的经济体制。土地市场中的权力寻租严重地破坏了市场经济的公平竞争机制，使市场的资源配置功能丧失，导致真正进行房地产投资开发的市场主体由于拿不到土地或被迫高价得到土地而逐步退出市场。权力寻租者炒买炒卖国家给予的出让土地使用权的垄断权力，以权谋私，进行权钱交易，为土地投机、房地产泡沫的形成提供了肥沃的土壤，权力寻租成为中国房地产泡沫形成的一个推动原因。

（三）中国历史上的房地产泡沫

1. 香港房地产泡沫

香港土地资源稀缺，香港公司和居民习惯于将闲置资金购置物业以求保值，自 1985 年起银行普遍接受以物业抵押来发放贷款，从而刺激了房地产市场的蓬勃发展。据香港著名的测量行仲量联行统计，从 1984 年香港房地产市场复苏算起，到 1997 年的 13 年时间里，香港住宅价格整整上升了 3 倍，升幅之大令人咂舌。在住宅价格上涨的带动下，写字楼、商铺等的价格均有大幅度上升，导致房地产价格水平与购买者的实际承受能力脱节。

在1997年到达顶点后，香港的房地产泡沫开始破裂，房价一路下跌，至2003年时香港房地产价格已经下跌了70%，导致大量负资产(指持有的房地产市场价值已经低于贷款总额)的家庭产生，他们的家庭消费不断缩减，给香港经济带来严重的负面影响。这一轮房地产升降周期长达19年，13年上涨，6年下跌，到2003年年底才有复苏的迹象。

香港房地产价格下跌除了市场规律之外，还有一些客观原因。

1997年，香港特区政府接管香港后，为了控制过高的房地产价格，董建华特首领导香港特区政府推出了"八万五"建屋大计，即政府每年推出8.5万套政府补贴公屋，以不到市场价两成的价格出售给符合条件的居民，使低收入者能够购买住房，从而遏制房价上涨。这项政策的出台，给香港房地产市场带来巨大压力，大量的低价政府补贴公屋入市，对房地产市场的冲击非常明显。1997年正值亚洲金融风暴，政策打压以及金融风暴的冲击，使香港房价大幅下降，而且呈现出不断下滑的趋势。截至2003年，香港平均房价下跌了60%，高档住宅下跌了45%，中低档住宅下跌了65%~70%。

早在1994年年初，美国摩根士丹利公司就发表研究报告指出，香港房地产市场的泡沫正渐渐形成，虽无即时破裂的危机，但要提防两种可能:一是某些事件或环境令香港经济急转直下，又或引起极大的政治或经济不安;二是利率突然飙升。整体而言，导致香港房地产泡沫形成的原因主要包括:香港房地产市场供求严重失衡;经营高度集中、市场低度竞争加剧楼宇供求失衡;大量资金涌向香港房地产市场而形成资产通胀;银行贷款的增加推波助澜。

2. 海南省房地产泡沫

海南省曾是房地产泡沫的重灾区。20世纪90年代初，占全国人口6%的海南省积压商品房却占到了全国的10%。在20世纪80年代末，海南省成为全国各地投资者渴望发财致富的乐园，并在20世纪90年代的头两三年达到高潮。从海南省房地产的价格波动看，1988年，房地产平均价格为1 350元/平方米，1991年为1 400元/平方米，1992年则猛增至5 000元/平方米，比1991年增长257%。1993年上半年房地产价格达到顶峰，为7 500元/平方米，从1993年下半年开始呈现回落趋势。在海南省房地产泡沫疯狂膨胀的年代，全国各地的热钱纷纷流入海南省，房地产价格以每平方米每天增加二三百元的速度上涨。在这种投机氛围下,海南省7 000多家公司中,至少有5 000家公司参与过房地产交易。当海南省房地产市场崩溃的时候,5 000家公司中大约只有几百家因为某些原因实现了胜利大逃亡。

1995年,当这股挟带着巨大泡沫的经济狂潮尘埃落定时,有800多亿元的资产就像烂尾楼一样被钉在这片土地上。房地产泡沫过后,550多幢烂尾楼遍布于海口、三亚,随处可见的烂尾楼赤裸裸地在向世人诉说着这些年的狂躁,展示着房地产泡沫破裂过后的伤疤。那么多烂尾楼的存在,严重影响了外来投资者的信心。而与房地产业息息相关的耕地占用税、土地出让金、营业税、契税几乎全部消失,海南省的经济跌入低谷。泡沫破裂后,海南省的经济陷入了长达五年之久的低迷期。

由于中国当时处于经济转轨阶段,市场经济体制正在逐步建立,而市场(特别是房地产市场)远未成熟,因而中国房地产泡沫的成因又有自己的特殊之处。1992年年初,中国东部沿海地区大大加快了改革开放的步伐,大量资金涌入这些地区。对未来地价走势的良好预期引发了大量的土地投机。在这种投机氛围下,大部分公司大都通过各种关系,采取合法、非法手段批到地皮,然后拿地皮做抵押向银行贷款,拿到贷款之后再将地皮炒出去。在这些炒家的哄抬之下,地价、房价短期内暴涨。投机需求导致的地价暴涨造成更大的土地投机,最终形成房地产泡沫。因此,土地投机是海南省房地产泡沫形成的直接原因。

房地产泡沫留给海南省的是数目巨大而不详的金融不良资产。房地产狂热而无序的投资开发,造成企业资金被压死,民间资金被套牢,严重影响了国民经济的发展。在1992年到1998年之间,全国GDP峰谷落差平均为4个百分点,而海南省为35.9个百分点,大起大落,位居全国之首。

3.北海市房地产泡沫

北海市位于广西壮族自治区南端,直到20世纪80年代末,还是坐落于北部湾东北海岸上的一个宁静的海滨城市。1992年,北海市抓住邓小平同志南方讲话的机遇,试图借助自身的地理位置和资源的双重优势,采取“土地成片批租、成片开发”的发展战略,实行所谓的低门槛政策,以图经济得到迅速增长。然而,正是由于这一低门槛政策的实施,使炒作房地产成为城市发展的一种模式，一时间，北海市成为全国热点投资城市，全国各地的资金纷纷涌入北海市，圈地造房，整个城市成了一个名副其实的大工地。但是，真正兴办实业的寥寥无几，真正的投资者因为环境变差而逐步撤出。

1992 年至 1994 年，北海市批租土地面积为 67.75 平方千米（按规划蓝线图计算为 83.84 平方千米），相当于原城区面积的 5 倍。其中，大部分为开发区用地，面积共 44.64 平方千米，占批租土地总面积的 65.89%。由于投资能力有限，这些已批租土地绝大部分没有开发，至 1995 年年底，北海市全部批租土地中只有 16.74 平方千米已经动工建设，未开发土地面积达 51.01 平方千米，占批租土地总量的 75%。据估计，这些土地至少需要 20 年时间才能开发完毕。

1992 年年初，北海市仅有 3 家房地产公司。由于北海市政府采取低门槛政策，土地出让价最高为每亩 9.7 万元，并且成片大面积出让，允许购地者再转让，即允许炒地，使得北海市土地投机现象严重。1992 年 4 月，地价开始暴涨，半年间，地价上涨一二十倍，最高地价达到每亩 120 万元，出现了典型的地产泡沫现象。

到 2000 年，北海市的房地产公司超过了 1 200 家，是 1992 年 3 家的 400 多倍，据房产部门 2000 年的调查，人口不过 30 来万的北海市闲置土地 1 887 公顷，积压空置房 107 万平方米，烂尾楼项目 108 个，建设面积 121 万平方米，沉淀资金逾 200 亿元。

二、房地产泡沫的评价方法

（一）房地产泡沫的评价指标

中国房地产价格的快速上涨是价值的理性回归，还是已经存在房地产泡沫？房地产泡沫形成的原因复杂，是诸多因素共同作用的结果。因此，判断是否存在房地产泡沫、泡沫程度有多大，需要运用不同的指标从不同的方面加以综合分析。下面将选取六项评价指标，对中国近年来的房地产相关数据进行对比分析，对我国房地产泡沫问题进行分析。

1. 房地产投资额增长率/GDP 增长率

房地产投资额是房地产供给对需求最直接的反映，房地产投资额超常增长可能意味着投机需求和虚高价格的形成。一个用来衡量房地产投资增长快慢的重要指标就是房地产投资额增长率/GDP 增长率，通常认为该指标不应该超过 2。

2. 房地产投资总额/固定资产投资总额

这一指标可以反映用于房地产业的投资占某一地区全社会固定资产投资总额的比例，用来说明某一地区当年有多少资金投入房地产业。房地产投资总额占全社会固定资产投资总额的比重是衡量房地产业发展持久性、稳定性的重要指标，是反映投资结构是否合理的基础指标，同时也是衡量房地产业发展规模与国民经济生产总量关系的主要指标之一。

在发达国家，房地产投资总额占固定资产投资总额的比重一般为 20%～25%。由于我国是一个处于高速发展阶段的发展中国家，对房地产投资的需求非常旺盛，因此，在评价我国是否存在房地产泡沫时，可以将该指标适当提高。

3. 商品房施工面积/商品房竣工面积

根据房地产泡沫生成机理，商品房施工面积和商品房竣工面积是房地产发展过程和结果的体现。该指标可以反映未来房地产市场供应情况。施工面积一般为竣工面积的 3±0.5 倍，反映了未来一至两年现房的供应量。若其值小于 2.5，会出现供应短缺；大于 3.5，未来供应量将会放大。该比值越大，说明泡沫越大。

4. 房屋空置面积与空置率

房地产市场是否有泡沫，空置率是一个比较有说服力的重要指标。房屋空置率可以从一定程度上反映房地产市场的供求关系和销售情况，是衡量房地产业发展健康状况的重要指标，可以直接反映房地产市场的热度和泡沫程度。建设部给出的定义是：空置率是指累计的商品房空置房屋面积除以近三年商品房竣工面积之和。一般来说，空置率在 3%～10% 之间可以认为是比较健康的，空置率的警戒线是 10%。

学术界通常认为：当一个国家的商品房空置率在 3% 以下时，买房人几乎找不到自己需要的房源，市场上房屋供不应求；当商品房空置率为 3%～10% 时，市场较为平稳，整个市场供应不显得过剩，而买方已有充分的选择余地；当商品房空置率大于 10% 时，房地产商品开始显得过剩；当商品房空置率达到 15% 以上时，则将产生严重的商品房过剩问题。由于我国房地产市场起步晚，体系不够完善，受政策影响大，市场运行机制对我国房地产市场的自我调节功能还未充分发挥,我国的商品房空置率会比发达国家高。根据我国的实际情况,1999 年国家有关机构采用了上海市有关单位设计的空置率计算方法,计算并制定了适合我国国情的空置率区间表,如表 7-1 所示。

表 7-1　　我国商品房空置率区间表

空置率	对应区间
0~5%	空置不足区
5%~14%	空置合理区
14%~20%	空置过量区
20%以上	商品房严重积压区

5. 房价收入比

人们普遍认为:收入高的国家或者城市,房价相应也高。就是说,房价应该与当地居民的收入相适应,因为房子要靠钱来买,而钱则来自家庭收入。为了比较相对的房价,西方学者制定了一把叫作“房价收入比”的尺子。其具体的定义是:一个国家或城市的平均房价与每户居民的平均收入之比。

房价收入比反映了居民家庭对住房的支付能力和承担能力,比值越高,支付能力就越低。如果某地区房地产价格暴涨,而居民收入水平变化不大,致使该指标持续增大,则表明该地区房地产价格的上涨超过了居民实际支付能力的上涨。当市场中的房价收入比一直处于高位,超过了一定的临界值,而房地产市场不存在萎缩的迹象时,则说明群体性投机行为已较为严重,房地产泡沫很可能已经产生。

世界银行在衡量一个国家的住房消费水平时,认为房价收入比在 4 至 6 之间较为适当,也就是说,假如家庭年收入为 1,合理的房价应当是家庭年收入的 4 至 6 倍。房价收入比高于 6,房价就被高估了,难以形成买方市场。美国 1991 年至 2001 年的房价收入比比较稳定,平均是 3.97。发展中国家合理的房价收入比在 3 至 6 之间。因此,一般认为,房价收入比保持在 6 以内,就不会出现房地产泡沫。当然,不同的国家和地区在经济发展过程中,会出现房地产价格暴涨的阶段,房价收入比会比较高,但是当房地产市场成熟之后,房价收入比会下降并趋于平稳。

6. 房屋租售比

房屋租售比，即房价房租比，是国际上常用的一个衡量房地产泡沫的重要指标，主要用来判断房地产是否具有长期投资价值。通常情况下，如果房屋售价出现持续大幅上涨，而且这种上涨是由于房屋资产的内在价值的提高造成的，那么必然会伴随着租金的增长，租金增长的速度也会加快，投资要求的回报率也会提高。那么，在这种情况下，房屋租售比将不会大幅增高。

如果市场中的租金上涨速度持续不能赶上房价上涨速度，作为一个投资市场来说，就有可能出现泡沫。一般来说，房价相对月租金收入的比例保持在200至250之间，可能是一个比较正常的范围。

（二）中国房地产泡沫的分项评价

本部分将利用前文所介绍的六项评价指标，结合我国房地产市场近几年的发展数据，实际计算相关评价指标数值，来判断我国房地产市场总体泡沫程度。

1. 房地产投资额增长率/GDP增长率

从表7－2中可以看出，中国房地产投资额增长率/GDP增长率指标1999年至2013年有些年份已接近或超过了“2”的安全警戒线，2008年处于最低点，为1.29，在2005年至2008年之间也有低于1.5的趋势，但是整体来看，中国房地产投资依旧表现出过热的态势，投资比例有所加大，呈现出一定的泡沫特征。

表7－2　　1999年至2013年中国GDP及房地产投资额　金额单位：亿元

年份	GDP	房地产投资额	GDP增长率(%)	房地产投资额增长率(%)	房地产投资额增长率/GDP增长率
1999	89 677	4 103			
2000	99 215	4 984	10.64	21.47	2.02
2001	109 655	6 344	10.52	27.29	2.59
2002	120 333	7 791	9.74	22.81	2.34
2003	135 823	10 154	12.87	30.33	2.36
2004	159 878	13 158	17.71	29.58	1.67

续表

年份	GDP	房地产投资额	GDP增长率(%)	房地产投资额增长率(%)	房地产投资额增长率/GDP增长率
2005	184 937	15 909	15.67	20.91	1.33
2006	216 314	19 423	16.97	22.09	1.30
2007	265 810	25 289	22.88	30.20	1.32
2008	314 045	31 203	18.15	23.39	1.29
2009	340 903	36 242	8.55	16.15	1.89
2010	401 513	48 259	17.78	33.16	1.86
2011	473 104	61 797	17.83	28.05	1.57
2012	519 470	71 804	9.80	16.19	1.65
2013	568 845	86 013	9.50	19.79	2.08

数据来源:《中国统计年鉴》和中经网产业数据库

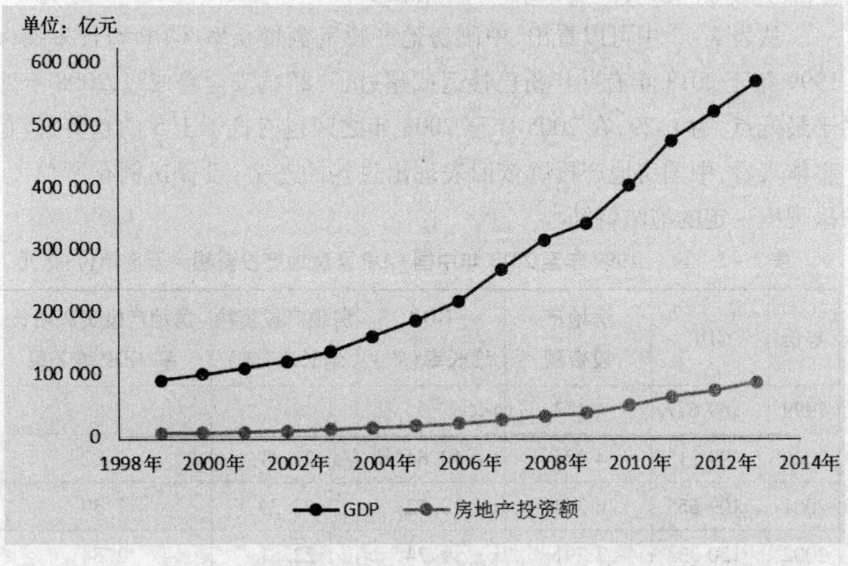

图 7－1　GDP 和房地产投资额

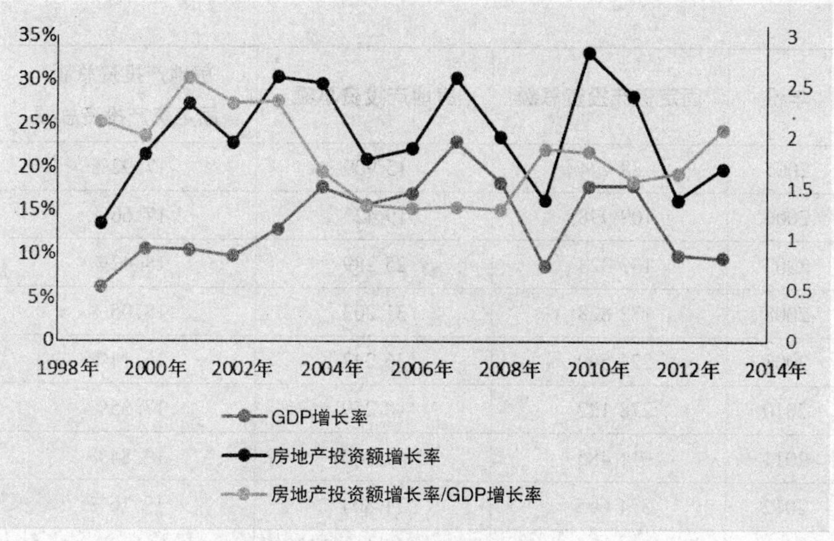

图 7－2　GDP 增长率和房地产投资额增长率及其比值

2. 房地产投资总额/固定资产投资总额

从表 7－3 中可以看出，自 1999 年开始，全国房地产投资总额占固定资产投资总额的比重总体上呈上升趋势，从 1999 年的 13.74% 上升到 2013 年的 19.24%，其中，最高值是 2011 年的 19.84%。从数据中可以看出，该项指标还没有超过国际公认的存在泡沫的临界点 25%，表明我国在进行固定资产投资的过程中，对房地产投资的控制还是取得了一定的效果，因此，我们认为，我国尚未出现全局性的房地产泡沫现象。

表 7－3　1999 年至 2013 年中国固定资产投资总额及房地产投资总额

金额单位：亿元

年份	固定资产投资总额	房地产投资总额	房地产投资总额/固定资产投资总额
1999	29 855	4 103	13.74%
2000	32 918	4 984	15.14%
2001	37 214	6 344	17.05%
2002	43 500	7 791	17.91%
2003	55 567	10 154	18.27%
2004	70 477	13 158	18.67%

续表

年份	固定资产投资总额	房地产投资总额	房地产投资总额/固定资产投资总额
2005	88 774	15 909	17.92%
2006	109 998	19 423	17.66%
2007	137 324	25 289	18.42%
2008	172 828	31 203	18.05%
2009	224 599	36 242	16.14%
2010	278 122	48 259	17.35%
2011	311 485	61 797	19.84%
2012	374 695	71 804	19.16%
2013	447 074	86 013	19.24%

数据来源:《中国统计年鉴》和中经网产业数据库

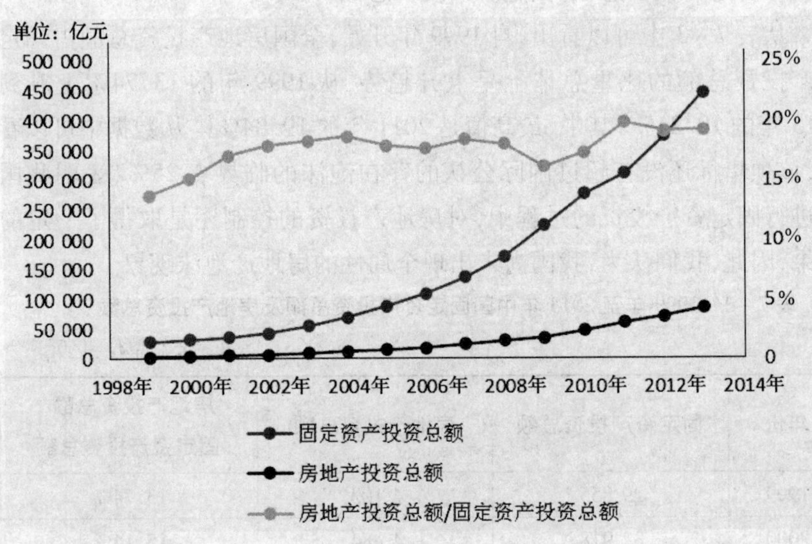

图 7-3　固定资产投资总额、房地产投资总额及其比值

但是,我们应该注意到,表 7-3 中采用的数据是全国范围内的,其中包括了广大农村和中小城镇,但其实大部分投资集中在少数大中城市,中国的大中城市,可能占据了房地产总投资的 80% 以上。在这些大中城

市，房地产投资总额占固定资产投资总额的比重应该远高于表 7－3 计算所得的数字。也就是说，对大中城市而言，中国房地产行业局部泡沫是可能存在的。

3. 商品房施工面积/商品房竣工面积

一般来说，商品房施工面积为竣工面积的 3 ±0.5 倍，它可以在一定程度上反映未来 1 至 2 年的现房供应量。通过表 7－4 的统计数据可以看出，1994 年以后，我国商品房施工面积和竣工面积基本上都保持着较高的增长率，在 2006 年以前，并没有突破 3.5 的上限，这又在另一个角度表明我国房地产在 2006 年以前尚未出现严重的泡沫；但是值得注意的是，从 2007 年开始，该值高速攀升，在 2013 年年底达到最大值 6.56。可见，以这个指标来看，从 2007 年开始，我国的房地产泡沫逐年增大，而且形势不容乐观。

表 7－4　　1994 年至 2013 年中国商品房施工面积和竣工面积

单位：万平方米

年份	商品房施工面积	施工面积增长率	商品房竣工面积	竣工面积增长率	商品房施工面积/商品房竣工面积
1994	34 371		11 637		2.95
1995	46 690	35.84%	14 874	27.82%	3.14
1996	47 012	0.69%	15 357	3.25%	3.06
1997	44 986	－4.31%	15 820	3.01%	2.84
1998	50 770	12.86%	17 567	11.04%	2.89
1999	56 858	11.99%	21 411	21.88%	2.66
2000	65 897	15.90%	25 105	17.25%	2.62
2001	79 412	20.51%	29 867	18.97%	2.66
2002	94 104	18.50%	34 976	17.11%	2.69
2003	117 526	24.89%	41 464	18.55%	2.83
2004	140 451	19.51%	42 465	2.41%	3.31
2005	166 053	18.23%	53 417	25.79%	3.11
2006	194 786	17.30%	55 831	4.52%	3.49
2007	236 318	21.32%	60 607	8.55%	3.90

续表

年份	商品房施工面积	施工面积增长率	商品房竣工面积	竣工面积增长率	商品房施工面积/商品房竣工面积
2008	283 266	19.87%	66 545	9.80%	4.26
2009	320 368	13.10%	72 677	9.21%	4.41
2010	405 356	26.53%	78 744	8.35%	5.15
2011	506 775	25.02%	92 620	17.62%	5.47
2012	573 418	13.15%	99 425	7.35%	5.77
2013	665 572	16.07%	101 435	2.02%	6.56

数据来源:《中国统计年鉴》和中经网产业数据库

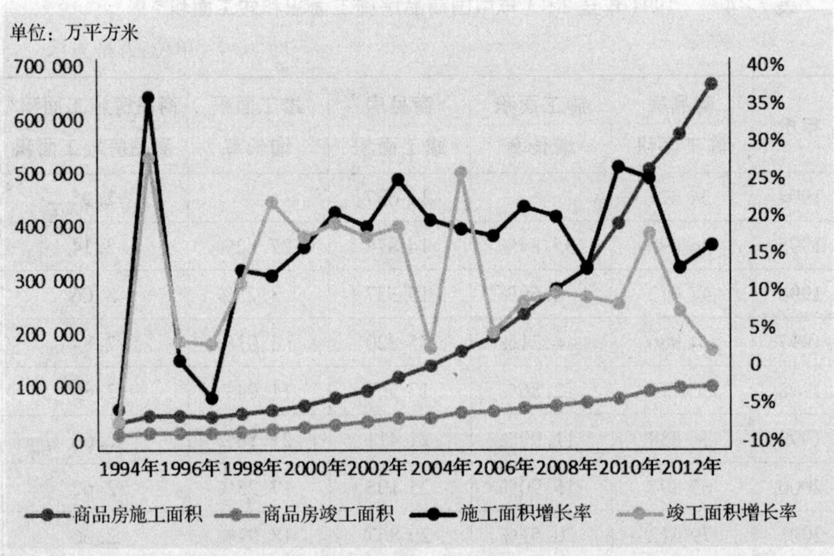

图 7-4　商品房施工面积、竣工面积及其增长率

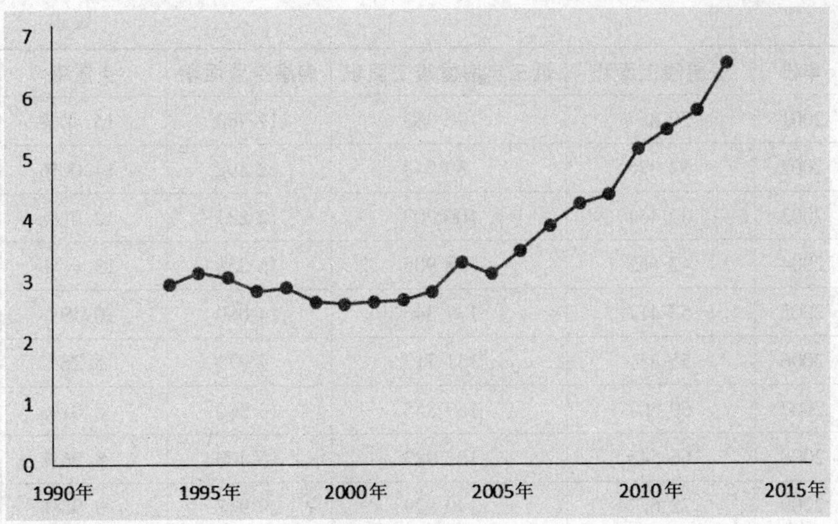

图 7－5　商品房施工面积与商品房竣工面积的比值

4. 房屋空置面积与空置率

表 7－5 计算了 1995 年至 2013 年间中国房屋空置率。结果显示，中国整体的房屋空置率自 1995 年至 2005 年一直保持较高的比率，每年都在 10% 的国际警戒线之上，可以说存在一定的泡沫现象。但是从 2006 年开始，由于居民购房热潮逐步扩大，使房屋空置率开始下降到 10% 以下，可见，2006 年至 2010 年间，我国的房屋销售情况整体来看还是比较良好的。不过，从 2011 年开始，该指数开始呈现上涨趋势，在 2013 年达到 16.78%。

表 7－5　　1995 年至 2013 年中国房屋空置面积、空置率

单位：万平方米

年份	房屋竣工面积	近三年房屋竣工面积	房屋空置面积	空置率
1995	14 874	39 074	5 031	12.88%
1996	15 357	41 868	6 224	14.87%
1997	15 820	46 051	7 038	15.28%
1998	17 567	48 744	8 783	18.02%
1999	21 411	54 798	10 740	19.60%
2000	25 105	64 083	10 701	16.70%

续表

年份	房屋竣工面积	近三年房屋竣工面积	房屋空置面积	空置率
2001	29 867	76 383	11 763	15.40%
2002	34 976	89 948	12 592	14.00%
2003	41 464	106 307	12 837	12.08%
2004	42 465	118 905	16 258	13.67%
2005	53 417	137 346	14 000	10.19%
2006	55 831	151 713	7 973	5.26%
2007	60 607	169 855	13 600	8.01%
2008	66 545	182 983	16 400	8.96%
2009	72 677	199 829	19 947	9.98%
2010	78 744	217 966	21 567	9.89%
2011	92 620	244 041	27 194	11.14%
2012	99 425	270 789	36 460	13.46%
2013	101 435	293 480	49 295	16.78%

数据来源:《中国统计年鉴》和中经网产业数据库

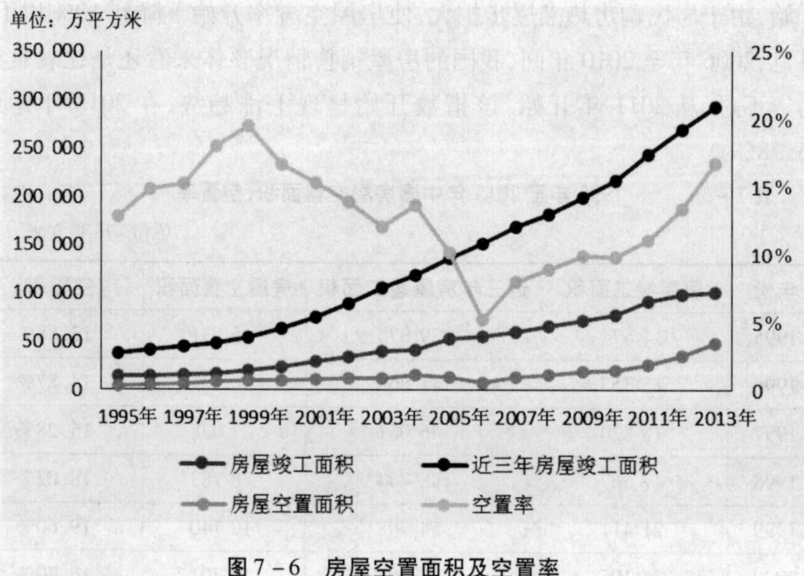

图7－6　房屋空置面积及空置率

虽然关于空置率的计算存在一定的争议，但该指数也确实从侧面反映了一些问题：在我国，真正需要住房的广大中低收入群众买不起房，而个别高收入者又几套甚至几十套房空着，等着转手获利，这无疑增加了我国整个房地产业的泡沫风险。

5. 房价收入比

发展中国家合理的房价收入比在3至6之间。因此，一般认为，房价收入比保持在6以内，就不会出现房地产泡沫。我国的房价收入比如表7-6所示。

表7-6 1994年至2012年中国房价和可支配收入

年份	平均房价（元/平方米）	100平方米房价（元）	70平方米房价（元）	人均年可支配收入（元）	城镇家庭平均可支配收入（按每户3人计算）（元）	房价收入比（100平方米）	房价收入比（70平方米）
1994	1 409	140 900	98 630	3 496.20	10 488.60	13.43	9.40
1995	1 591	159 100	111 370	4 282.90	12 848.70	12.38	8.67
1996	1 806	180 600	126 420	4 838.90	14 516.70	12.44	8.71
1997	1 997	199 700	139 790	5 160.30	15 480.90	12.90	9.03
1998	2 063	206 300	144 410	5 425.10	16 275.30	12.68	8.87
1999	2 053	205 300	143 710	5 854.00	17 562.00	11.69	8.18
2000	2 112	211 200	147 840	6 279.90	18 839.70	11.21	7.85
2001	2 170	217 000	151 900	6 859.60	20 578.80	10.54	7.38
2002	2 250	225 000	157 500	7 702.80	23 108.40	9.74	6.82
2003	2 360	236 000	165 200	8 472.20	25 416.60	9.29	6.50
2004	2 714	271 400	189 980	9 421.60	28 264.80	9.60	6.72
2005	3 168	316 800	221 760	10 493.03	31 479.09	10.06	7.04
2006	3 367	336 700	235 690	11 759.45	35 278.35	9.54	6.68
2007	3 864	386 400	270 480	13 785.80	41 357.40	9.34	6.54

续表

年份	平均房价（元/平方米）	100 平方米房价（元）	70 平方米房价（元）	人均年可支配收入（元）	城镇家庭平均可支配收入（按每户3人计算）（元）	房价收入比（100平方米）	房价收入比（70平方米）
2008	3 800	380 000	266 000	15 780.80	47 342.40	8.03	5.62
2009	4 681	468 100	327 670	17 174.70	51 524.10	9.09	6.36
2010	5 032	503 200	352 240	19 109.44	57 328.32	8.78	6.14
2011	5 357	535 700	374 990	21 809.78	65 429.34	8.19	5.73
2012	5 791	579 100	405 370	24 564.72	73 694.16	7.86	5.50

数据来源:《中国统计年鉴》和中经网产业数据库

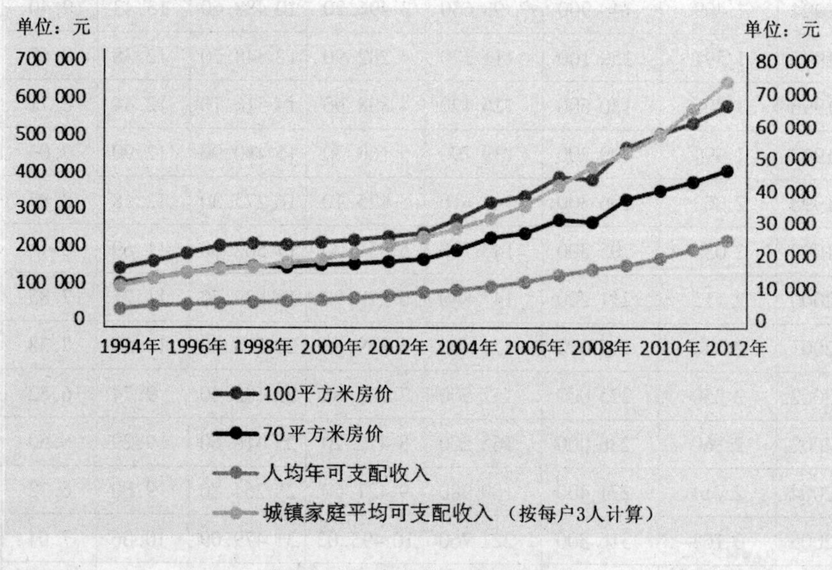

图 7－7　房价和可支配收入

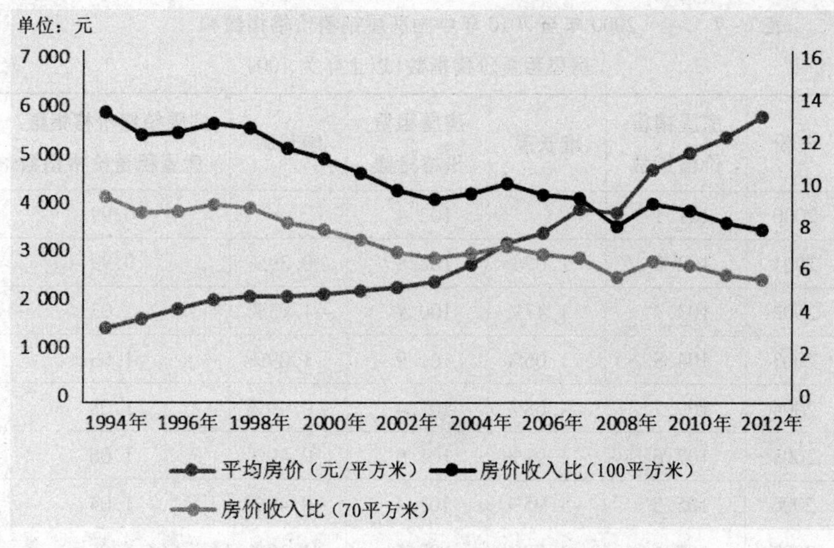

图 7－8　平均房价和房价收入比

从我国的房价收入比来看，我国的房价收入比显著偏高，除了 2008 年、2011 年和 2012 年处于 6 以下外，其余各年均处在标准线 6 以上。近几年，受我国宏观经济政策调控的影响，我国房地产市场存在小范围的房地产泡沫，但是并不是很严重。

6. 房屋租售比

从表 7－7、表 7－8 中可以看出，在 2001 年至 2010 年房价大幅上涨过程中，租金的涨幅大多低于房地产价格的涨幅。如果说未来租金总的现金流量折现值代表着房地产的内在价值，那么房价则代表着其交易价值。一般来说，两者之间不应当长期存在着明显的差距。如果两者走势出现背离，且背离值越来越大，则意味着房地产的市场价值已经持续地远离其内在价值，即房地产市场存在着一定的泡沫。因此，2001 年至 2010 年，除了 2010 年两者比较接近，内在价值和交易价值近乎相等外，其余年份都因为交易价值过高而表现出一定的泡沫效应。

表7－7　　2000年至2010年中国房屋销售价格指数和房屋租赁价格指数(以上年为100)

年份	房屋销售价格指数	增长率	房屋租赁价格指数	增长率	房屋销售价格指数/房屋租赁价格指数
2000	101.1		102.4		0.99
2001	102.2	1.09%	102.8	0.39%	0.99
2002	103.7	1.47%	100.8	-1.95%	1.03
2003	104.8	1.06%	101.9	1.09%	1.03
2004	109.7	4.68%	101.4	-0.49%	1.08
2005	107.6	-1.91%	101.9	0.49%	1.06
2006	105.5	-1.95%	101.4	-0.49%	1.04
2007	107.6	1.99%	102.6	1.18%	1.05
2008	106.5	-1.02%	101.4	-1.17%	1.05
2009	101.5	-4.69%	99.4	-1.97%	1.02
2010	106.4	4.83%	107.4	8.05%	0.99

数据来源:《中国统计年鉴》和中经网产业数据库

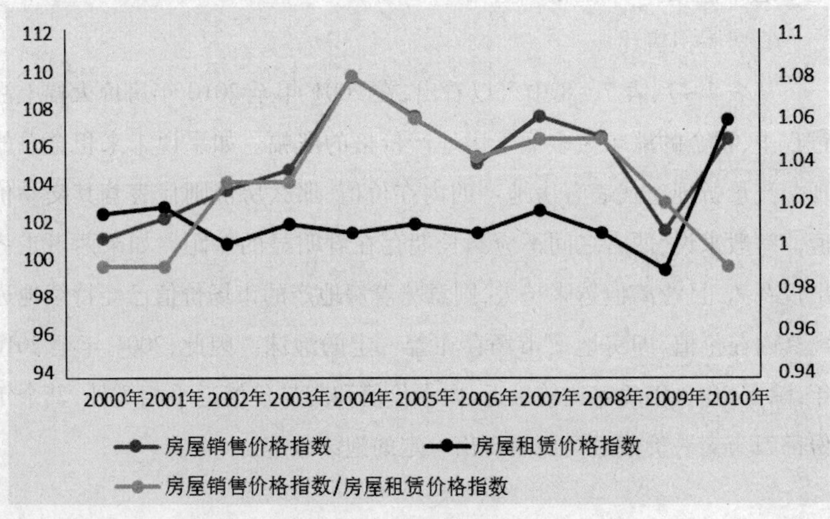

图7－9　房屋销售、租赁价格指数及其比值

表 7－8　　2000 年至 2010 年中国住宅销售价格指数和住宅租赁价格指数(以上年为 100)

年份	住宅销售价格指数	增长率	住宅租赁价格指数	增长率	住宅销售价格指数/住宅租赁价格指数
2000	101.4		114.2		0.89
2001	101.9	0.49%	108.1	-5.34%	0.94
2002	104	2.06%	102	-5.64%	1.02
2003	105.7	1.63%	107.5	5.39%	0.98
2004	109.4	3.50%	102.2	-4.93%	1.07
2005	108.4	-0.91%	100.5	-1.66%	1.08
2006	106.4	-1.85%	101.4	0.90%	1.05
2007	108.2	1.69%	102.6	1.18%	1.05
2008	107.1	-1.02%	102.2	-0.39%	1.05
2009	100.7	-5.98%	99.2	-2.94%	1.02
2010	100.6	-0.10%	106.1	6.96%	0.95

数据来源:《中国统计年鉴》和中经网产业数据库

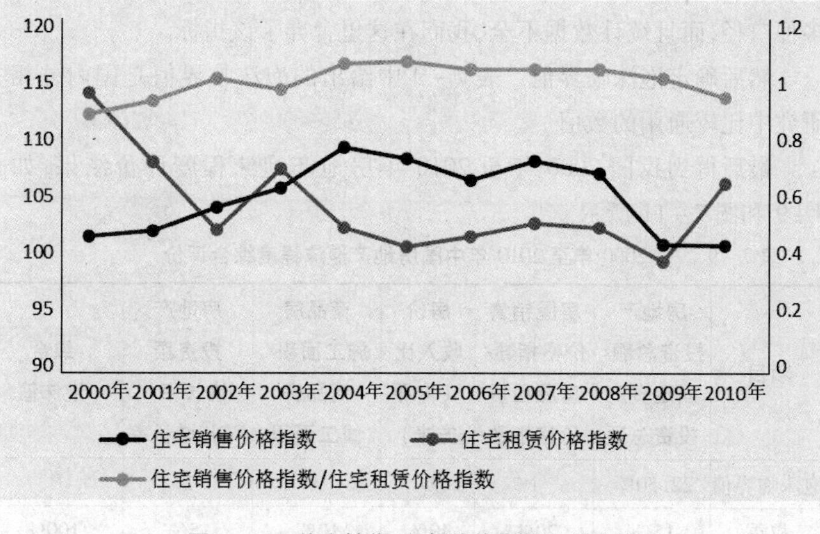

图 7－10　住宅销售、租赁价格指数及其比值

从现有数据来看,"销售价格指数/租赁价格指数"近年来并没有发生明显的变化,始终保持在1附近,说明我国房地产投资市场的运行基本上还是比较稳定的。但是从局部地区来看,房价过高而租金较低的现象是存在的。

(三)中国房地产泡沫程度综合评价

由于房地产市场是一个非常复杂的市场,其价格由多种因素共同决定,因此每一个指标虽然都有一定的依据,但都是从某一个方面监测房地产泡沫的程度,有一定的局限性。因此,本书在各个主要指标分析的基础上,对房地产泡沫进行全面的综合评价。

首先确定各指标的权重。房价收入比是国际上通用的监测房地产泡沫的重要指标,赋以40%的权重;房屋租售比同样是国际上通用的监测房地产泡沫的重要指标,但受到数据获得的限制,我们仅能用房屋销售价格指数与房屋租赁价格指数之比来代替这一指标,赋以20%的权重;我国为发展中国家,城市化方兴未艾,这在一定程度上会使房地产投资额增长率/GDP增长率、房地产投资总额/固定资产投资总额两个指标高于发达国家,对上述两个指标赋以15%的权重;预售制度在我国商品房销售中很普遍,这在一定程度上削弱了商品房施工面积/商品房竣工面积这一指标的科学性,赋予其10%的权重;由于我国对房屋空置率的统计存在多种口径,而且统计数据不全,我们在这里舍弃了该指标。

然后确定泡沫临界值。表7-9中给出的泡沫临界值是国内外相关研究中比较通用的数值。

最后得到我国2000年至2010年房地产泡沫程度评价结果,如表7-9和图7-11所示。

表7-9　2000年至2010年中国房地产泡沫程度综合评价

项目	房地产投资总额/固定资产投资总额	房屋销售价格指数/房屋租赁价格指数	房价收入比(100平方米)	商品房施工面积/商品房竣工面积	房地产投资额增长率/GDP增长率	综合泡沫值
泡沫临界值	22.50%	1	6	3	2	1
权重	15%	20%	40%	10%	15%	100%
2000年	15.14%	0.99	11.21	2.62	2.02	1.29

续表

项目	房地产投资总额/固定资产投资总额	房屋销售价格指数/房屋租赁价格指数	房价收入比（100平方米）	商品房施工面积/商品房竣工面积	房地产投资额增长率/GDP增长率	综合泡沫值
2001年	17.05%	0.99	10.54	2.66	2.59	1.30
2002年	17.91%	1.03	9.74	2.69	2.34	1.24
2003年	18.27%	1.03	9.29	2.83	2.36	1.22
2004年	18.67%	1.08	9.60	3.31	1.67	1.22
2005年	17.92%	1.06	10.06	3.11	1.33	1.21
2006年	17.66%	1.04	9.54	3.49	1.30	1.18
2007年	18.42%	1.05	9.34	3.90	1.32	1.18
2008年	18.05%	1.05	8.03	4.26	1.29	1.10
2009年	16.14%	1.02	9.09	4.41	1.89	1.21
2010年	17.35%	0.99	8.78	5.15	1.86	1.21

注：综合泡沫值 = Σ（某项指标值/该项指标泡沫临界值 × 该项指标权重）

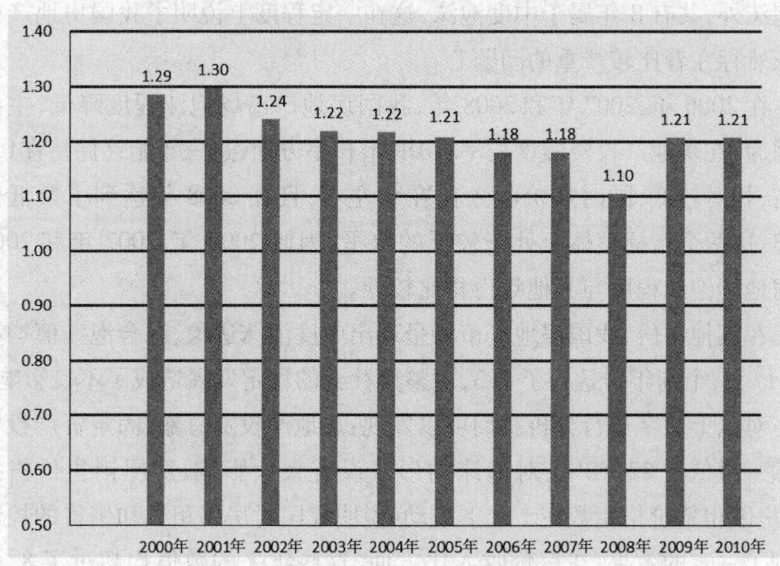

图 7－11　2000 年至 2010 年中国房地产泡沫程度

通过计算可以看出，我国在2000年至2010年的泡沫程度始终在基准1之上，长期表现为房地产泡沫。仅有2008年最接近标准指数1。2008年，受美国次贷危机影响，我国房价和成交量出现大幅度下降，因而挤出了一部分泡沫。但是从2009年开始，随着国家、地方刺激经济的政策开始发挥效力，固定资产投资规模不断加大，房地产泡沫程度逐渐加大。

指标分级为：1.0 < 加权综合指标 < 1.2，为轻度泡沫；1.2 < 加权综合指标 < 1.4，为中度泡沫；加权综合指标 > 1.4，为严重泡沫。我们不难得出表7－10的结论。

表7－10　2000年至2010年中国房地产泡沫程度分类情况

程度	年份
轻度泡沫	2006、2007、2008
中度泡沫	2000、2001、2002、2003、2004、2005、2009、2010
严重泡沫	—

通过表7－9和表7－10可知，虽然我国房地产市场目前并没有达到严重泡沫程度，但是在这11年里，除了2006年、2007年和2008年属于轻度泡沫外，共有8年属于中度泡沫，这在一定程度上说明了我国房地产市场依然存在着比较严重的问题。

在2006年、2007年和2008年，我国房地产市场泡沫程度降低，主要是因为：在房地产投资额增长率/GDP增长率方面，这三年始终保持在1.3左右，相对较低，同时房价收入比在9左右，且在2008年达到了最低值8.03。这两个指标整体上处于较低的水平，因此2006年、2007年和2008年房地产泡沫程度与其他年份相比较低。

在其他年份，我国房地产市场呈现出中度泡沫迹象，综合泡沫值均在1.2以上，个别年份达到了1.3，对整个社会的稳定发展造成了不良影响。

对以上数字进行分析我们可以发现：房地产投资总额/固定资产投资总额一直低于22.50%，对泡沫的形成没有太大影响；房屋销售价格指数/房屋租赁价格指数在1上下波动，说明我国对房屋租赁和销售的控制起到了一定的效果；在房价收入比方面，这些年来的数值均超过了8，个别年份甚至超过了11，远远高于6这个参考值，说明房价相对于居民收入来讲是高的，也反映出我国居民收入水平较低，购房吃力；房地产投资额增长率/GDP 增长率以及商品房施工面积/商品房竣工面积基本围绕参考值上下波动，起伏较大，对泡沫的形成也产生了一定影响。

我们选取的数据是全国的平均水平，包含了边远和经济不发达地区，而这些地区的房价较低，拉低了全国的平均水平。从总体上看，全国房地产的总体泡沫程度处于中度水平，是可控的。但是局部地区房价畸高，泡沫程度可能会更高一些。

三、如何看待中国房地产泡沫

（一）中国房地产泡沫为什么不破裂

按照常识，既然是泡沫，迟早就会破裂。为什么中国的房地产市场出现泡沫已经 10 多年，仍然不破裂？这是很多人惊奇的问题。

主要原因在于，中国的房地产市场是一个初期市场，处于快速发展中，快速发展延缓了泡沫的破裂。

中国的房地产市场起步晚、欠账多，人口基数大、城镇化发展带来了新机遇，加之按揭制度的推动，使房地产需求持续放大，因此维持了很高的增长速度和较高的泡沫程度。

20 世纪 80 年代开始的住房商品化改革，释放了大量的有效需求，维持了房地产市场的高速发展；按揭贷款的支持，使居民购买房地产成为现实；城镇化的不断推进，更加造就了一个火热的市场。

因此，我国的房地产市场与发达国家的房地产市场不同，它处于成长阶段，需求是刚性的，改善住房条件的要求将会持续较长时间。在居民的有效需求得到充分满足，房屋的供应量饱和之前，还是可以维持一定的泡沫成分的。

根据北京大学中国社会科学调查中心《中国民生发展报告》的数据，截至 2011 年，全国居民人均住房面积为 36 平方米，比 30 年前增长了近 10 倍。这个数字虽然低于美国的 67 平方米、意大利的 43 平方米和德国的 39 平方米，但是已经高于英国的 35 平方米、韩国的 20 平方米以及日本的 19.6 平方米。

把国家的可供使用的土地面积和人口数量进行比较，中国的人均住房面积不算低，但是由于投机者的存在，“房叔”、“房婶”持有大量空置的

房屋,使这个人均数被夸大,实际人均住房面积达不到 36 平方米。因此,用人均住房面积是无法衡量需求满足程度的。

(二)政策如何影响房价

既然泡沫暂时无法破裂,就会引发另外一个问题,即价格可否持续上涨。国家出台了众多的政策来抑制房价过快上涨,但是在执行过程中,由于利益保护、土地财政等原因,政策的效力没有得到充分发挥。

对于政策而言,应该适应市场规律,顺势而为才能发挥最大的功效。但是有些政策的出台,在一定程度上违背了市场规律,因此效果的发挥就会不理想。以限购为例,限制购买行为表面上是限制了需求,在供应量没有变化的情况下,需求减少,供应量相对增加,价格会下降,但是实际上,限购是限制了一部分需求,但是有些供应方却采取了提价、饥饿销售等手段,使价格不降反升。

对于严格执行转让所得征 20% 的所得税而言,这个政策试图通过增加转让成本的方式降低房价。但是成本增加,必然导致供应量减少,供需均衡遭到破坏,如果刚性需求没有下降,价格很可能上升。

难道房价真的无法抑制了吗?不然。我们首先分析房子的功能,不外乎使用功能(居住)、投资功能(涨价或者出租)、经营功能(作为生产经营场所)。居民居住需求和生产经营用房需求构成了对房地产的刚性需求。在居民收入增加、改善住房要求提高的情况下,这种刚性需求是可持续的;而随着国家经济的不断发展,生产经营用房需求不断增长。这两部分需求形成了房地产市场的主要购买力。

对投资用房的需求是房地产市场的柔性需求,可以伸缩。当房地产投资收益率较高时,房价上涨收益、租金收益必然会吸引投资者的资金;但是当房地产投资收益率偏低时,投资房地产的动力将会极大降低。

在中国的传统观念中,买房买地是一种固有的投资观念,即使买房买地收益较低,人们还是热衷于投资房地产。原因是除了房地产,没有其他更适合于居民长期投资的产品,股票、期货、黄金、白银等风险过大,远远没有房地产安全。

因此,出台政策来规范房地产市场,不应该是简单的限购、征所得税等措施,而应该分析房地产市场价格波动的本质,从抑制热钱进入、开征房产税、严格审核房地产信贷、培养正确的投资观念、开发更多的长期投资产品等方面入手,这样才能达到治标治本的目的。

(三)中国房地产的未来

中国的房地产市场蓬勃发展只有不到20年的时间,仅仅处于初始阶段。同发达国家超过百年的历史相比,我国在管理和规范房地产市场方面存在许多不足。以美国为例,其房地产市场的专业化程度非常高,诚信而规范。从开发商资质,到中介机构和经纪人管理、产权过户登记流程等方面,非常严密。即使这样,美国的房地产市场依然存在各种问题,房价大起大落,波动不断,次贷危机就是一次很好的教训。虽然发生了危机,美国的房地产市场受到重创,但是它的自我修复能力很强,2011年开始,美国房地产市场逐步复苏,成交量、新屋开发量以及房价均出现好的增长。

从美国的经验看,房地产市场的周期性发展、螺旋式上升是一个规律。世界上没有只升不跌的市场,中国房地产市场也是一样,当市场供应超过需求,当价格远远超出购买者的承受能力,这个市场就会衰退,调整,修复,再增长。

对中国房地产市场的未来不是应该关心它什么时候泡沫破裂,而应该关注这个市场什么时候能规范、诚信、健康地发展。泡沫破裂虽然会造成灾难和损失,对经济发展产生重要影响,但是凤凰涅槃之后,新市场会更加强大,居民对房地产投资的认识会更加深刻。从长远来说,市场泡沫破裂之后再进行自我修复和完善,是件好事情。

《史记》中记载了这样一个故事,题目是"陶朱公长子吝金害弟"。陶朱公是古代越王勾践复国灭吴的第一功臣,在灭吴后辞官经商,积累了大量财物。他中间的一个儿子在楚国因为杀人被拘捕,并要被杀头。陶朱公希望花钱来挽救这个儿子的性命,于是想派小儿子带大量黄金去往楚国营救。他的大儿子非常不高兴,说:"我是长兄,应该为家人分担工作,应该派我去,不能让小弟去,否则我就自杀。"陶朱公别无他法,只好派大儿子去,写了一封信,要他送给从前要好的朋友庄生,并吩咐道:"你到了楚国,就把这些黄金送给庄生,任凭他处理。"大儿子出发时,还携带了自己的积蓄黄金好几百两准备打点。到了楚国,大儿子遵照陶朱公的吩咐,送上书信和金钱。庄生收了黄金,就让大儿子回家,不可停留在楚国。庄生虽然贫穷,但是他以廉洁正直著称,楚王非常尊敬他。他打算事成之后，将金钱归还陶朱公，以表示其诚信。庄生找机会入宫见楚王，对楚王说，某星宿在某处，这是对楚国有害的。楚王素来相信庄生，便说："现在怎么办才好呢？"庄生劝楚王用恩典回避灾难，楚王答应了，准备大赦犯人。楚国的一个人惊喜地将此事告诉陶朱公的大儿子，说："楚王要大赦犯人了。"陶朱公的大儿子认为，楚王本来就要大赦犯人，弟弟理所当然会被放出来，把黄金送给庄生，一点用处也没有。于是他到庄生家，拿回了黄金。庄生因为陶朱公大儿子的言而无信而气恼。于是又去见楚王，对楚王说："外面的人都说，陶朱公的儿子杀了人，被囚禁在楚国，他的家人拿了许多金钱贿赂你手下的人，所以你的大赦并不是怜悯楚国百姓，而是为陶朱公的儿子开脱罪责。"楚王大怒，便命令先杀了陶朱公的儿子，第二天才下发赦免令。陶朱公的大儿子只能带着弟弟的尸体回到家中。到了家里，陶朱公一点也不意外，说："我本来就知道他必然无法救弟弟的。他并不是不爱他弟弟，而是不能舍掉钱财。至于小儿子，他一出生就见我很富有，他轻而易举地挥霍掉钱财，而不觉得可惜。我这之前之所以打算派小儿子去，就是因为他能舍弃钱财的缘故。而大儿子不能舍财，所以终究害了他弟弟，这是情理之中的事。"

这个故事间接告诉我们，有了钱财而不善于使用它，最终会变成金钱的奴隶，被它破坏前途，甚至夺取生命。投资于房地产，在赚取财富的同时，要善于利用财富。否则越来越多的"房叔"、"房婶"，将丧失房产，甚至身陷牢笼，得不偿失。

四、中国会发生债务危机吗

（一）中国经济是否会硬着陆

所谓经济的硬着陆，就是指经济增长不仅出现短期向下的波浪式运动，而且在预计未来几年也无法回到之前的高点。同时，向下调整往往是不在计划范围内的，是没有办法人为控制的。因此，向下调整的幅度比较大，不是随机的简单波动，而是激烈的向下调整。当经济增长速度过快，出现了严重的通货膨胀时，国家就要利用紧缩性政策来压制通货膨胀，但这时候社会总需求会下降，从而经济增长会变缓甚至出现负增长，此时，如果一国为抑制过热的经济而实行的政策过紧，出现大幅度通货膨胀后，紧接着会出现大规模的通货紧缩，导致失业增加，经济下滑速度过快，这时,该经济体就经历着经济的硬着陆。

我国有的学者认为,就我国目前状况来看,中国不会出现经济的硬着陆。

地方政府有这么多债务,有一部分是中央政府的责任:全球金融海啸之后,中央政府担心中国经济也会被拖累,便及时推出“四万亿”计划,并鼓励地方政府增加支出。当地方政府意识到同级政府支出超过本地政府支出会导致同级地区经济增长幅度超过本地区经济增长幅度时,地方政府就会尽量增加政府开支。这也就顺理成章地导致了我国地方政府支出的不断攀升。

中国地方政府的债务危机与美国州政府的债务危机在性质上也有很大不同。美国州政府的债务由来已久,源于经常性的开支不断上升,以致长期入不敷出,若要削减开支,民众一定受苦,政治上不易推行;而中国的地方债务源自一些非经常性的开支,主要用于搞基建,如果之前建多了,以后可以少建一些,要省钱还债的困难不大。再者,这些基建项目,如建高速公路、电厂,设医院,办高校,皆可视作社会投资,之后会有回报。这不像美国,很多钱都被拿来补救以前金融界犯下的错误,对将来没有什么建设性的作用。

因此,从政府借债投资的决策看,一方面增加了投资、刺激了经济增长,政府税收等相应增加;另一方面政府债务增加,未来的还款压力增加,面临债务风险。两者结合在一起,如果未来经济能够稳定复苏,以未来不断增加的政府收入偿还固定不变的债务本金,风险还是可控的,经济的硬着陆就不会出现。

(二)中国经济增长存在隐患

中国的 GDP 总量在 2013 年达到了 9 万亿美元,仅次于美国,远远超过了排在第三位的日本。2013 年,世界 GDP 总量排名前十位的国家或地区如表 7-11 所示。

表 7-11 2013 年世界主要国家 GDP 总量 金额单位:十亿美元

	国家或地区名称	GDP 总量	所在地区
1	美国	16 197.96	美洲
2	中国	9 038.66	亚洲

续表

	国家或地区名称	GDP 总量	所在地区
3	日本	5 997.32	亚洲
4	德国	3 373.33	欧洲
5	法国	2 565.62	欧洲
6	英国	2 532.05	欧洲
7	巴西	2 503.87	美洲
8	印度	2 117.28	亚洲
9	俄罗斯	2 109.02	欧洲
10	意大利	1 953.82	欧洲

在取得成就的同时,中国经济也存在一定的隐患。中国经济增长的可持续性基础极其脆弱,而且是越来越脆弱。一方面,中国社会福利和社会保障投入不足。以养老金为例,养老金空账本身就是典型的政府对民众的负债。此类账务亏空,如果需要通过增发货币的方式来填补,那么将会导致更为严重的后果,无异于饮鸩止渴。除此之外,还有医疗、教育、环境负债等。这种情况下,由于福利水平低下,原本应该由政府提供的公共产品、公共服务、公共福利,反而需要民众花钱去购买,民众的购买力必然被压制。这也意味着,一旦爆发债务危机,由于在社会保障和社会福利方面的投入不足,积累较少,对危机的缓冲能力较弱。另一方面,中国经济运行目前存在着效率低下的问题。例如,资金使用效率低下,我国的 M2 与 GDP 的比例高达 2:1,也就是说 1 元的货币供应只带动了 0.5 元的 GDP,而美国则是 1 元的货币供应带动了 1.5 元的 GDP,说明我国的资金使用效率低下。根据统计,拉动 1 元 GDP 所需要的货币量,中国是日本的 1.7 倍,是英国的 4.7 倍。另外,根据国际货币基金组织的数据,中国、美国、英国、日本和德国五国的对外直接投资收益率分别为 4.30%、8.54%、7.20%、6.70% 和 5.80%,中国对外投资收益率仅仅是美国的一半,说明中国的投资效率比较低。

再者,中国的能源和资源消耗量大,利用率低下。中国工业经济联合会会长李毅中指出,我国工业增长仍然过度依赖于物质资源的投入,生态环境恶化的状况并未得到有效的遏制。2012 年,我国一次能源总消耗折

36.2亿吨标准煤,约占全球的21.3%,单位GDP能耗是国际平均水平的2倍,是发达国家的4倍。

联合国环境规划署的报告指出,中国经济的高速发展已经付出了巨大的代价:资源的快速枯竭和环境的大范围退化。30年来,中国已经从对矿物、化石燃料和其他原材料消耗不太多的国家发展成为全球第一大资源消耗国。中国2008年消耗的这些原材料多达226亿吨,几乎占全球消耗总量的1/3,远远高于1970年17亿吨的消耗量。与全球第二大资源消耗国美国相比,中国的资源消耗量是美国的4倍,而中国的GDP总量却比美国少很多,说明中国原材料的利用效率低,资源转化为经济增加值的能力弱。高能耗带来了环境问题,截至2012年年底,空气质量达标的大城市不足1/4,约三成的主要河流和六成的地下水受到污染。

为了促进经济可持续发展,避免债务危机爆发,中国必须改变政府投资主导经济发展的模式,发挥市场经济配置资源的主导作用,政府应尽快转型为服务型政府,全力以赴地做好公共服务。只有不断减轻企业和居民的负担,提高经济运行的效率,降低资金成本、资源成本、政府治理成本,才能在不增加资源消耗的情况下,提高经济发展质量,促进经济协调发展,并进而拉动内需,最终促使中国经济进入良性循环。

(三)中国经济不会发生巨大危机

债务危机可以分成两类:一类是发达国家的债务危机,一类则是由于投资过度造成的发展中国家的债务危机。在20世纪70年代到80年代期间,曾爆发过两次石油危机,西方大银行、贸易商在石油价格高涨之际赚取了大量财富。他们持有相当数量的美元,向发展中国家输入美元债务,诱导发展中国家以发展经济为由,向海外借债。随着美国不断加息,资金成本提高,导致负有大量美元债务的发展中国家无法偿还到期债务,导致债务危机的爆发,20世纪90年代东南亚国家的金融危机就是明显的例子。

就本次债务危机而言,部分国家在经济下滑、失业率升高、财政收入减少的情况下,缺乏有效的经济政策,只能通过借债来维持政府运作,甚至有些发达国家采取量化宽松的政策,大量发行货币(如日本、美国),来刺激经济增长。虽然短期内取得了较好的效果,工厂开工率上升、失业减少,但是造成了物价上涨、通货膨胀加剧,给居民生活,尤其是低收入居民生活带来了极大的影响。大量举债导致政府自身的危机,财政赤字不断扩大;大量发行货币又导致了资产价格的上涨,出现资产价格暴涨的泡沫。这两者共同作用,既加剧了债务危机,又加大了对主权债务信用的破坏。经过几十年才能消化完毕的美国赤字,随着危机的爆发,又越发严重。

中国在2008年之后进行了大规模投资,高铁、地铁、城际高速等大型项目纷纷上马,对拉动中国经济增长发挥了巨大作用,2009年中国经济开始复苏。但是这些项目都是依靠货币发行和增加债务实现的,而且需要持续不断地投入,会造成巨大的债务负担。

目前来看,中国经济增长结构失衡,国内消费增长缓慢,社会福利外流严重;产能过剩,生产效率低下,货币拉动经济的效力下降。随着经济结构调整政策的实施,调整经济结构、去除库存、采取稳健货币政策,必将带来短期的阵痛。

综合来看,中国目前的经济状况和地方债务问题还不会导致更大的危机,因为中国有其自身的优势。

一是中国外汇储备高,不会像历史上的韩国、泰国等因为本币贬值而陷入外债危机。中国超过3万亿美元的外汇储备是巨大的蓄水池和缓冲带。

二是中国地区经济发展层次分明,从沿海开放城市、内陆省会城市到中西部地区,具有宽广的纵深腹地,产业结构可以沿着这个纵深腹地转移,而不是像一些小国家,缺乏转移的腹地。

三是中国具有主导货币政策的权力,而欧盟国家(如希腊)等,受制于欧元的统一制约,无法主导本国的货币政策,当出现危机时,不能采取量化宽松的政策。

四是中国具有很高的储蓄率,财富的积累较多。中国的储蓄率是世界上最高的,超过了50%,高额的银行储蓄为经济发展提供了资本。

五是中国目前的社会福利较低,具有很大的增长空间,随着社会福利的提高,居民的安全感增强,会激发一部分民间资本进行投资,从而推动经济增长。

六是中国的消费层次较低,需要提升消费档次和质量。这种内在的消费需求，必然带来巨大的商机，促进经济结构的调整。

综上所述，中国的经济下滑只是国家主导下的经济结构调整带来的暂时性下滑，不会发生大的危机。在全球经济复苏的带动下和中国市场化程度提高、居民消费层次提升的影响下，经济结构调整到位后，中国经济会保持良好的发展态势。

第八章　大宗商品价格泡沫被戳破

美国次贷危机发生之后,全球资金出于避险要求,开始进入大宗商品领域,尤其是对贵金属的投资,使得贵金属价格开始了一轮超过 5 年的升势。2013 年以后,以黄金、白银为代表的贵金属价格出现了大幅度的暴跌,白银紧随其后,石油、粮食等的价格也步入下降通道。大宗商品价格的下跌,很可能是新一轮经济衰退的前奏,世界经济复苏因此蒙上了阴霾。

一、贵金属价格暴跌

美国次贷危机发生之后,全球资金出于避险要求,纷纷投资于贵金属领域,黄金、白银等的价格有了很大的涨幅。黄金期货价格从 2006 年的一盎司 400 多美元涨到 2011 年的 1 923 美元;白银、铜等其他金属的价格升幅同样可观。

黄金、白银等贵金属价格的上涨,代表着资金避险的需求。由于金融危机、经济危机引发了全球经济疲软,实体经济投资收益率下降,资金大量转移到能够避险的硬通货黄金、白银上,也是投资者理性的选择。然而黄金、白银毕竟不是货币本位币了,也不能当面包吃,当其价格远远超出其真实价值之后,贵金属泡沫不断膨胀,破裂是早晚的事情。只是没有想到 2013 年 4 月的暴跌来得那么突然,黄金期货价格在两天之内跌去 200 美元以上,跌幅达到 15% 。

当然从另外一个角度讲,贵金属价格的回归,可能是资金离场,到实体经济上寻找投资的预演。资金离开贵金属市场,进入实体经济,对经济发展提供资金支持,可以推动全球经济复苏,使全球经济进入健康发展的轨道。

自 2011 年开始,美国房地产市场开始复苏,部分地区的房价已经回到了次贷危机前的价格,道琼斯股票价格指数也在 2013 年 4 月超过

14 500 点,创造了历史新高,远远超过金融危机爆发前的 12 000 点。这似乎预示着,美国经济已经完全复苏,开始步入正常发展的轨道。

但是美国经济依旧缺乏亮点,经济复苏的最大动力来源于货币的超发,美联储推出的前三轮量化宽松操作,使美国国债总额高达 16 万亿美元,基本等于美国 GDP。美国国债与 GDP 的比接近 100%,这是一个非常高的比例,已经接近国家主权债务危机的警戒线。

(一)贵金属价格暴跌的原因到底是什么

黄金、白银等贵金属的价格暴跌,其根源是价格与它们的内在价值严重背离。历史上,黄金和白银都作为货币发行的储备货币,担当了重要的货币职能。因此,黄金、白银的价格在历史上保持了数百年稳定和缓慢的升势。

但是随着各国央行不再把贵金属作为储备货币,黄金、白银丧失了货币功能,主要用在首饰、装饰和工业上,而这方面的需求量是低于供应量的。2012 年,全球黄金供应量达到 4 453 吨,而需求量为 4 406 吨,黄金的供应略大于需求。在总需求中,首饰需求占 43%,金条和硬币占 29%,央行购金占 12%,工业用金占 10%,交易型开放式指数基金(ETF)占 6%。但是到了 2013 年,黄金的供求发生了巨大变化。2013 年,黄金供应量为 4 340 吨,较 2012 年减少 2.5%,黄金需求量为 3 756 吨,较 2012 年减少 14.8%。2013 年,黄金均价为 1 411 美元/盎司,较 2012 年下跌 15%。黄金价格下跌,需求量减少,黄金的魅力逐渐淡化。

从需求比例可以看到,黄金的投资需求占到了很大部分,而真正形成消耗的工业用金仅占 10%,大部分的黄金没有消失,只是以不同的形式存在。随着开采量的不断增加,世界黄金累积会越来越多,必然有一个集中释放的过程,这个释放,就会导致价格的下跌。

判断一种商品的价格高低,必须要同它的内在价值相联系。而一般商品的内在价值主要体现在使用价值上,像黄金这类贵金属,除了使用功能之外,还有投资功能和央行储备功能。如果把首饰需求和工业需求作为使用功能,它们的用量占到了总需求量的 53%,其他需求则是纯粹的投资,占到了接近一半。这是一个很大的量,投资总有退出的时候,当黄金投资准备退出时,就会发生价格的暴跌。就像历史上的郁金香事件、南海公司事件一样,在“击鼓传花”的过程中,最后接棒的人就成为受害者。

贵金属除了其可以长期保存的特性之外,同其他暴涨暴跌的交易产品是一样的。所以,如果一种商品的价格被炒作到远离价值的地步,其泡沫破裂是早晚的事。除非世界能够倒退到金本位的时代,以黄金作为日常使用的货币或者储备货币,恢复黄金的货币功能,否则黄金的价格很难出现大幅的上升。

(二)如何看待金属的价值

不论是黄金、白银等贵金属,还是铜、锌、铅等一般金属,它们存在并交易,必然有其价值,这个价值是价格的内因,外部市场需求和炒作是价格波动的主因。由于黄金和白银失去了本位币的职能,所以它们与铜、锌、铅一样,成为可以用于生产、消费的产品,只不过黄金的颜色比较诱人,可以成为一种奢侈品和佩戴物,满足人们攀比的心理和作为传家宝的需要。

另外,中国传统上金黄色代表着至高无上的皇权,黄金在历史上又长期充当本位币,体积小、重量大、价格高、便于携带、不容易腐蚀,所以黄金的价值一直很高。但是当皇权不在、本位币功能消退之后,黄金除了在心理上还能满足老一代人和保守居民的投资需要外,其他的价值已经不复存在。

要使黄金、白银等贵金属的价格长期保持上涨,维持一个很高的价格,是不可想象的。贵金属不会带来现金流量,使用功能有限,投资保值功能又逐渐消失,怎么可能维持高价呢?无怪乎股神巴菲特说:“未来100年,黄金收益远低于耕地和股权,黄金是只不会生蛋的鸡。”

二、农产品价格起伏较大

(一)饲料价格开始下降

近年来,豆粕、玉米等农产品价格受益于猪肉和禽类价格的上涨而呈现出过热状态,对食品价格上涨起到了推波助澜的作用。猪肉、禽类的成本中,饲料成本要占到70%左右,这是肉类成本中最大的一块。根据有关统计资料,饲料成本对肉类价格的影响达到28%左右,饲料价格上涨1元,就会导致肉类价格上涨0.28元。国内豆粕价格从每吨2 100元(2004年)上涨到每吨5 000元(2008年),上涨接近1.4倍。玉米价格从每吨1 100元(2004年)上涨到每吨1 900元(2009年),涨了72.7%。玉米和豆粕是猪和家禽的主要饲料，其价格上涨，导致猪肉价格不断攀升，从2004年的每千克7元左右涨到2011年的18元左右，上涨了1.6倍。猪肉价格的涨幅与豆粕价格的涨幅大致相同。

肉类价格的过快上涨影响了市场需求，同时随着绿色、环保消费观念日益影响人们生活，居民对绿色蔬菜、水果的消费量逐渐增加，加之禽流感、口蹄疫等事件的影响，肉类在食物中的比重开始下降，肉类、禽类的价格开始下滑。2014年4月，生猪价格跌到了每千克10元。养殖户的利润空间被压缩，迫使养殖户开始减少生猪的存栏数量，数量的减少导致对饲料的需求萎缩，饲料价格下滑成为必然。以山东省为例，2010年至2014年期间，生猪价格经历了从波谷到波峰，再到波谷的震荡，如图8－1所示。对豆粕和玉米等饲料的需求也不断变化，导致了饲料价格的波动幅度加大。

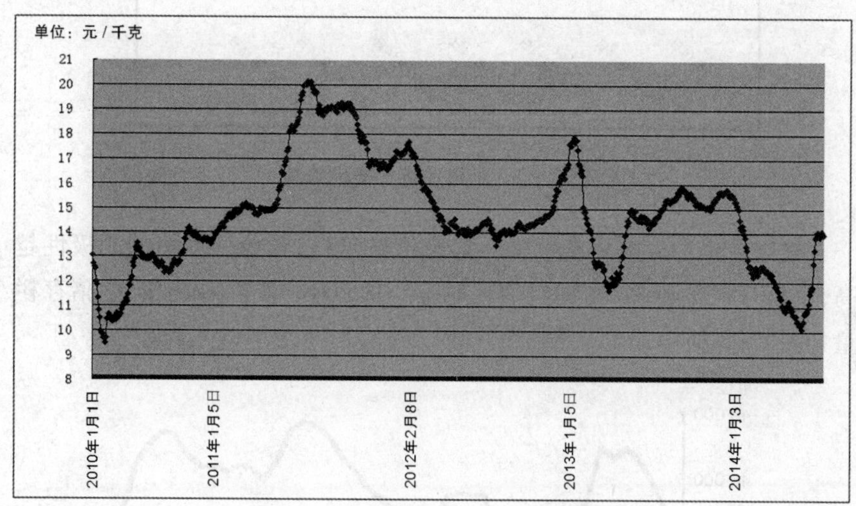

图8－1　山东省生猪价格趋势图

决定饲料价格的因素除了需求之外，还有生产成本。玉米、大豆等是饲料的主要成分，它们的价格波动直接决定了饲料成本。玉米、大豆等价格提高导致饲料的生产成本升高，饲料加工企业为了维持利润，必然会控制供应量，试图维持较高的市场价格。但是需求起到了决定性的作用，养殖户减少生猪、禽类的存栏量，必将减少对饲料的需求，长期下去，需求萎缩必然导致饲料生产厂家降低价格，将价格压力传导给玉米、大豆等，使这些农产品的价格随着市场需求的变化而波动。

我国豆粕的主要销售区域的豆粕价格随着猪肉价格的波动而波动，且存在一定的滞后期间。猪肉价格在2011年6月达到顶点，7、8、9月的生猪价格均维持在每千克19元。而豆粕价格则在2012年9月达到顶点，比猪肉价格的顶点滞后了1年多。豆粕现货价格走势如图8－2所示。

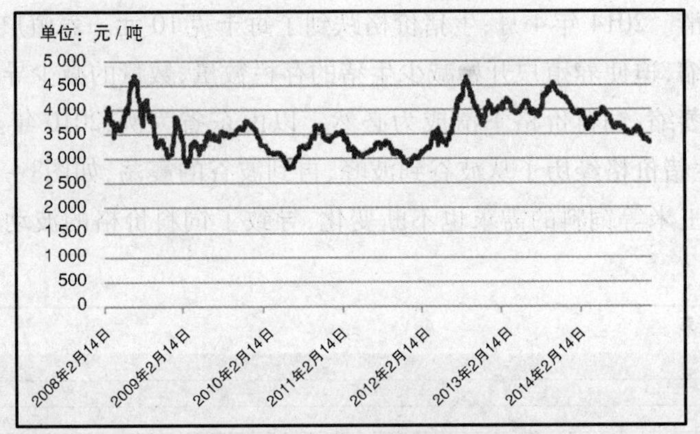

图8－2　豆粕现货价格走势图

猪肉价格会影响豆粕价格。猪肉价格越高，养殖户养猪的积极性越高，生猪存栏量越多，则饲料消耗越多。从2009年至2013年，生猪存栏量如图8－3所示。

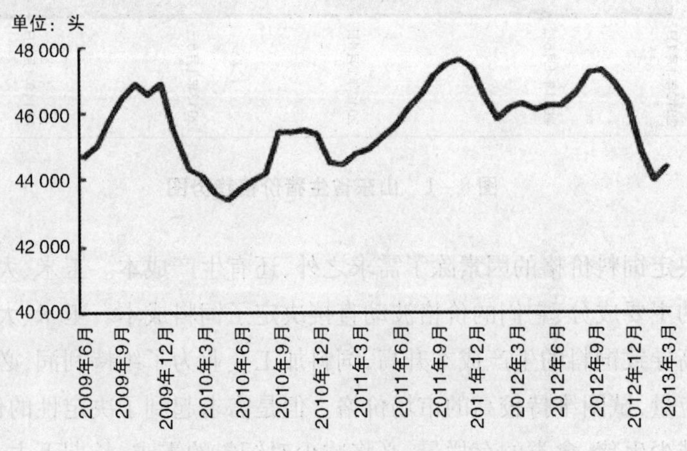

图8－3　2009年至2013年生猪存栏量走势图

进入2013年之后，不论是猪肉价格，还是生猪存栏量，均出现了大幅度下滑。而豆粕价格由于有滞后期，在2012年9月达到顶点后，仍然维持在每吨4 000元的高位，直到2014年上半年才开始下调。2013年与2014年前5个月豆粕现货价格对比如图8－4所示。

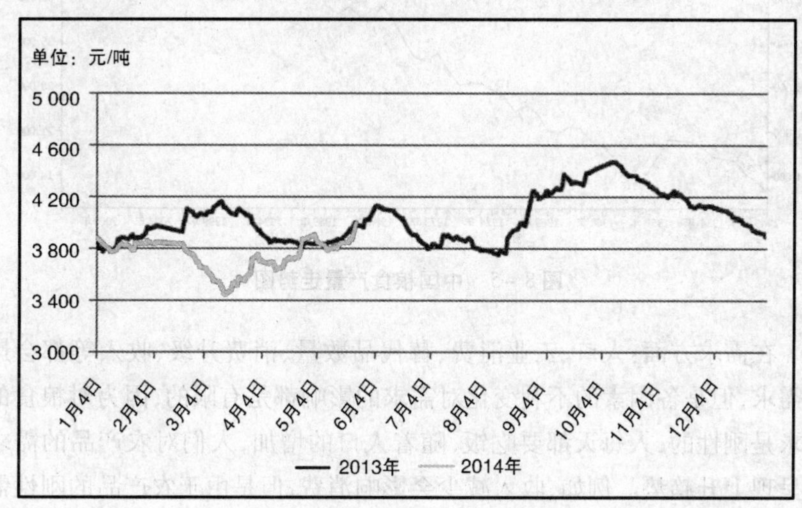

图8－4 2013年与2014年前5个月豆粕现货价格对比图

（二）农产品的供需状况

影响农产品价格的因素主要是供求两方面，而影响供给和需求的因素却是多元的。

在供给方面：天气、播种面积、土壤、人工、化肥、种子等都会对农产品的产量造成重大影响。例如，天气变化引发的自然灾害，导致农产品种植延期或者无法收割，都会造成大幅度减产，从而影响供应量，并最终影响价格。

中国的粮食产量一直稳定增长，从1949年的1.1亿吨上升到2013年的6亿吨，增长了近5倍。粮食生产和供应方面的工作非常充分，供应量逐年增长，缓解了价格上升的压力。具体粮食产量如图8－5所示。

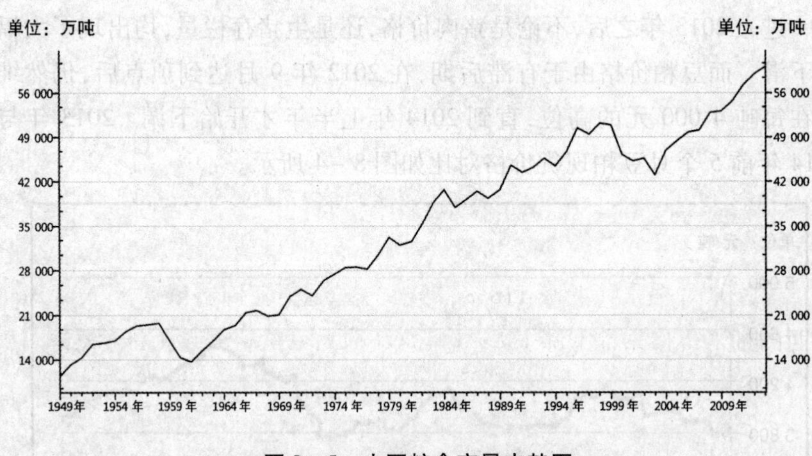

图 8－5　中国粮食产量走势图

在需求方面：人口、工业消费、替代品数量、消费升级、收入等都会影响需求，但是各因素的不利变化对需求的影响都是有限的，因为对粮食的需求是刚性的，人每天都要吃饭，随着人口的增加，人们对农产品的需求会呈现上升趋势。例如，收入减少会影响消费，但是由于农产品的刚性需求，需求不会呈现断崖式的跳水，当然突发事件除外，例如某种作物里面发现了毒性物质，人们放弃了消费，如喂剧毒农药“神农丹”的生姜、含“苏丹红”的鸭蛋、致癌辣椒等。

总体来说，人均占有粮食量呈现上升趋势，如图 8－6 所示。

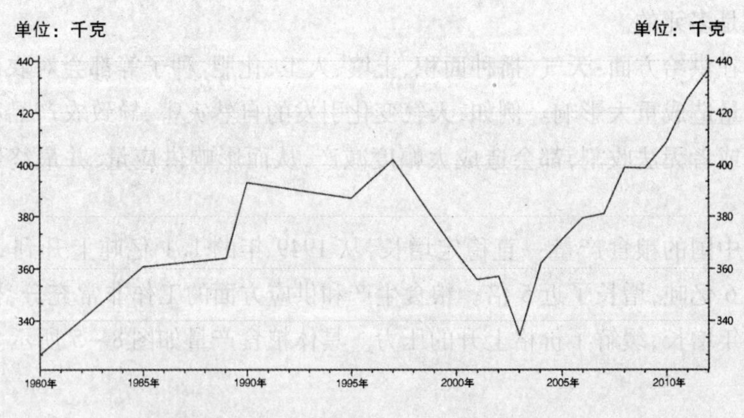

图 8－6　中国人均占有粮食量走势图

中国人均占有粮食量从 2003 年开始逐年上升，由 2003 年的人均 334

千克，上升到2012年的436千克，增长了100千克以上。人均占有量的增加，可以促使人们从原来以主粮消费为主的消费模式，变成以主粮为辅，以蔬菜、肉类为主的消费模式，不断增加肉类、蔬菜的消费比例，提高消费层次。

（三）粮食价格长期来看会不断走高

2001年至2012年的12年，我国粮食价格呈现缓慢上升趋势。例如：吉林的玉米价格累计上涨118%；河南的普通小麦价格累计上涨102%；江西的籼米价格累计上涨138%；黑龙江的大豆价格累计上涨127%。10多年的时间，粮食价格普遍翻一番多，有物价上涨、消费水平提高等原因，但是需求量不断增加是主要原因。人们对肉类、蛋类、奶类的需求增加会导致生猪、禽类、奶牛等的饲养量不断增加，提高了对粮食的需求量，而物价上涨引发的化肥、农药等的成本上涨，也是粮食价格上涨的原因之一。

进入2013年以来，粮食价格出现了较大幅度的波动，其中有政策原因，例如，党中央的“群众路线教育实践活动”开展后，高档宴请、餐桌上的浪费减少了，而这部分浪费高达2 000亿元（中央电视台公益广告），消除这部分浪费相当于在消费终端减少了2 000亿元的需求，对粮食、其他农产品和畜牧产品的价格会产生暂时性的影响。中国农产品批发价格指数走势如图8－7所示。

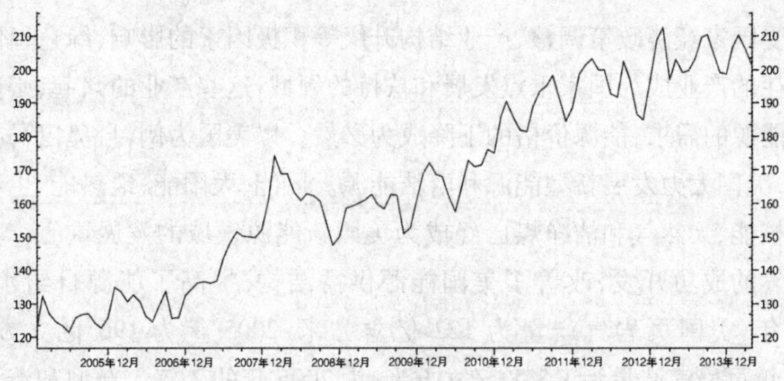

图8－7　中国农产品批发价格指数走势图

由于粮食供应和价格关系到国计民生，所以必须保持价格稳定、产量不断增长。除了国家采取加大科技投入，提供化肥、农药补贴，提高粮食收购价，保障种植面积等措施保障粮食供给之外，还应该在减少需求方面下功夫。前一段时间我国奢侈风气导致饭桌上的浪费日益严重,酒类品牌层出不穷,大量的粮食用于酒类的酿造。如果能够控制住浪费的粮食消耗,尽量满足正常的生活需要,维持粮食的供需平衡,则粮食价格的上涨是可以控制的。但是从经济发展的另外一个角度看,粗放型的工业化和城镇化不可避免地要侵占耕地,18 亿亩的红线(全国耕地总数目要至少保持在 18 亿亩以上)一定要守住,万一守不住,粮食自给自足的能力将下降,粮食供应将依靠国外提供,对国内粮食价格的影响将是巨大的。

三、能源产品的价格回归

(一)能源需求从高位下滑

能源价格,尤其是石油价格,自从达到每桶 148 美元的历史高点后,再也没有向上突破过,只是徘徊在 100 美元左右。

全球经济增速放缓,必然导致对石油的需求减少,加之美元缓慢升值,以美元标价的石油等能源产品的价格出现下滑趋势。

在中国,由于经济增长速度依然维持在 7.5% 以上的高位,加之能源利用效率不高、浪费较大,经济增长对能源需求的拉动作用非常突出,石油、煤炭等大宗能源物资的消耗量居于世界前列,导致国内能源价格保持在高位。

受国家经济政策调整、产业结构升级等积极因素的影响,绿色、环保、低能耗的产业成为国家重点发展和扶持的领域,这些产业的兴起,必然减少对能源的需求,能源价格的下降成为必然。以美国为例,自奥巴马执政以来,美国大力发展新型能源和清洁能源。风能、太阳能、地热能、生物能以及核能、天然气和洁净煤已经成为美国新能源领域的发展重心。美国页岩气的成功开发,改善了美国能源供需结构,提高了能源自给水平。2000 年,美国页岩气产量为 122 亿立方米,2005 年为 196 亿立方米。2010 年页岩气产量为 1 378 亿立方米,为 2005 年的 7 倍。新型和清洁能源的发展,使美国逐渐摆脱对外石油依赖,特别是对中东石油的依赖,加快实现“能源独立”。美国能源自给率逐渐提升,并在 2011 年达到 81%,这是自 1992 年以来的最高值。美国曾经是全球最大的能源需求国,现在其对外能源依存度不断下降,降低了对石油的需求量,从而影响石油价格。

对于中国来讲,近年来新型能源的蓬勃兴起,如核能发电、风力发电、太阳能发电等,也在一定程度上缓解了能源供应紧张趋势。但是新型能源所占的比例过低,短期内不可能替代煤炭、石油等常规能源,尤其在中国这样一个以煤炭、石油消耗为主的大国,受地理位置、天气等因素影响,风力发电、太阳能发电等短期内规模有限,还是要依靠传统能源,因此传统能源价格短期内不会出现大幅的下降。但是随着新型能源的开发和利用技术的提高,在能源结构中所占的比例不断增加,传统能源价格会出现缓慢的下降趋势。

(二)局部不稳定影响能源价格波动

中东地区局势时好时坏,周边局势对这些产油国出口的影响非常大,这种情况下,石油价格波动就非常剧烈。世界的主要产油国中,沙特阿拉伯、伊朗、科威特、阿联酋、伊拉克等都在中东地区,近年来由于各种势力对中东地区的插手,整个地区一直动荡不安。

中东地区的石油储量居世界首位。沙特阿拉伯已探明的石油储量为362 亿吨(2 642 亿桶),居世界首位;伊拉克已探明的石油储量从先前的1 150 亿桶升至 1 431 亿桶;伊朗已探明的石油储量为 1 545. 8 亿桶。这个地区的政治和社会动荡对石油生产和运输的影响极大。

四、部分“金砖”的“熔化”

(一)金砖国家面临共同的困扰

高盛公司于 2003 年 10 月发表了题目为“与 BRICS 一起梦想”的全球经济报告,这之中的“BIRCS”即指金砖国家。在这份报告中,高盛公司预言,到 2050 年,世界新六大经济体将为中国、美国、印度、日本、巴西、俄罗斯。“BRIC”是由巴西、俄罗斯、印度和中国的英文首字母组成的,因为该词与英文中的“砖(Brick)”很是相近,所以这四国被称为金砖四国。2010 年 12 月,中国作为金砖四国合作机制轮值主席国,与巴西、俄罗斯、印度共同决定将南非纳入金砖国家合作机制,金砖四国变为金砖国家。

金砖国家在应对这次金融危机中表现抢眼。当其他国家经济下滑、债务缠身的时候,它们保持了高增长。2008 年,正当全球金融危机开始爆发时,金砖国家的经济增长率是:中国为 9%,印度为 7. 3%,俄罗斯为6%,巴西为 5. 2%,南非为 3. 1%。

但是到了2012年,金砖国家的经济增长出现了不同程度的下滑,其经济增长率是:中国为7.8%,印度为5.4%,俄罗斯为3.6%,巴西为1.3%,南非为2.6%。

与此同时,美国的经济增长开始恢复,其经济增长率从2008年的接近零上升到2010年的2.85%、2012年的2.2%。欧盟的经济增长率也从-1.8%开始恢复到零以上。

虽然从经济增长率的绝对数字看,金砖国家的增长速度远远高于欧盟和美国,仍然居世界前列,但是都出现了不同程度的疲态,都受到几乎是共同的特点的影响。这些共同的特点主要包括(但是不限于):高房价、高物价、高货币发行、高债务、高能源消耗、较大的收入差距、较低的社会消费水平,以及较低的绝对收入、较低的社会福利、较低的医疗条件、较低的信息透明度、较模糊的经济发展新模式、较高的居民储蓄率等。

《纽约时报》报道了新德里的房地产状况:

阿日塔舍尔吉大街38号那栋褪色的平房并不会让你感到眼前一亮。

这里并没有网球场、无边界泳池和步入式衣帽间。部分油漆已脱落,卫生间潮气重,屋顶有水渍。这栋房子还可能最终会被推倒。然而,当它在一场公开拍卖会上出售时,中标价格却接近2 900万美元,很多邻居还认为这很便宜。一个街区以外,一栋豪华的宅邸,一度由墨西哥大使承租,如今据说在市场上开价超过1亿美元。其他附近的房子也都在4 000万到7 000万美元之间。

葡萄牙驻印度大使若热·罗扎·德奥利韦拉(Jorge Roza de Oliveira)说:"那栋墨西哥使馆的房子售价是1.1亿美元。有那么多钱,你可以在纽约、迈阿密、里斯本和伦敦各买一所房子,还能剩下很多钱。新德里中心地带的房子,特别是那些将近100年前英属印度时期建造的单层别墅,已经进入世界最贵豪宅之列。虽然印度的经济发展已放缓,但是对高端地段房产的需求依然如此强劲,甚至在这些地区找一栋在售的房子都不容易:不存在正式的房源列表;价格通常靠人们口头传播;交易一般涉及一些黑钱,即为了避税私下进行大额现金交易。"

花这些钱,买家能得到一块好地皮和一段历史,虽然也许没有好的室内设施,很多房子都需要大修。各种服务在这些高端地段即使要好得多,也还远远不够:自来水不能直接饮用,断电还是会常常发生。在这个国家,仍有上亿人口每天的收入少于2美元。面对如此高的房价,最明显的问题当然是为什么。

从很大程度上来说,印度正经历着大型新兴经济体常见的房地产繁荣发展期。当日本经济在20世纪80年代飞速发展时,东京的房价充满泡沫,845英亩(约合342万平方米)的天皇皇居小区的估价一度超过了整个加利福尼亚州的房产。而抬高新德里房价的还有人的自大心理、地位以及印度经济独有的扭曲。在首都这处人称"鲁琴斯新德里"的树荫最多、最尊贵的地区,少有住宅出售,因为这里的房屋多数供政府官员居住。有权势的部长们住在英属印度时期建造的单层别墅中,壮观的草坪面积达几英亩;级别低一些的官员也有资格获得不同等级的政府住宅。在新德里,许多人住在拥挤的贫民窟或棚屋里,官员们的生活区是这座混乱城市中的绿洲,基本与其他地区隔绝。

高房价是金砖国家面临的共同敌人,各国政府纷纷制定了措施来限制房价上涨,但是很难起作用,这也是发展中国家经济快速增长的过程必然带来的经济现象。也许当这些国家真正消除了城乡差距、不同区域之间的差距的时候,人们不再留恋新德里、莫斯科、北京、巴西利亚、开普敦的时候,房价会趋于成熟、趋于平稳。

(二)通货膨胀与"金砖"的"熔化"

根据社会科学文献出版社出版的《新兴经济体蓝皮书·金砖国家发展报告(2013):转型与崛起》的数据:2012年,金砖国家的通货膨胀率比上年有所上升。2012年,国家统计局数据显示,中国居民消费品价格同比上涨2.6%;俄罗斯消费品价格同比上涨6.6%;南非消费者物价指数同比上涨6%左右;印度通货膨胀率为7%,个别月份达到9%以上;巴西综合消费价格指数同比上涨5.84%,略低于2011年。

通货膨胀的高涨,必然带来很多不利后果,导致居民福利流失。但是从另外一个层面看,通货膨胀也有其好处。通货膨胀至少给政府带来三项好处:

其一,为政府提供了融资。

政府多印了一批钱,并用它修了一条路。结果没有人因此而多纳税,工人们还得到了工资,以前没路的地方多出了一条路,似乎谁也没有因此

而减少什么，那到底是谁为这条路埋了单呢？

所有手上持有货币的人，都为这条路埋了单。

新增的货币进入了流通领域，从工人的手中转入卖出商品的零售商手中，又转入其他人手中，从而使物价的上涨得到维持。

上涨的物价意味着人们原来手上持有的钱现在只能买到比原来更少的东西了。

其二，为政府增加了税收。

由于通货膨胀的存在，人们的名义收入也在不断增长。以前不够纳税资格的人，现在也必须纳税了；以前以5%的税率缴纳个人所得税的人，现在要以10%的税率缴纳个人所得税了。名义收入增长，实际购买力没有相应增长，税收却增加了。

其三，替政府偿还了部分国债。

如果你在1999年以100元的价格买入一张10年期的面值为100元的国债，利率为5%，那么10年后你能拿到150元。但1999年100元的购买力，在10年后需要400元才能达到。这还不算你要缴纳的所得税。

1999年政府收入为100亿元，国债占一亿分之一，10年后政府收入为400亿元，国债只占四亿分之一。通货膨胀相当于减少了政府的债务，替政府偿还了部分债务。

所以，保持适度的通货膨胀率，例如3%，既可以刺激消费，又能带来税收、还债上的好处，所以很多国家都将把通货膨胀率控制在3%作为目标，而不是消灭通货膨胀。

长期的高通货膨胀率带来的不良后果是显而易见的，通货膨胀之下各类商品价格上涨，人们为了实现货币保值，更加愿意购买房地产、黄金、钻石等商品，推动价格进一步上涨；而普通居民的实际购买力下降，消费能力下降，经济下滑；为了偿还债务，政府开始超发货币，新货币的发行和流通导致资金泛滥，又会引发新的资源类、房地产类、贵金属类商品的价格上涨，拉动物价上涨。

对于部分金砖国家而言，通货膨胀是“熔炉”，货币超发是“火焰”，“金砖”的“熔化”是必然的。不过，“金砖”即使“熔化”了，也仍然是“金子”，虽然不那么闪亮夺目了，但是内在价值依然没变。

第九章　全球经济复苏的曙光

2009 年 6 月 16 日，金砖四国的领导人在俄罗斯的叶卡捷琳堡举行首次正式会晤。中国前国家主席胡锦涛表示：目前，世界经济正经历罕见的严峻挑战。积极应对国际金融危机、推动恢复世界经济增长，是摆在我们四国和世界各国面前的重大课题。因此，为应对国际金融危机冲击、保持经济平稳较快发展，中国果断实施积极的财政政策和适度宽松的货币政策，形成了进一步扩大内需、促进经济平稳较快发展的一揽子计划。现在，这些措施已取得初步成效，呈现出积极迹象。在面临巨大困难的形势下，中国保持人民币汇率基本稳定，同有关国家和地区签署总额达 6 500 亿元人民币的双边货币互换协议，积极参与国际金融公司贸易融资计划，支持国际货币基金组织增资。中国为应对国际金融危机冲击采取的一系列举措不仅对本国经济，而且对区域经济乃至世界经济都将产生积极影响。

一、复苏中的世界经济

（一）世界经济出现曙光

1. 跌宕起伏的 2010 年

在 2009 年世界经济稳固回升的基础上，2010 年第一季度，全球经济体都实现了正增长，充分显示出了经济复苏的迹象。可是好景不长，巨额财政赤字使得各国经济雪上加霜。2010 年第二季度，新兴市场加大货币政策的紧缩力度，致使欧洲债务危机升级，同时，美国消费增长复苏减弱，整体来看，全球经济复苏势头有所减弱。2010 年第三季度，在持续宽松政策的支持下，美国经济疲弱复苏，欧洲和日本复苏势头减缓，新兴市场较快增长，金融市场一度反弹，全球经济并未出现二次探底。2010 年第四季度，爱尔兰出现债务危机，美联储继续实施量化宽松货币政策，这些都成为世界各国的关注重点。

2. 缓慢复苏的2011年

2011年,在中国和美国经济复苏的带动下,各国经济出现了好转。2011年第一季度,全球经济走上了实质性复苏之路,但金融市场因埃及局势动荡、联合国制裁利比亚等突发事件的影响而出现了波动,国际资本开始流出新兴市场,各国政策保持持续分化。2011年第二季度,受到国际油价高涨、日本大地震和欧洲债务危机等风险因素的影响,全球经济出现滞胀隐忧,金融动荡进一步加剧。虽然世界经济在2011年上半年出现了相对平稳的发展态势,但是整体增长速度明显放缓,尤其是发达经济体的经济增长减速趋势非常明显。2011年第三季度,全球经济增长平稳,中国GDP同比增长9.7%,美国增长3.7%。2011年第四季度,欧洲债务危机持续恶化,部分新兴经济体加大紧缩性货币政策的力度。

3. 复苏面临通胀的2012年

2012年,世界经济经历了经济回升的"甜蜜时光",金融市场持续反弹,其中美国股市可谓牛气冲天。由于欧洲债务危机、美国第三轮量化宽松货币政策、原油价格波动等一系列不确定因素的影响,全球经济复苏仍然非常脆弱,世界各大经济体依然处在是继续维持货币宽松甚至进一步放松,还是开始考虑退出的十字路口。在2012年年底,由于受到部分国家经济政策调整的影响,全球通货膨胀出现了反弹。通货膨胀成为约束全球经济复苏的重要压力,各个国家不得不面对前期货币宽松政策带来的货币泛滥以及通货膨胀给居民生活带来的压力。

4. 曙光出现的2013年

2013年,经济合作与发展组织在《经济展望报告》中指出,如果不发生重大事件拖累世界经济,发达经济体将延续宽松的货币政策,并在资本市场形势得到改善和市场信心逐步恢复的情况下实现复苏。在2013年,美国经济开始温和增长;日本经济低水平增速加快;在欧洲,各国经济增长出现不平衡,德国经济显著增长,而其他欧元区国家经济增速缓慢或出现负增长。可见,要实现经济的显著复苏还需时日。而在新兴市场经济体中,中国经济增速仍位居榜首,2013年GDP增长率达到了7.7%。

(二)复苏中的经济指标

1. 全球股市起伏较大

在2010年上半年,全球主要股指大幅震荡,平均跌幅达到9.5%;到了2010年下半年,部分股指开始恢复性上涨。

美国股市在2009年3月达到谷底6 547点,比金融危机发生前下跌了近50%,之后开始反转上升。2009年,道琼斯工业指数由6 547点上涨到10 428点。2010年,道琼斯工业指数震荡幅度加大,但是全年仍然上涨,从10 428点上升到11 577点。2011年,波动较大,上半年涨幅较大,下半年下跌,呈现先扬后抑的局面,最终收于12 217点。2012年,仍然呈现震荡态势,收于13 104点。股票指数基本恢复到金融危机发生前的水平。2013年,道琼斯工业指数大幅上涨并且屡创新高,最终收于16 576点,为历史最高水平。进入2014年后,道琼斯工业指数在高位徘徊,又创出了历史新高16 735点,其间虽有调整,但是均保持在15 000点之上,反映出投资者对未来企业盈利水平、经济发展状况非常乐观。2015年3月,道琼斯工业指数达到18 000点。

图9-1　美国道琼斯指数

而且,美国宽松的货币政策正在逐渐退出,股票指数仍然保持高位,说明美国未来经济发展的预期非常好。前期的宽松的货币政策所导致的货币投放过多带来的通货膨胀,会随着宽松的货币政策的退出而逐渐削弱,股票的周期性上升趋势将持续跟进。

2. 原油价格持续上涨后大跌

自2008年7月国际原油价格突破了每桶140美元,创下1983年以来原油期货交易的最高纪录以后,到2008年12月,原油价格降到每桶40美元以下,呈现高台跳水状态。在2009年中,原油价格在震荡中逐步攀升。纵观2010年,国际原油价格基本上呈现宽幅震荡态势。2011年上半年，原油价格大幅度上涨，下半年保持在每桶 100 ~ 117 美元之间不断震荡。仅从 2012 年第一季度来看，国际原油价格不断上涨，除了 3 月有小幅回落外，已经突破每桶 120 美元，但是在 2012 年的后几个季度，国际原油价格整体呈现下降的趋势。

经过 2012 年年末的一段持续下跌，在 2013 年年初，国际原油市场开始走出快速上涨的行情。美国国会达成的迷你版财政预算协议、美国和中国经济数据的总体向好、欧洲和日本经济衰退的减缓以及中东地缘政治局势紧张等因素对国际原油价格提供了明显的支撑。2013 年，纽约轻质原油价格基本保持在每桶 90 美元之上，最终收于每桶 97 美元。

2014 年 7 月以来，国际油价出现断崖式下跌。2015 年 4 月 16 日，纽约轻质原油价格为每桶 56.71 美元。

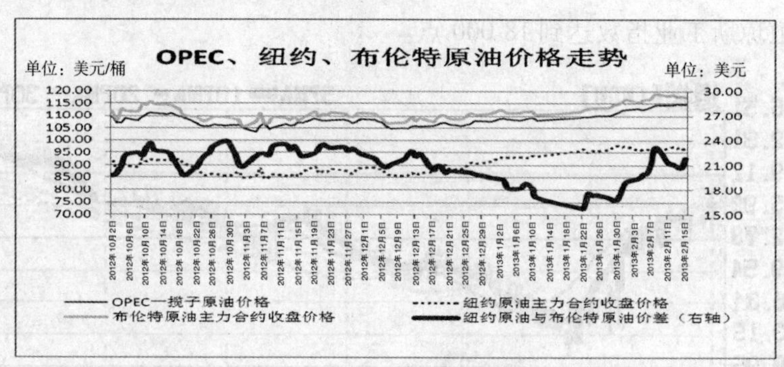

图 9－2　国际原油价格走势

3. 黄金价格高位回落

投资黄金主要是为了保值，尤其在经济风险较大的时候，黄金的保值作用会增强。但是当经济复苏和上涨时，进行黄金投资就不合时宜了。

自 2008 年以来，东欧国家货币大幅贬值，导致国际资本转投美国国债和贵金属市场，促使黄金价格开始出现大幅反弹。从 2010 年开始，受到个人和机构投资者避险情绪和保守型偏好的影响，国际市场黄金价格开始持续走高。到 2011 年上半年，国际黄金价格受中东、北非的地缘政治及日本大地震的相关影响，以较为温和的方式震荡上行。2011 年 8 月初开始，全球股市大幅度下挫，促使个人和机构投资者的避险需求增多，进一步推动黄金价格的大幅上涨；直到 2011 年第四季度，由于外部环境的激烈变化，国际黄金价格才开始逐渐震荡下行，创下了 1 522 美元/盎司的新低。自2012年第一季度开始,国际黄金价格从2011年年末的跌势中逐渐恢复过来,再次重抬升势,黄金整体涨幅为6.99%。但是好景不长,在2013年第一季度,美联储会议纪要的公布打击了市场情绪,黄金价格大幅下跌,最低试探至1 550美元/盎司;进入2013年第二季度,黄金价格继续暴跌,最低曾跌破1 300美元/盎司。在这样的情况下,出现了很有意思的一幕,我国很多"大妈"在发现黄金价格持续走低后,开始疯狂抢购黄金,《华尔街日报》专门报道说,"中国大妈"战胜了华尔街投资者,推动了黄金价格上涨,黄金价格从1 300美元/盎司上涨到1 420美元/盎司。但是随着美国经济复苏以及美元升值,黄金价格再次下跌。2015年4月时,黄金价格在1 200美元/盎司左右上下波动。

图9-3 黄金期货结算价格走势

4. 美元指数开始走强

在2008年9月至2009年3月间,受个人和机构投资者的市场避险倾向影响,美元指数一路上涨至90.00附近。从2009年3月至2009年年底,美元指数呈现下降态势,至74.00附近。2010年上半年,受希腊债务危机对欧元的不利影响,美元被迫升值,在2010年6月美元指数达到88.70。2010年下半年开始,欧元区的债务危机逐渐放缓,美国经济出现了疲软的态势,美元指数开始一路下滑。2011年1月至4月,受利差因素和避险情绪的不利影响,美元指数单边下跌,最高81.31,最低72.70。从2011年5月开始至8月初,美元指数保持回稳,维持区间震荡格局,在73.40~76.00内震荡。总体来看,2011年下半年,由于全球出现美元紧缺,美元指数开始走强。进入 2012 年,美元指数保持谨慎震荡,在 80 附近进行波动。进入 2013 年,美元指数从 2 月触底之后,开始逐步反弹,一路攀升;在 5 月 17 日,触及 2010 年 7 月以来的最高点,达到 84.356,之后一直维持在 80 以上。进入 2014 年,美元指数开始走弱,跌破 80。随着宽松的货币政策的逐渐退出,美联储的新掌门人耶伦逐渐赢取了市场的信任,美联储政策的连续性也得到贯彻,美元指数逐渐趋于强势。2015 年 4 月,美元指数已在 97 左右。

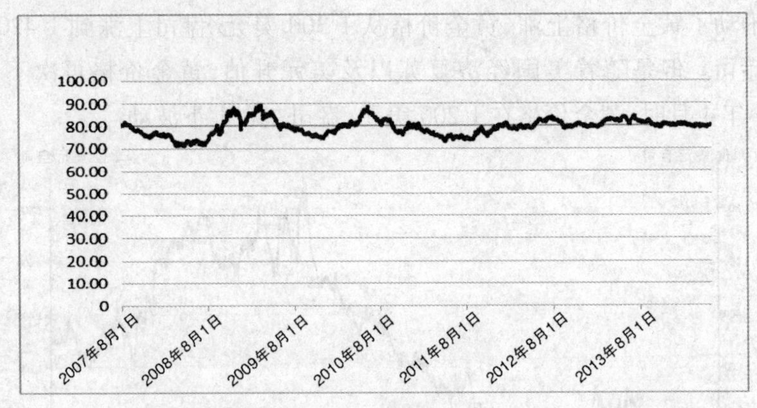

图 9-4　美元指数

（三）怎样消除滞胀

经济危机后,各国经济各有各的特点。有的国家因为债务危机而采取了紧缩政策,从而步入经济衰退;有的国家因为经济下滑而采取宽松政策,而导致通货膨胀;有的国家在面临高通货膨胀的同时,经济面临下滑趋势。甚至在各个国家内部的不同地区,经济也出现了分化。因此,治理经济危机面临着更大的困难。针对经济增长减速与通货膨胀并存的滞胀状态,有以下两种治理途径:

1. 财政政策和货币政策分头行动

第一种方式是宽松的财政政策辅之以紧缩的货币政策,即通过减少税收、扩大政府开支、鼓励投资和消费来消除危机和失业,同时又要严格控制货币供应量,防止通货膨胀加剧。

此种方式适合于国家财力强大、政府债务负担轻、财政盈余较多、收入稳定的国家或者地区,如中国、印度等。

第二种方式是宽松的货币政策辅之以紧缩的财政政策，即通过扩大信贷、增加货币供应量来降低利率，努力鼓励投资，同时又缩小政府开支，稳定物价。

此种方式适合于政府债务负担较重，财政赤字较大，政府收入较少、开支较大的国家或者地区，如希腊、冰岛、美国等。

2. 财政政策和货币政策精确配合

财政政策和货币政策的精确配合，要求针对个别市场和个别部门的具体情况，制定出有区别的财政、货币政策，既解决市场需求量的个别问题，又不影响整个市场态势。例如中国的经济结构调整政策，产业、区域发展支持政策，收入倍增计划等。

此种方式适合于政府主导力量强的国家或者地区。

二、复苏中的美国经济

（一）金融危机的起源

进入21世纪之后，美国率先发生经济危机有其内在原因：

一是作为全球最大的发达国家，美国过度关注金融创新，以房地产作为抵押物发放贷款，又将贷款打包分层后，变成债券对外发行，围绕债券又出现了债券违约保险等虚拟金融产品。100万元的住房抵押贷款，经过多次放大和虚拟后，出现了至少6倍的虚拟金融资产。价值是未来现金流量的折现，100万元住房抵押贷款的价值，就是贷款者每年缴付的贷款本息的折现。按照2000年至2006年间美国房地产贷款的利率6%测算，10年期100万元的贷款，每年需要偿还的本息合计为13.59万元，每年平均支付的利息是6万元。100万元资金的成本或者盈利是6万元，收益率为6%。当100万元被放大到600万元时，其利润来源仍然是贷款者每年支付的本息，6%的利息被600万元瓜分，资金的收益率大幅下降，导致投资者盈利能力下降。这就像一个博傻游戏，同历史上的郁金香泡沫类似。

金融过度创新如果缺乏实质现金流量的支持，必然会成为泡沫，是泡沫就必然会破裂，这是自然规律，不以人的意志为转移。

二是美国产业空心化造成了实业外移。由于美国国内人工成本上升、环境保护力度和成本加大以及国内消费稳定但缺乏大幅度增长，美国众多企业纷纷在外国建立工厂，利用国外廉价的劳动力和环境保护的漏洞，并利用发展中国家庞大的消费市场，取得了非常好的效益。在中国，苹果电脑与富士通的合作就是典型的产业转移的例子。但是实业外移造成了美国国内实体产业扩大生产能力、就业、投资等方面的动力不足，产业空心化还造成了人们热衷于通过虚拟金融投资等赚钱，而不是通过劳动赚钱，人们的心态发生了变化，长此以往，游手好闲、不劳而获、奢侈浪费现象增多，而按劳取酬、勤俭持家的人可能成为社会的底层。这就颠倒了社会分配和社会价值观，必然带来巨大的灾难。

三是华尔街精神过度膨胀。华尔街的一些精英们通过创业基金、风险投资等的支持，可以将很好的想法变成现实，并通过上市来获得巨大的回报。例如，微软、苹果、Yahoo、Facebook 等，可以说华尔街创造和培养了一大批世界知名的企业。然而，在无限风光的背后，却是一些华尔街精英的尔虞我诈、不择手段，为了个人私利而损害投资者和公众股东的利益。企业高管们动辄几百万、上千万、近亿元的年薪，以及奢华的办公场所和巨额的公共开支，拉开了与普通员工的差距。

以美国国际集团为例，2008 年 9 月，陷入经营困境的全球第一大保险商美国国际集团在接受政府 1 700 亿美元的救助资金后，给 418 名雇员发的 2008 年度奖金高达 2.18 亿美元，其中包括已经离职的 52 人（3 360 万美元）。此外，几乎全部金融产品部门的人都拿到了奖金，他们正是致使美国国际集团 2008 年陷入危机的罪魁祸首。有 73 名美国国际集团的高级员工每人拿到的奖金超过 100 万美元，其中 5 人的奖金更是超过 400 万美元。美国国际集团的公告显示，2008 年亏损 993 亿美元。截至 2009 年 2 月 27 日，美国国际集团收盘价为 42 美分，而一年前其股价为 49.5 美元，市值跌去了 99%。美国国际集团爆出的“奖金门”事件，引来美国各界猛烈抨击。美国总统奥巴马痛斥美国国际集团向其高管发放巨额奖金的做法，要求美国财政部采取一切合法手段，阻止美国国际集团发放这笔奖金。

由于华尔街的一些精英丧失了市场经济的道德底线，假设政府缺乏有效的监管，导致一些高管为了完成业绩获取巨额奖金而不择手段，并逐渐丧失了企业家精神，将社会责任和公众义务抛之脑后，将华尔街引向了“唯利是图、业绩至上”的歧途，从而带来了巨大的灾难。

四是美国国内政治斗争尖锐。美国的共和党、民主党两大党派在斗争过程中常常忽略国家利益、人民利益，而且两大党派之间的矛盾日益尖锐，为了奥巴马总统提出的医改法案，争斗了多年还无结果，甚至绑架了政府，以预算案为要挟迫使美国政府在2013 年关门两周，成为 2013 年全球一大闹剧。

美国两大政党的斗争由来已久，起因是执政立场和代表的利益群体的根本对立，这种对立暂时是无法消除的。政党由于所持政见不同，经济立场不同，形成相互之间的竞争，这在一定程度上阻碍了经济的复苏。

（二）美国经济复苏状况

美国的 GDP 在 2009 年跌入低谷，全年为 144 179 亿美元，比 2008 年148 336 亿美元减少了 4 157 亿美元，经济陷入衰退。2010 年，美国经济恢复增长，GDP 达到 147 994 亿美元（按照不变价计算）。2012 年、2013 年美国经济小幅增长，分别增长了 2.8% 和 1.9%，2013 年美国的 GDP 达 157 613 亿美元。美国 GDP 情况如表 9－1 所示。

表 9－1　　美国 GDP 情况（1960 年至 2013 年）　　单位：十亿美元

年份	GDP	年份	GDP
1960	3 105.80	1987	8 123.90
1961	3 185.10	1988	8 465.40
1962	3 379.90	1989	8 777.00
1963	3 527.10	1990	8 945.40
1964	3 730.50	1991	8 938.90
1965	3 972.90	1992	9 256.70
1966	4 234.90	1993	9 510.80
1967	4 351.20	1994	9 894.70
1968	4 564.70	1995	10 163.70
1969	4 707.90	1996	10 549.50
1970	4 717.70	1997	11 022.90
1971	4 873.00	1998	11 513.40
1972	5 128.80	1999	12 071.40
1973	5 418.20	2000	12 565.20

续表

年份	GDP	年份	GDP
1974	5 390.20	2001	12 684.40
1975	5 379.50	2002	12 909.70
1976	5 669.30	2003	13 270.00
1977	5 930.60	2004	13 774.00
1978	6 260.40	2005	14 235.60
1979	6 459.20	2006	14 615.20
1980	6 443.40	2007	14 876.80
1981	6 610.60	2008	14 833.60
1982	6 484.30	2009	14 417.90
1983	6 784.70	2010	14 779.40
1984	7 277.20	2011	15 052.40
1985	7 585.70	2012	15 470.70
1986	7 852.10	2013	15 761.30

美国1930年至2013年间的GDP增长率如图9－5所示。可以看出，美国自20世纪40年代中期开始，经济就陷入了低速增长，年均增长率基本维持在4%左右。进入2008年之后，经济开始下滑，2008年、2009年连续两年经济增长为负数。目前虽然恢复了正增长，但是基本低于4%，处于缓慢增长阶段。

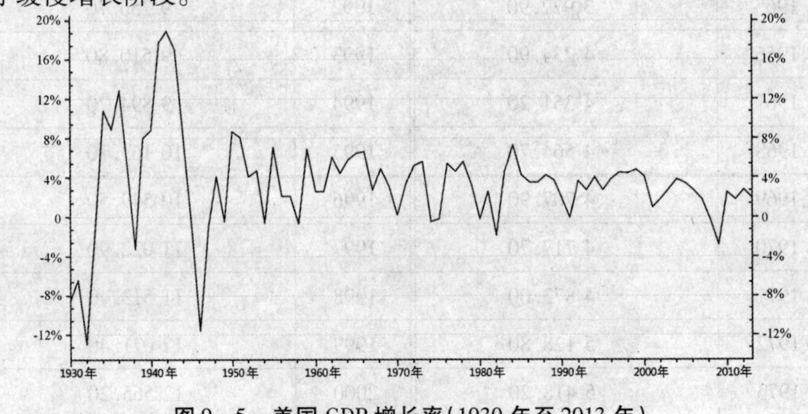

图9－5　美国GDP增长率（1930年至2013年）

1. 居民消费与收入变化

美国密歇根大学消费者信心指数调查显示,2008 年 11 月,美国消费者信心指数降至 55.3,创历史新低。2008 年 12 月起,美国消费者信心指数逐渐恢复。2010 年 6 月,消费者信心指数回升至金融危机以来的最高值 76.0,但随后开始下降,直到 2010 年 11 月才恢复到 70 以上,达到 71.6。之后,一直到 2011 年 6 月,消费者信心指数有反复,基本在 70 上下波动。2011 年 7 月,消费者信心指数为 63.7。从 2011 年 8 月开始,消费者信心指数开始稳定上升,从 55.7 缓慢上升,并在 2013 年 7 月达到经济复苏以来的最高值 85.1。之后,维持在 80 上下。

表 9-2 美国密歇根大学消费者信心指数

时间	指数	时间	指数	时间	指数	时间	指数
2005 年 1 月	95.50	2007 年 5 月	88.30	2009 年 9 月	73.50	2012 年 1 月	75.00
2005 年 2 月	94.10	2007 年 6 月	85.30	2009 年 10 月	70.60	2012 年 2 月	75.30
2005 年 3 月	92.60	2007 年 7 月	90.40	2009 年 11 月	67.40	2012 年 3 月	76.20
2005 年 4 月	87.70	2007 年 8 月	83.40	2009 年 12 月	72.50	2012 年 4 月	76.40
2005 年 5 月	86.90	2007 年 9 月	83.40	2010 年 1 月	74.40	2012 年 5 月	79.30
2005 年 6 月	96.00	2007 年 10 月	80.90	2010 年 2 月	73.60	2012 年 6 月	73.20
2005 年 7 月	96.50	2007 年 11 月	76.10	2010 年 3 月	73.60	2012 年 7 月	72.30
2005 年 8 月	89.10	2007 年 12 月	75.50	2010 年 4 月	72.20	2012 年 8 月	74.30
2005 年 9 月	76.90	2008 年 1 月	78.40	2010 年 5 月	73.60	2012 年 9 月	78.30
2005 年 10 月	74.20	2008 年 2 月	70.80	2010 年 6 月	76.00	2012 年 10 月	82.60
2005 年 11 月	81.60	2008 年 3 月	69.50	2010 年 7 月	67.80	2012 年 11 月	82.70
2005 年 12 月	91.50	2008 年 4 月	62.60	2010 年 8 月	68.90	2012 年 12 月	72.90
2006 年 1 月	91.20	2008 年 5 月	59.80	2010 年 9 月	68.20	2013 年 1 月	73.80
2006 年 2 月	86.70	2008 年 6 月	56.40	2010 年 10 月	67.70	2013 年 2 月	77.60
2006 年 3 月	88.90	2008 年 7 月	61.20	2010 年 11 月	71.60	2013 年 3 月	78.60
2006 年 4 月	87.40	2008 年 8 月	63.00	2010 年 12 月	74.50	2013 年 4 月	76.40
2006 年 5 月	79.10	2008 年 9 月	70.30	2011 年 1 月	74.20	2013 年 5 月	84.50
2006 年 6 月	84.90	2008 年 10 月	57.60	2011 年 2 月	77.50	2013 年 6 月	84.10
2006 年 7 月	84.70	2008 年 11 月	55.30	2011 年 3 月	67.50	2013 年 7 月	85.10
2006 年 8 月	82.00	2008 年 12 月	60.10	2011 年 4 月	69.80	2013 年 8 月	82.10
2006 年 9 月	85.40	2009 年 1 月	61.20	2011 年 5 月	74.30	2013 年 9 月	77.50

续表

时间	指数	时间	指数	时间	指数	时间	指数
2006 年 10 月	93.60	2009 年 2 月	56.30	2011 年 6 月	71.50	2013 年 10 月	73.20
2006 年 11 月	92.10	2009 年 3 月	57.30	2011 年 7 月	63.70	2013 年 11 月	75.10
2006 年 12 月	91.70	2009 年 4 月	65.10	2011 年 8 月	55.70	2013 年 12 月	82.50
2007 年 1 月	96.90	2009 年 5 月	68.70	2011 年 9 月	59.40	2014 年 1 月	81.20
2007 年 2 月	91.30	2009 年 6 月	70.80	2011 年 10 月	60.90	2014 年 2 月	81.60
2007 年 3 月	88.40	2009 年 7 月	66.00	2011 年 11 月	64.10	2014 年 3 月	80.00
2007 年 4 月	87.10	2009 年 8 月	65.70	2011 年 12 月	69.90	2014 年 4 月	84.10

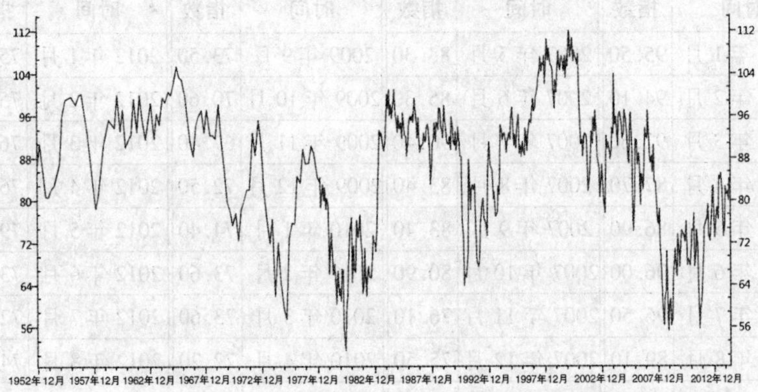

图 9－6　密歇根大学消费者信心指数走势

消费者信心的变化依赖于居民收入的变化，当居民收入增长而且稳定时，消费者信心必然要提高。美国居民家庭收入大体呈现出增长趋势，中间虽然有小幅回落，但是几年之后又恢复了增长。近年来受金融危机影响，2009 年、2010 年美国的居民家庭收入下滑，低于 2008 年的水平。在 2011 年之后，收入开始增长，并超过了 2008 年的水平。居民家庭收入不断增长，家庭开支不断增加，必然对拉动消费等产生积极作用。

表 9－3　美国全部住户收入平均数　单位：美元

年份	收入	年份	收入
1981	22 787.00	1997	49 692.00
1982	24 309.00	1998	51 855.00

续表

年份	收入	年份	收入
1983	25 401.00	1999	54 737.00
1984	27 464.00	2000	57 135.00
1985	29 066.00	2001	58 208.00
1986	30 759.00	2002	57 852.00
1987	32 410.00	2003	59 067.00
1988	34 017.00	2004	60 466.00
1989	36 520.00	2005	63 344.00
1990	37 403.00	2006	66 570.00
1991	37 922.00	2007	67 609.00
1992	38 840.00	2008	68 424.00
1993	41 428.00	2009	67 976.00
1994	43 133.00	2010	67 392.00
1995	44 938.00	2011	69 677.00
1996	47 123.00	2012	71 274.00

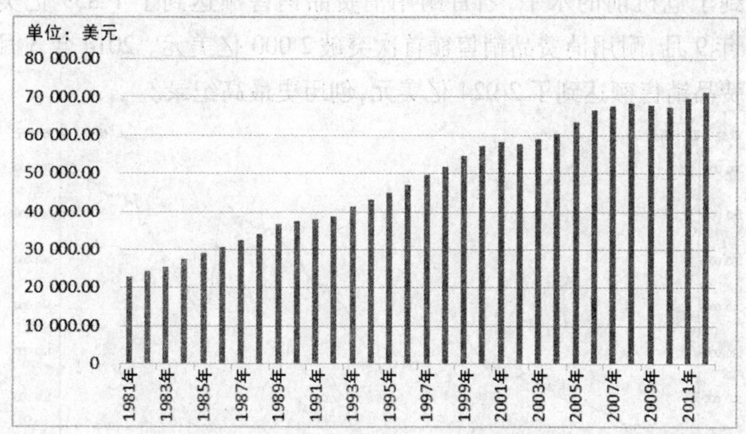

图 9－7　美国住户收入平均数走势

从美国消费者物价指数角度来看，经过 2008 年、2009 年消费者物价指数下跌之后，美国消费者物价指数近年来保持在 1% ～4% 之间上下波动,处于可控范围之内。2012 年之后,美国消费者物价指数震荡幅度减少,处于1% ~2%之间,保持较低的物价上涨水平,为美联储的宽松货币政策提供了条件。美国消费者物价指数走势如图 9 – 8 所示。

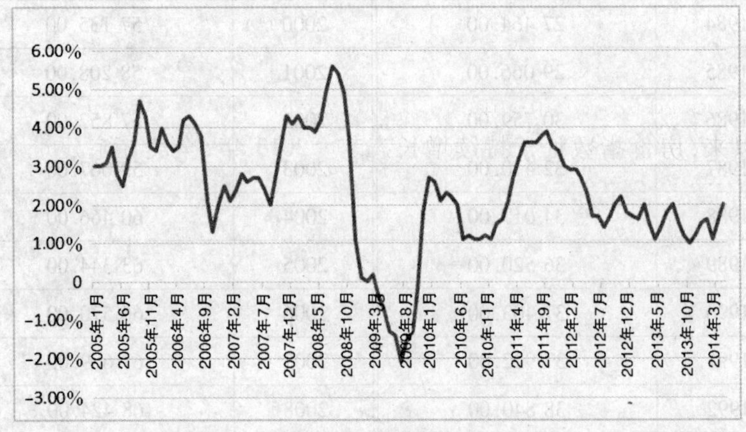

图 9 – 8 美国消费者物价指数走势

在耐用消费品销售方面,2008 年 6 月,耐用消费品销售额达到了 1 851 亿美元,但是自 2008 年 7 月开始下滑,连续下滑了 10 个月,至 2009 年 4 月跌至最低点,为 1 355 亿美元,之后开始缓慢上涨,到 2011 年 8 月恢复到了危机前的水平,当月耐用消费品销售额达到了 1 859 亿美元。2013 年 9 月,耐用消费品销售额首次突破 2 000 亿美元。2014 年 3 月,耐用消费品销售额达到了 2 024 亿美元,创历史最高纪录。

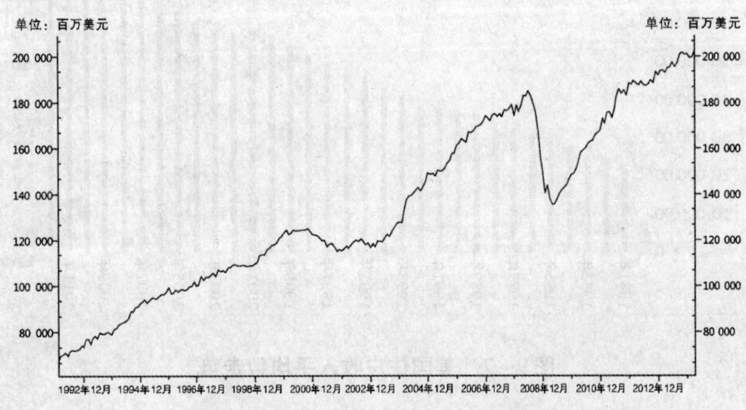

图 9 – 9 美国耐用消费品销售情况(批发商销售额)

2. 房地产市场明显复苏

在美国房地产市场繁荣时期，曾有一句话："美国的经济会像房子一样安全。"可以看出，民众对美国房地产市场非常有信心。房地产业作为占美国 GDP 比重高达 10% 的产业，房地产作为美国居民消费增长的主要途径，将直接对美国经济的复苏起到推动作用。纵观近几年来美国房地产业的变化，房地产市场出现了明确的复苏信号。从 2011 年 9 月开始复苏以来，房价指数处于持续增长态势。2013 年，全美住宅建筑商协会(NAHB)发布报告称，总体上看，2013 年上半年的房地产市场成交量不断放大，价格持续攀升，形势好于 2012 年。很多地区的房价已经涨回到危机发生前的价格，甚至超过了危机发生前的价格。房地产市场的复苏信号非常明显，为拉动美国经济复苏做出了突出贡献。

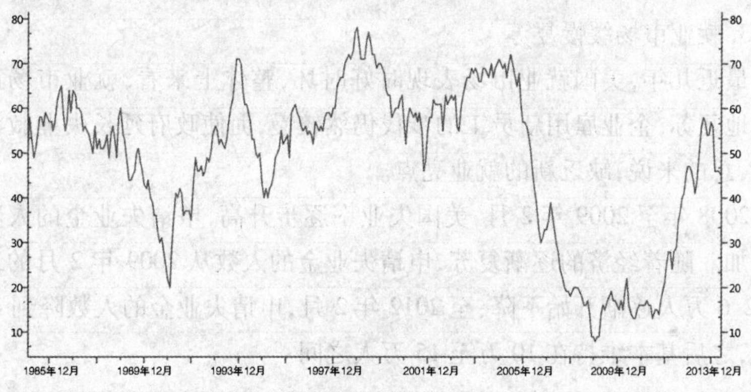

图 9－10 美国住房市场指数

此外，从新建住房销售的角度来看，美国新建住房销售数量在 2010 年 10 月创下了新低，当月仅仅销售了 2 万套，之后的几个月内，开始平稳回升。2012 年以来，新建住房销售数量开始持续上升，在 2013 年 5 月达到了 4 万套。但是总体来看，美国新建住房销售数量仍然处于较低水平，这与美国房地产市场的发育程度有关。美国的房地产市场成熟度很高，二手房交易频繁，市场销售中二手房占据了主导地位，新建住房相对于二手房来说，还是较少的。

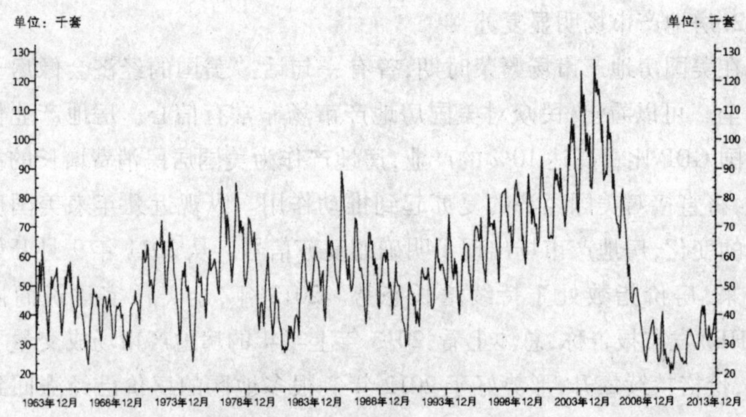

图 9－11　美国新建住房销售情况

3. 就业市场缓慢复苏

最近几年，美国就业市场表现时好时坏，整体上来看，就业市场正在缓慢地复苏，企业雇用新员工的步伐仍然较慢，促使政府延长失业救济的时间，总的来说，缺乏新的就业亮点。

2008 年至 2009 年 2 月，美国失业率逐步升高，申请失业金的人数不断增加。随着经济的逐渐复苏，申请失业金的人数从 2009 年 2 月的最高点 32.6 万人逐渐开始下降，至 2012 年 2 月，申请失业金的人数降到 12.0 万人，之后基本维持在 10 万至 15 万人之间。

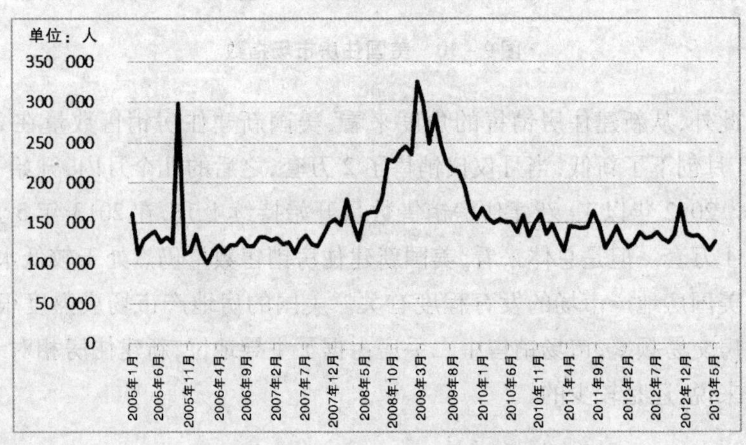

图 9－12　美国申请失业金人数

随着经济的复苏，美国的失业率从最高点的10%逐渐开始下降，截至2014年4月已经下降到6.3%，达到了金融危机以来的最低值。但是同金融危机发生前的4.4%相比，还有很大差距，就业市场需要更长时间才能得到恢复。

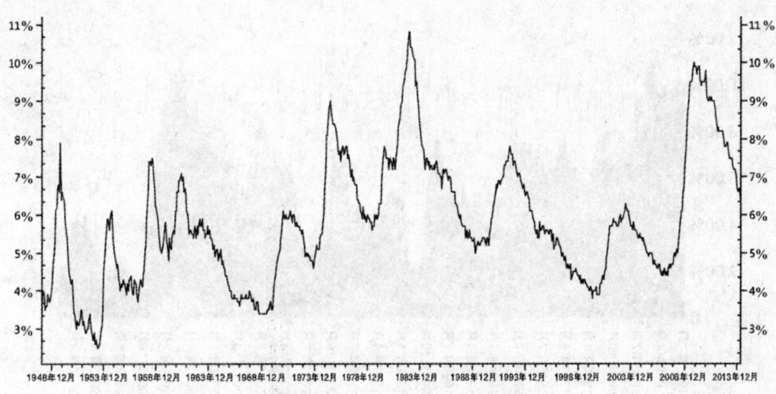

图9－13 美国失业率统计

三、复苏中的其他国家经济

(一)欧洲经济不容乐观

1. 欧元区货币供应量不断增长

在货币供应情况方面，欧元区货币供应量 M2 一直呈现上升趋势。从图9－14中可以看出欧元区的货币供应量已经从1980年的1万亿欧元上升至9万亿欧元以上。

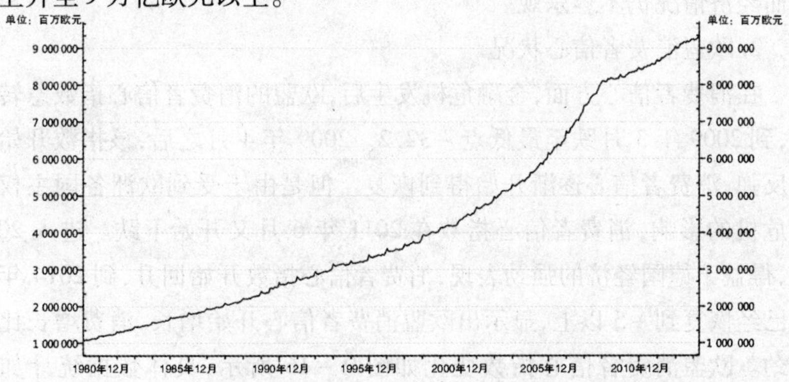

图9－14 欧元区货币供应(M2)情况

从货币供应量的月度同比情况来看，欧元区货币供应量的增长速度较慢，而且在2008年之后其货币供应量增长速度处于历史低位，基本维持在2%左右，比金融危机发生前10%左右的速度要慢很多。

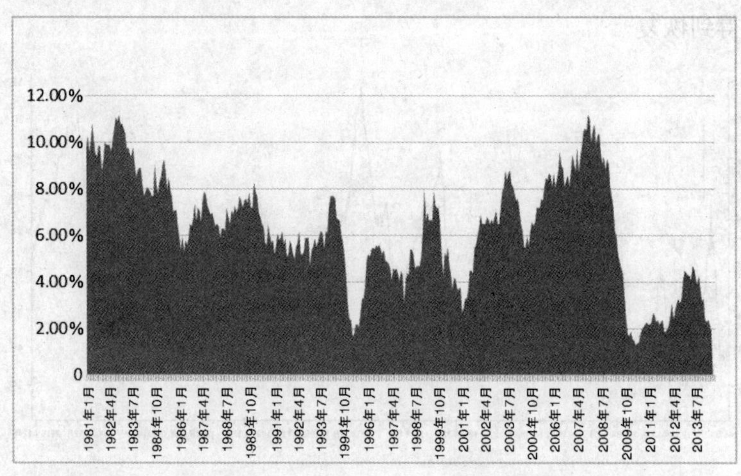

图9－15　欧元区M2月度同比增长情况

整体来看，2012年年初，欧洲央行在实行了第一轮长期再融资操作（LTRO）之后，实行了第二轮操作，至此总共提供给欧元区银行的贷款（1%低息）高达1.02万亿欧元。当年9月，欧洲央行开始实施新欧洲版量化宽松策略——直接货币交易计划（OMT）。这一计划在时间和规模方面都没有限制。但是货币的量化宽松政策导致欧盟各成员国财政赤字不断膨胀。为达到欧盟标准，各国必须在今后不断缩减开支，提高税率，然而经济情况仍不容乐观。

2. 欧盟消费者信心状况

在消费者信心方面，金融危机发生后，欧盟的消费者信心指数急转直下，到2009年3月跌至最低点－32.2。2009年4月之后，该指数开始强势反弹，消费者信心逐渐开始得到恢复。但是由于受到欧洲各国主权债务危机的影响，消费者信心指数在2011年6月又开始下跌。进入2013年，得益于德国经济的强劲表现，消费者信心指数开始回升，到2014年年初已经恢复到－5以上，显示出欧盟消费者信心开始增长，消费增长比较强劲。欧盟消费者信心指数变化如图9－16所示，具体数据统计如表9－4所示。

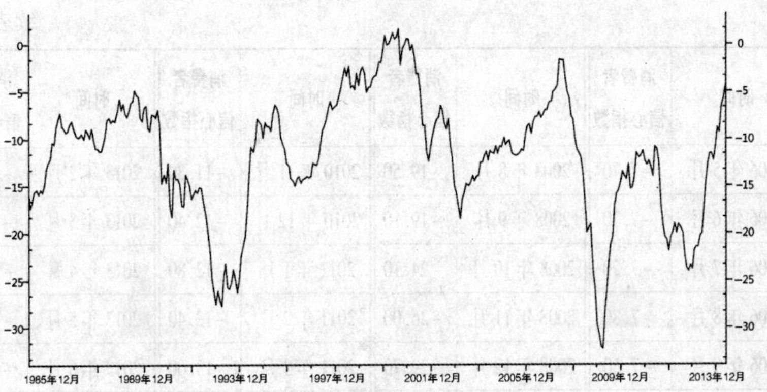

图 9－16　欧盟 28 国消费者信心指数变化

表 9－4　　　　　欧盟 28 国消费者信心指数

时间	消费者信心指数	时间	消费者信心指数	时间	消费者信心指数	时间	消费者信心指数
2005 年 1 月	－9.90	2007 年 4 月	－4.40	2009 年 7 月	－21.30	2011 年 10 月	－20.40
2005 年 2 月	－10.70	2007 年 5 月	－1.60	2009 年 8 月	－20.40	2011 年 11 月	－20.70
2005 年 3 月	－10.40	2007 年 6 月	－1.70	2009 年 9 月	－17.10	2011 年 12 月	－21.90
2005 年 4 月	－10.20	2007 年 7 月	－1.70	2009 年 10 月	－15.80	2012 年 1 月	－20.50
2005 年 5 月	－11.50	2007 年 8 月	－3.60	2009 年 11 月	－15.50	2012 年 2 月	－19.90
2005 年 6 月	－11.70	2007 年 9 月	－5.10	2009 年 12 月	－14.70	2012 年 3 月	－19.00
2005 年 7 月	－11.80	2007 年 10 月	－5.70	2010 年 1 月	－13.50	2012 年 4 月	－20.00
2005 年 8 月	－11.70	2007 年 11 月	－7.60	2010 年 2 月	－14.00	2012 年 5 月	－19.10
2005 年 9 月	－11.50	2007 年 12 月	－8.00	2010 年 3 月	－14.30	2012 年 6 月	－19.40
2005 年 10 月	－11.20	2008 年 1 月	－10.00	2010 年 4 月	－12.70	2012 年 7 月	－20.00
2005 年 11 月	－11.30	2008 年 2 月	－11.20	2010 年 5 月	－15.30	2012 年 8 月	－22.40
2005 年 12 月	－9.60	2008 年 3 月	－11.50	2010 年 6 月	－15.20	2012 年 9 月	－23.70
2006 年 1 月	－8.70	2008 年 4 月	－12.00	2010 年 7 月	－14.00	2012 年 10 月	－24.00
2006 年 2 月	－8.50	2008 年 5 月	－13.40	2010 年 8 月	－11.50	2012 年 11 月	－23.40
2006 年 3 月	－9.50	2008 年 6 月	－16.30	2010 年 9 月	－12.00	2012 年 12 月	－23.80
2006 年 4 月	－8.30	2008 年 7 月	－19.90	2010 年 10 月	－11.80	2013 年 1 月	－21.80

续表

时间	消费者信心指数	时间	消费者信心指数	时间	消费者信心指数	时间	消费者信心指数
2006年5月	-7.70	2008年8月	-19.50	2010年11月	-11.30	2013年2月	-21.50
2006年6月	-7.70	2008年9月	-19.10	2010年12月	-12.40	2013年3月	-21.50
2006年7月	-7.20	2008年10月	-24.10	2011年1月	-12.80	2013年4月	-20.30
2006年8月	-7.80	2008年11月	-26.00	2011年2月	-12.40	2013年5月	-20.10
2006年9月	-7.50	2008年12月	-29.70	2011年3月	-13.00	2013年6月	-17.40
2006年10月	-7.00	2009年1月	-30.70	2011年4月	-14.00	2013年7月	-14.70
2006年11月	-7.00	2009年2月	-32.00	2011年5月	-10.90	2013年8月	-12.70
2006年12月	-6.20	2009年3月	-32.20	2011年6月	-11.10	2013年9月	-11.60
2007年1月	-6.10	2009年4月	-28.20	2011年7月	-12.50	2013年10月	-11.60
2007年2月	-5.10	2009年5月	-26.10	2011年8月	-16.90	2013年11月	-12.30
2007年3月	-4.80	2009年6月	-23.20	2011年9月	-19.20	2013年12月	-10.90

3. 欧洲经济增长率仍然偏低

2007年到2010年，欧洲经济的遭遇与美国很像。然而，2011年至2013年间，欧洲主权债务危机让欧洲经济的发展与美国大相径庭。虽然欧洲金融系统风险减少，南欧国家出口增加，但是欧盟作为一个整体而言，经济、政治、结构等方面的改革进展不大，就业形势没有好转，公共和私营部门债务过高，造成实体经济投资者和消费者信心不足，经济增长缺乏动力。其中，2013年，意大利和西班牙国债信用评级再度被下调，经济继续萎缩1%和1.5%，企业欠款和信贷不足的情况不断加剧。整体来看，欧洲的经济复苏进程被延迟，其原因在于企业和家庭信贷、资金紧张，失业率高以及投资信心不足。

表9-5　　欧盟28国GDP统计　　单位：百万欧元

年份	GDP
2000	9 552 021.50
2001	9 947 260.70
2002	10 315 032.10

续表

年份	GDP
2003	10 489 822.10
2004	11 015 561.30
2005	11 502 133.00
2006	12 168 082.80
2007	12 900 956.90
2008	12 986 406.70
2009	12 245 901.00
2010	12 789 850.60
2011	13 173 516.90
2012	13 437 764.00
2013	13 529 099.60

欧洲各国的经济发展情况有所不同，德国采取措施以削减劳动力成本，经济保持增长态势；法国作为欧洲第二大经济体，出口份额不断萎缩；在西班牙，不仅出现了严重的国债危机，银行业形势也不容乐观。

4. 欧元区失业率依然偏高

美国金融危机不断蔓延和传播，对欧洲产生了巨大影响，导致欧元区国家失业率不断攀升，经济下滑。欧元区的失业率从 2007 年年底的 7.3% 逐步攀升，到 2013 年已经达到了 12%，说明欧元区国家的经济发展依然困难重重，企业投资缩减、工作岗位减少、老百姓就业困难，经济发展前景不乐观。

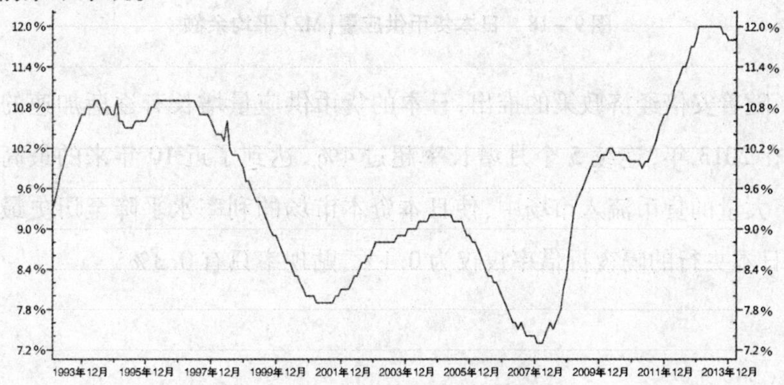

图 9－17 欧元区失业率走势

(二)日本经济复苏缓慢

1. 日本货币供应量不断攀升

在日本 GDP 的各组成部分中,政府债务的比例持续升高,在可预见的时期内很难呈现出下降的趋势。同时,日本政府已经用光了所有传统的货币政策,采取零利率(或接近零利率)政策也未收到良好的效果。人口老龄化也在一定程度上阻碍了经济的复苏。此外,政治上,不同党派严重对立,在新政策的形成上难以达成共识。在重重困难面前,安倍晋三推出了日本的量化宽松货币政策,使得日本的货币供应量急剧增长。日本的货币供应量 M2 由 2002 年的 676 万亿日元增长至 2014 年年初的 872 万亿日元,增长了近 200 万亿日元。

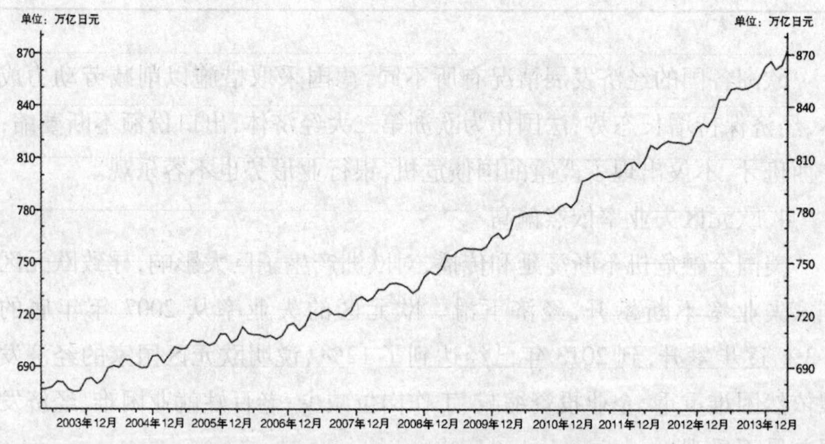

图 9-18　日本货币供应量(M2)平均余额

随着安倍经济政策的推出,日本的货币供应量增长有逐渐加速的趋势,在 2013 年,连续 5 个月增长率超过 4%,达到了近 10 年来的最高水平。大量的货币流入市场中,使日本资本市场的利率水平降至历史最低点,日本央行的隔夜拆借率仅仅为 0.1%,贴现率只有 0.3%。

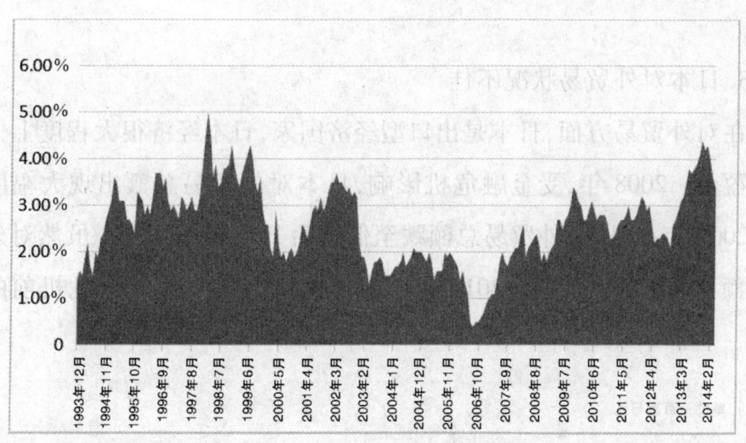

图 9－19 日本货币供应量(M2)增长率

2. 日本失业率逐渐下滑

随着日本量化宽松货币政策的推出,资本成本逐渐下降,企业投资和融资的积极性开始恢复,就业岗位开始逐步增多,由此带来了就业率的增长。

由于受到来自全世界范围内的金融危机的影响,日本的失业率从 2008 年年初开始攀升,至 2009 年 8 月达到最高点,为 5.4%,之后缓慢下滑。

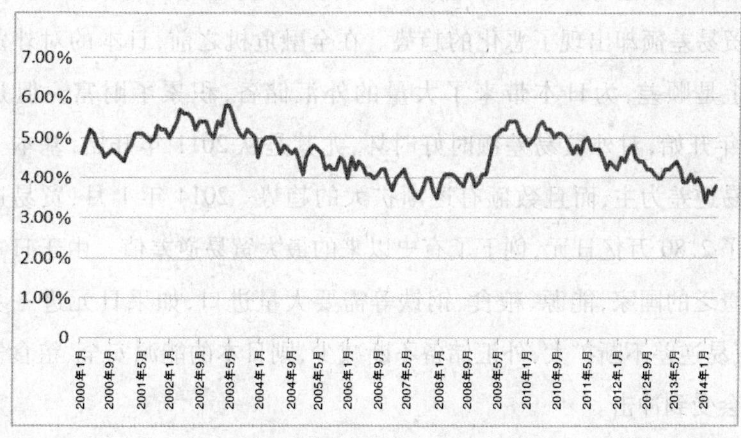

图 9－20 日本失业率走势

3. 日本对外贸易状况不佳

在对外贸易方面，日本是出口型经济国家，日本经济很大程度上依赖贸易盈余。2008 年，受金融危机影响，日本对外贸易总额出现大幅度下滑。2009 年 2 月，对外贸易总额跌至低点后开始缓慢复苏。虽然对外贸易总额不断增长，但是至 2014 年 4 月仍然没有恢复到金融危机前的水平。

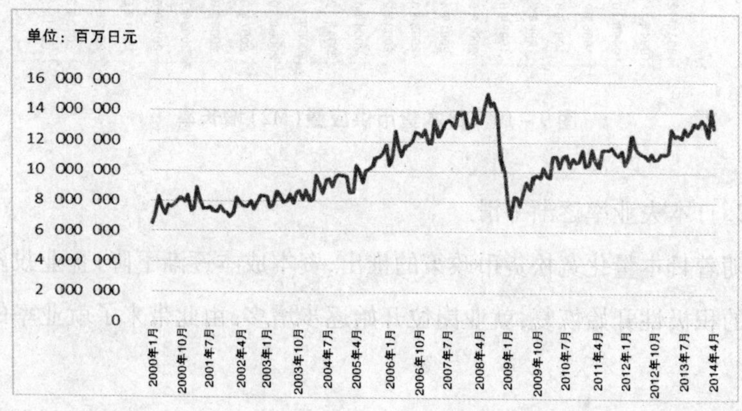

图 9－21　日本对外贸易总额

受日元贬值等因素的影响，日本对外贸易总额虽然出现了恢复，但是对外贸易差额却出现了恶化的趋势。在金融危机之前，日本的对外贸易基本上是顺差，为日本带来了大量的外汇储备，积累了财富。但是从 2008 年开始，对外贸易差额时好时坏，尤其是从 2011 年开始，基本上是以贸易逆差为主，而且数额有逐渐扩大的趋势。2014 年 1 月，贸易逆差达到了 2.80 万亿日元，创下了有史以来的最大贸易逆差值。由于日本是资源匮乏的国家，能源、粮食、钢铁等需要大量进口，如果日元进一步贬值，贸易逆差不断扩大，外汇储备不断减少，则日本的能源安全、粮食安全等将会受到冲击。

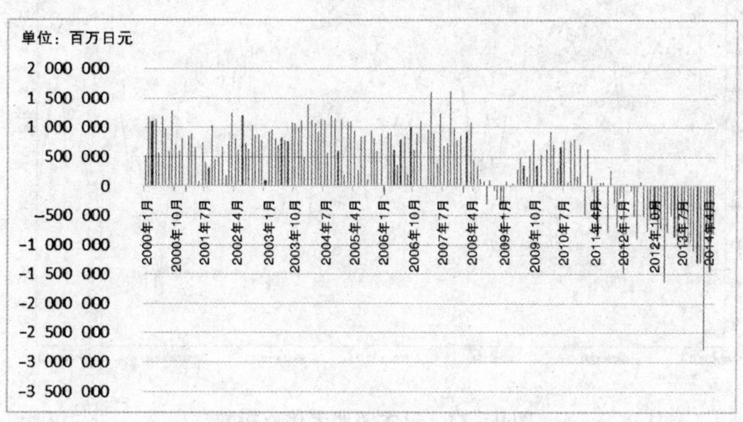

图 9－22　日本对外贸易差额

4. 日本经济缓慢增长

自 2008 年日本经济下滑以来，GDP 季度数值从 2007 年第二季度的 51.5 万亿日元下滑到 2011 年第二季度的 46.5 万亿日元，下滑幅度接近 10%。之后开始缓慢地回升，到 2014 年第一季度达到 47.6 万亿日元，仍然没有恢复到金融危机之前的水平。说明日本虽然推出了量化宽松、日元贬值等政策，但是经济复苏的步履依然艰辛。

日本经济复苏缓慢的原因在于经济缺乏亮点、汇率波动幅度过大、人口老龄化严重、资源有限以及与周边国家关系紧张等。作为一个曾经引领亚洲经济发展的国家，日本在战后重建中抓住了经济发展的机遇，加之对高科技、信息、汽车制造等产业的重视，日本的经济总量达到了全球第二位，一跃成为发达国家。

然而通过前面的分析可以看到，日本作为一个贸易大国，在对外贸易逆差逐渐增加的情况下，虽然采取了低利率政策，但是国内缺乏有效的投资渠道，消费者信心不足。消费者信心指数在 2008 年 12 月达到了历史最低点 26.2，之后开始逐渐恢复，但依然在低位。消费不振必然对经济增长不利。

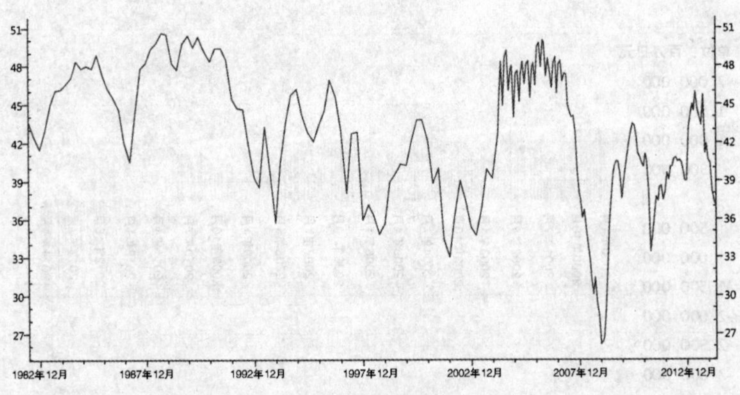

图 9－23　日本消费者信心指数

同时，日本中央政府和地方政府的债务负担不断增加，债务总额到2014 年第一季度已经上升至 862 万亿日元。而同期日本的 GDP 只有 478 万亿日元，债务与 GDP 之比已经达到 180%，远远超过了 80% 的警戒线。过量的外债，以及黄金、外汇储备的不断减少，必然给日本经济复苏带来压力。

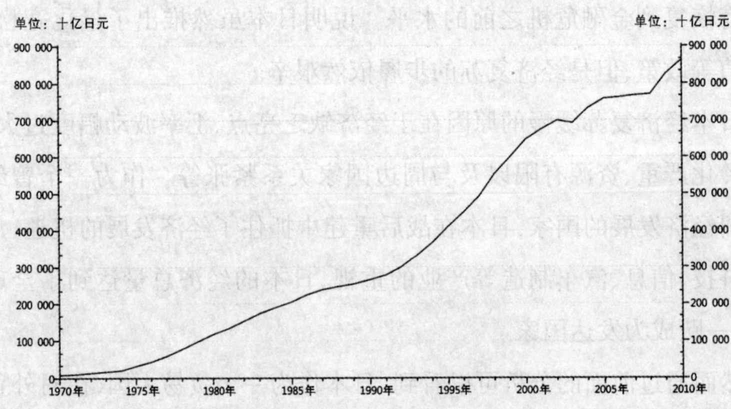

图 9－24　日本中央政府和当地政府的长期债券余额

第十章　中国经济的未来

在国际借贷领域中，当一个国家存在大量超过其清偿能力的负债，且导致其没有能力偿还或必须延期偿还的现象就是所谓的债务危机。外债清偿率是衡量一个国家清偿外债能力的最重要的指标，那么何为外债清偿率呢？外债清偿率是指一年里外债的还本付息额占本年或前一年出口收汇额的比率，这一数值一般保持在20%以下最为合适。

1980年以后，以南美中等收入发展中国家为主的十几个国家拥有一半以上的发展中国家外债，并且其所欠的总额仍处于持续上涨中。这些发展中国家每年应偿还的债务本息和占出口收入额的比重较大，远远超过20%的警戒线。而且，这些负债国的债务总额占国民生产总值的比重高于80%。更糟糕的是，由于这些国家的借款对象大多是国际私人商业银行，因而其还债的负担十分沉重。

位于撒哈拉南部的非洲国家是世界上最贫穷的地区，它们的外债总额虽然比不过南美的一些债务国，但是它们的外债总额几乎与国民生产总值相等。

中国经济一枝独秀，保持了高速增长态势，但是进入2012年以后，经济发展中面临的问题越来越复杂，经济增长速度开始了主动式调整。

一、中国经济状况分析

着眼于中国整体经济，经历了30多年的改革开放，中国GDP总额跃居世界第二，经济实力不断增强，综合国力和居民收入持续增加，中国经济取得了世界瞩目的奇迹。但是经济的高速发展带来的负面影响依然不容忽视，例如环境污染、资源流失、分配不均等问题。此外，经济增长结构失衡、国内消费增长缓慢、社会福利外流严重等问题，依旧是国家经济发展的重大问题。在人民币方面，总的来说，人民币已经成为区域结算货币，但是由于一体化的进程持续推进，所以面临着国际上的升值压力。自2008 年开始，中国开始采用宽松的货币政策，大力投资 4 万亿元，可是好景不长，其带动的贷款直接导致了资金流动性泛滥，致使物价高涨。随即，中国在 2011 年推出退出政策。

（一）金融市场状况

1. 股票市场融资状况

自 2006 年以来，我国股市的融资水平经历了一场大起大落，曾经在2007 年达到了历史峰值 1 837.8 亿元。可是，好景不长，在 2008 年，融资额急剧下落，一路跌落到 15.81 亿元。这之后，在经历了短暂的“冷冬”之后，整个股市的融资水平开始“回暖”，从 2009 年 6 月开始，整体的融资额已经恢复至上一轮牛市的平均水平。

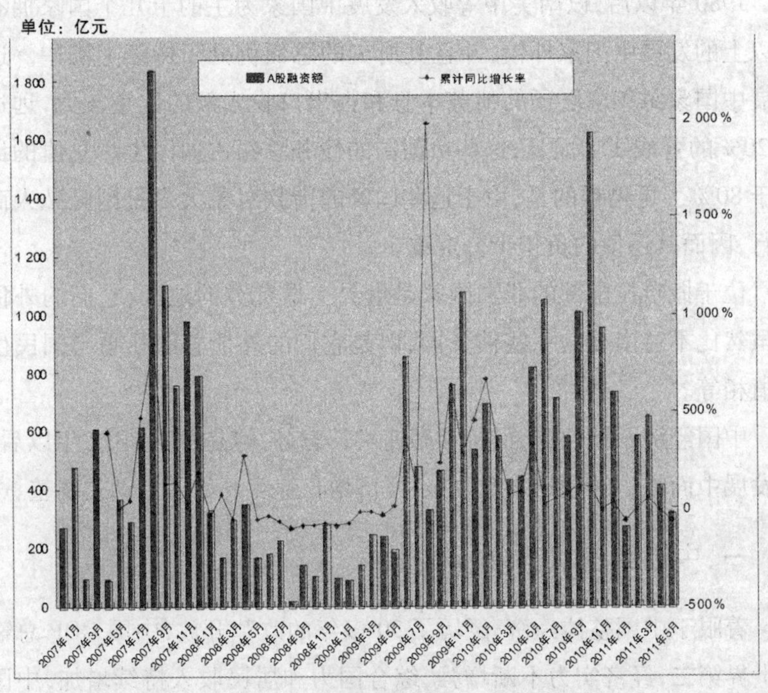

图 10－1　股票市场融资情况

从 2012 年来看，我国 IPO（首次公开募股）境内企业数量持续保持均衡，不过融资额出现小范围的下降。虽然 IPO 整体的数量保持了稳定，但是自2011年以来,这些公司的市盈率却逐年表现出降低的趋势。而从另一个角度来看,我国在境外上市的公司规模依然较小。

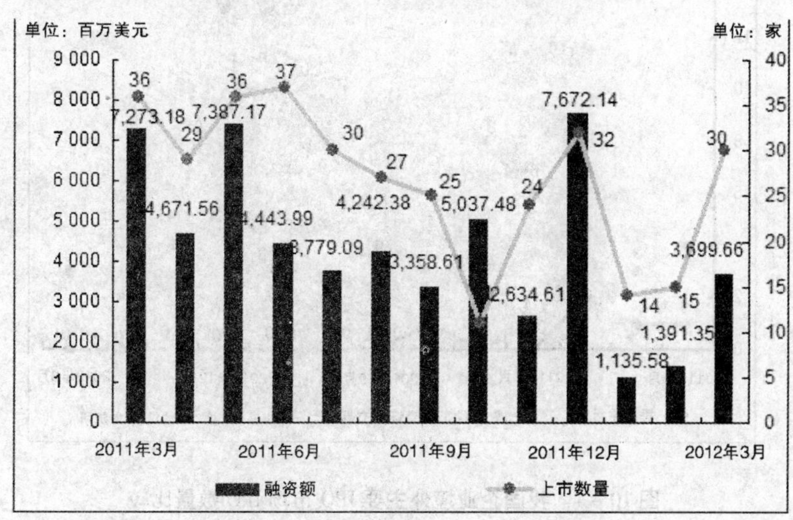

图10－2 我国企业IPO数量及融资额情况

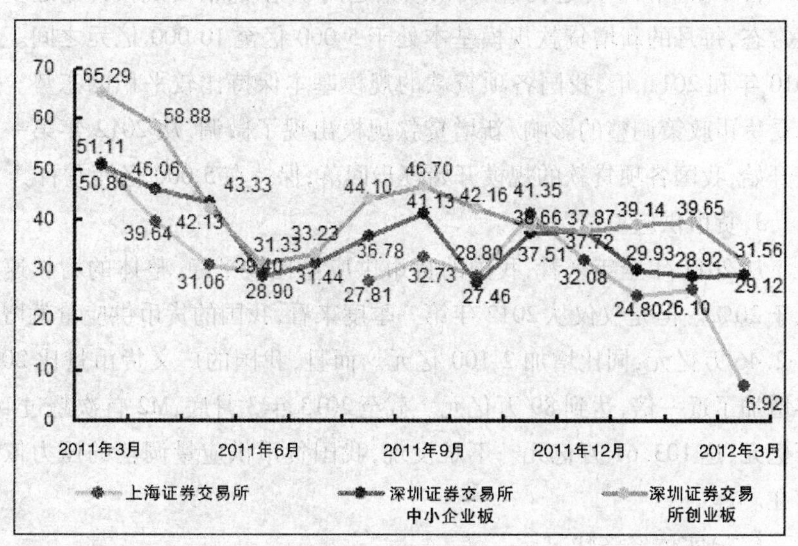

图10－3 我国境内各市场平均发行市盈率曲线

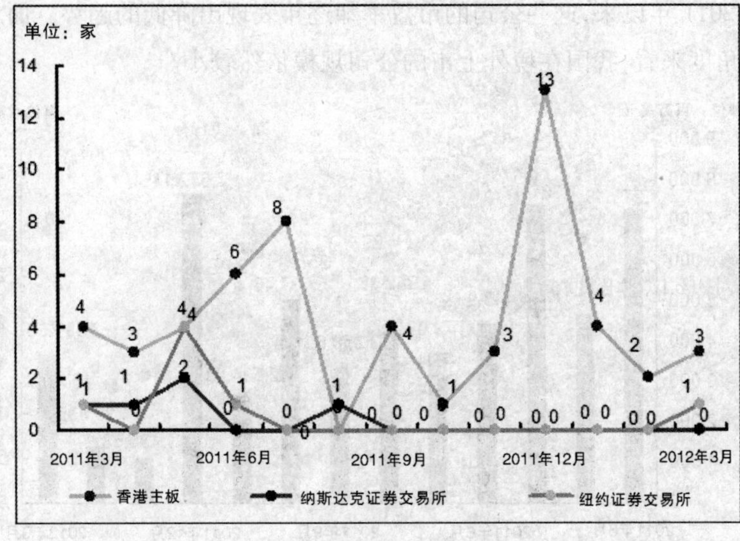

图 10－4　我国企业境外主要 IPO 市场 IPO 数量比较

2. 信贷市场融资状况

自 2009 年 10 月起，我国货币政策趋向于宽松，信贷规模开始逐步恢复常态，每月的新增贷款规模基本处于 5 000 亿至 10 000 亿元之间。在 2010 年和 2011 年，我国各项贷款的规模基本保持比较平稳的态势。随后受货币政策调整的影响，新增贷款规模出现了微调，从 2012 年第一季度开始，我国各项贷款的规模开始逐步回落，保持在 5 000 亿元左右。

3. 货币供应量情况

从 2011 年全年来看，我国的货币供应量比较平稳，整体的增长速度低于 20%。但是仅仅从 2012 年第一季度来看，我国的货币供应量就增加了 2.46 万亿元，同比增加 2 100 亿元。而且，我国的广义货币量比 2007 年增加了近一倍，达到 89 万亿元。截至 2013 年 3 月底，M2 首次超过 100 万亿元，达 103.61 万亿元。不难发现，我国货币供应量调整的压力依然存在。

（二）实体经济状况

1. 宏观经济概述

中国的经济增长在 2007 年第二季度达到高点 14.5% 之后，呈现小幅回落的态势。尤其是美国金融危机发生后，对中国经济的影响非常大，中国经济增长速度出现回落。2008 年第一季度经济增长为11.3%，比 2007 年第四季度的 14.2% 下降了 2.9 个百分点，降幅达到 20% 以上。随着美国金融危机破坏力逐渐传导，它对中国经济的影响愈加明显。2009 年第一季度的经济增长仅仅为6.6%，是 15 年来的最低值。随着 4 万亿经济刺激政策的出台，经济开始企稳回升，并在 2010 年第一季度达到了较高的增长水平，GDP 增长率为 12.1%，之后开始小幅回落，2010 年全年仍然维持 10% 以上的增长幅度。

2011 年，全年经济增长速度小幅下降，增速已经低于 10%，略高于 9%；在物价方面，整体物价水平在实现涨幅见顶后，开始部分回落，全年 CPI 上涨约为 5%。其中，作为重中之重的房地产业，由于国家宏观政策的调控作用，房价基本保持平稳，稳中有升，初见成效。在这一良性发展的大背景下，我国区域、城乡、内外的平衡状况有所改善，正朝着积极的方向发展。从消费角度来看，消费状况未有太大改善，所占 GDP 比重依旧偏低，依然有很大的提升空间。服务业方面，发展脚步相对缓慢，甚至停滞不前。此外，由于受到国家经济刺激政策的影响，国内高能耗类行业的扩展依旧保持高速态势，应予以控制。

因此，纵观 2011 年，我国经济增长已经得到初步控制，开始进入经济调整的初级阶段。

相比于 2011 年，2012 年的房地产调控力度进一步加大，收效显著，房价上涨速度得到了有效控制；区域、城乡、内外差异得到了较好的改善，正趋于平衡状态。消费方面，占 GDP 比重同比增长有较大改观，实现了消费占 GDP 比重的逐步增长。服务业相比之下增长依旧缓慢，而高科技企业仍然保持了较高的增长速率。

因此，纵观 2012 年，我国经济增长基本保持了稳定，而且正从经济政策促进型经济增长向自主增长型经济增长有序转变。

进入 2013 年，房地产市场出现“前低，中升，后翘”的三阶段发展模式，与之紧密相关的经济增长，增速与 2012 年基本持平，保持在 7% 以上。同时，由于受到国家宏观政策的调控，CPI 上涨幅度控制在了 2% 左右。此外，国家在货币发行上继续加大控制措施，逐渐减弱投入力度。2013 年就业形势严峻，新的经济增长点正在培育，绿色能源、节能环保、电子科技等产业发展较好。由市场供求决定，并受淘汰落后产能影响，钢铁、煤炭、化工等行业出现了全行业亏损。2013 年是中国经济增长方式转换和寻求新平衡的关键时期。

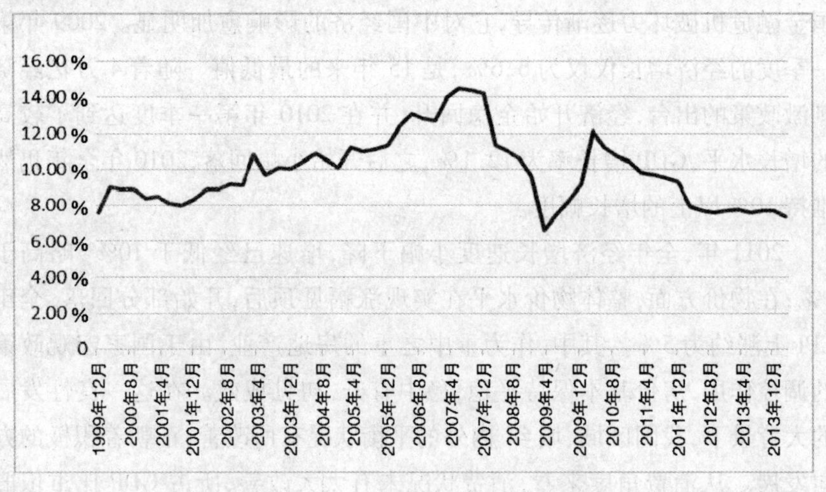

图 10－5 中国经济增长速度走势

进入 2014 年后，第一季度的 GDP 增长率为 7.36%，大宗商品、农产品、钢铁、煤炭、化工等产品滞销，环境污染进一步恶化，第三产业、高科技产业等出现了良好的发展态势。

从三大产业对 GDP 的拉动作用分析，第三产业的拉动作用逐渐增强。2000 年时，第三产业的贡献率只有 39%，第二产业的贡献率高达 57% 以上。2008 年金融危机对中国的产业发展产生了巨大冲击，使得第二产业对 GDP 的贡献率下降，第三产业的贡献率上升，并在 2009 年第一季度超过了第二产业。如果能保持下去并进行结构调整，将资金优先用于发展第三产业，则中国经济结构优化可能要提前 6 年。2008 年出台的 4 万亿经济刺激政策，绝大部分资金投到了第二产业，导致了第二产业对 GDP 的贡献率迅速上升并再次具有主导地位，第三产业的作用急剧下滑，2010 年第二季度时，第三产业对 GDP 的贡献率只有 37%。

随着十八大、十八届三中全会等会议的召开以及相关决议的出台，中国经济结构调整步入了政策轨道，而且见效明显。2013 年，第三产业对 GDP 的贡献率已经超过了第二产业，正在向着“调结构、促升级、保民生”的目标迈进。

表 10－1　　分产业 GDP 同比贡献情况　　单位:%

指标 时间	GDP 累计同比贡献率（第一产业）	GDP 累计同比贡献率（第二产业）	GDP 累计同比贡献率（第三产业）
2000 年 3 月	3.00	57.60	39.40
2000 年 6 月	2.00	60.90	37.00
2000 年 9 月	3.50	59.80	36.80
2000 年 12 月	4.40	60.80	34.80
2001 年 3 月	3.40	52.60	44.00
2001 年 6 月	2.60	57.10	40.40
2001 年 9 月	4.90	54.40	40.70
2001 年 12 月	5.10	46.70	48.20
2002 年 3 月	3.40	49.60	47.00
2002 年 6 月	2.50	52.80	44.70
2002 年 9 月	4.80	52.00	43.20
2002 年 12 月	4.60	49.80	45.70
2003 年 3 月	2.80	56.40	40.80
2003 年 6 月	2.30	60.60	37.20
2003 年 9 月	3.80	60.40	35.90
2003 年 12 月	3.40	58.50	38.10
2004 年 3 月	3.50	55.30	41.20
2004 年 6 月	3.90	53.80	42.30
2004 年 9 月	6.50	52.90	40.50
2004 年 12 月	7.80	52.20	39.90
2005 年 3 月	3.10	51.20	45.70
2005 年 6 月	4.10	53.80	42.10
2005 年 9 月	5.00	52.70	42.30
2005 年 12 月	5.60	51.10	43.30
2006 年 3 月	2.70	50.20	47.10
2006 年 6 月	3.50	53.60	42.90

续表

指标 时间	GDP 累计同比贡献率（第一产业）	GDP 累计同比贡献率（第二产业）	GDP 累计同比贡献率（第三产业）
2006 年 9 月	4.30	52.20	43.50
2006 年 12 月	4.80	50.00	45.20
2007 年 3 月	2.20	51.50	46.30
2007 年 6 月	2.40	53.50	44.10
2007 年 9 月	3.10	51.70	45.20
2007 年 12 月	3.00	50.70	46.30
2008 年 3 月	1.50	52.60	45.90
2008 年 6 月	2.40	54.80	42.80
2008 年 9 月	3.90	52.30	43.80
2008 年 12 月	5.70	49.30	45.00
2009 年 3 月	3.10	43.60	53.30
2009 年 6 月	3.60	48.80	47.60
2009 年 9 月	4.30	49.00	46.70
2009 年 12 月	4.50	51.90	43.60
2010 年 3 月	1.80	59.10	39.10
2010 年 6 月	2.20	60.60	37.20
2010 年 9 月	3.20	58.70	38.10
2010 年 12 月	3.80	56.80	39.30
2011 年 3 月	2.10	52.60	45.30
2011 年 6 月	2.40	54.40	43.20
2011 年 9 月	3.60	53.20	43.30
2011 年 12 月	4.70	51.60	43.70
2012 年 3 月	3.00	54.20	42.90
2012 年 6 月	4.30	53.00	42.70
2012 年 9 月	5.30	50.20	44.60
2012 年 12 月	6.00	48.30	45.60

续表

时间＼指标	GDP 累计同比贡献率（第一产业）	GDP 累计同比贡献率（第二产业）	GDP 累计同比贡献率（第三产业）
2013 年 3 月	2.80	47.60	49.60
2013 年 6 月	3.00	49.00	48.00
2013 年 9 月	4.10	47.90	47.90
2013 年 12 月	5.30	46.50	48.20
2014 年 3 月	3.00	45.90	51.10

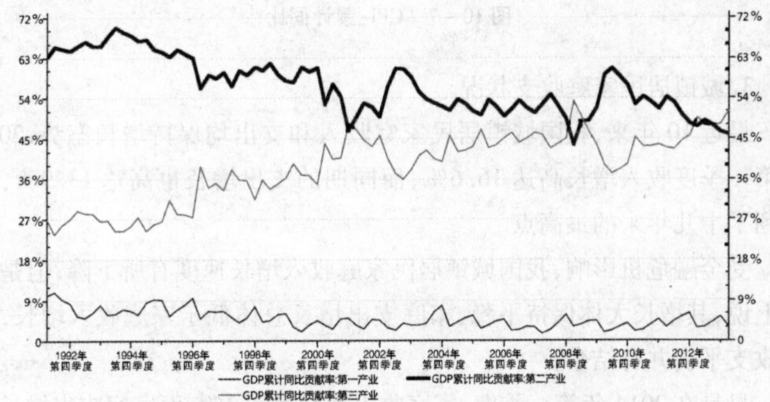

图 10－6　分产业 GDP 同比贡献走势

2. 物价水平情况

我国 CPI 在 2008 年 4 月创出了新高，达到 8.2%，并出现了人们用“姜你军”、“蒜你狠”、“吃不起猪肉看猪跑”来形容的商品急剧涨价现象，给居民生活带来极大不便。随着国家对物价的调控，以及金融危机带来的负面影响，物价水平逐渐开始回落，2009 年全年物价指数为负数，各类商品价格下滑，库存商品不断增加，为经济增长蒙上一层阴影。随着 4 万亿刺激经济政策开始发挥效力，物价上涨，甚至出现对大宗商品的炒作，2010 年物价指数两次突破政府设立的 3% 的警戒线。2011 年 9 月，CPI 同比上涨达到 5.7%。之后，随着国家宏观调控力度的增强，CPI 出现了下降的趋势，国家宏观调控政策发挥了良好作用。中间虽然也有反复，但是 CPI 基本在 3% 以下，反映出物价已经处于平稳状态。

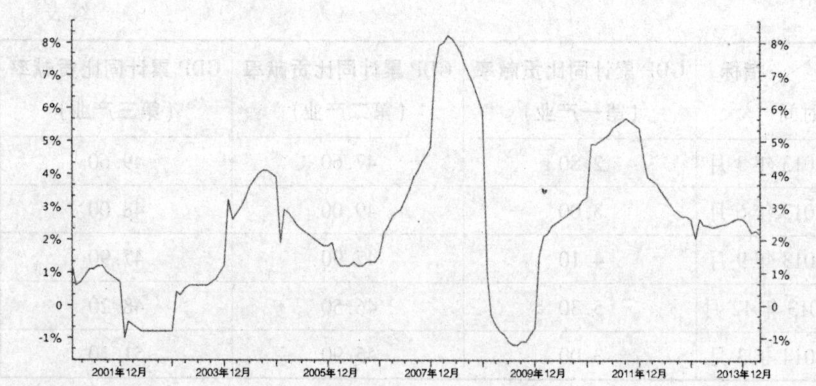

图 10－7　CPI:累计同比

3. 城镇居民家庭收支状况

最近 10 年来,我国城镇居民家庭收入和支出均保持增长态势,2007 年第一季度收入增长高达 16.6%,而同期的支出增长也高达 13.9%,均达到了十几年来的最高点。

受金融危机影响,我国城镇居民家庭收入增长速度有所下降,但是总体上说,其增长大体保持平稳,家庭支出增长总体低于家庭收入增长,家庭收支平衡并有结余。

只是在 2014 年第一季度,家庭收入增长为 7.2%,而家庭支出增长为 7.3%,支出增长超过了收入增长。

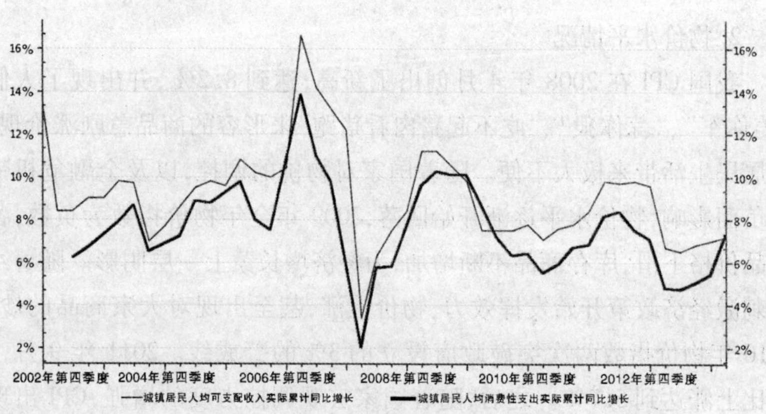

图 10－8　城镇居民家庭收支同比增长情况

表 10－2 城镇居民家庭收支情况

指标 时间	城镇居民人均可支配收入实际累计同比增长（%）	城镇居民人均可支配收入累计值（元）	城镇居民人均消费性支出实际累计同比增长（%）	城镇居民人均消费性支出累计值（元）
2003 年 6 月	8.40	4 300.90	6.20	3 110.50
2003 年 9 月	9.00	6 346.90	6.70	4 844.00
2003 年 12 月	9.00	8 472.20	6.70	6 510.90
2004 年 3 月	9.80	2 638.80	7.90	1 838.90
2004 年 6 月	9.70	4 814.60	8.70	3 484.20
2004 年 9 月	7.00	7 072.00	6.50	5 372.80
2004 年 12 月	7.70	9 421.60	6.50	7 182.10
2005 年 3 月	8.60	2 937.80	7.20	2 020.10
2005 年 6 月	9.50	5 373.80	8.90	3 865.30
2005 年 9 月	9.80	7 901.70	8.80	5 950.10
2005 年 12 月	9.60	10 493.00	8.80	7 942.90
2006 年 3 月	10.80	3 293.40	9.80	2 243.80
2006 年 6 月	10.20	5 996.70	8.00	4 227.60
2006 年 9 月	10.00	8 798.80	7.50	6 480.40
2006 年 12 月	10.40	11 759.50	7.50	8 696.60
2007 年 3 月	16.60	3 934.90	13.90	2 619.60
2007 年 6 月	14.20	7 052.00	11.00	4 830.00
2007 年 9 月	13.20	10 346.20	9.80	7 395.10
2007 年 12 月	12.20	13 785.80	9.80	9 997.50
2008 年 3 月	3.40	4 385.60	2.00	2 882.30
2008 年 6 月	6.30	8 064.86	5.70	5 490.29
2008 年 9 月	7.50	11 865.00	5.80	8 346.00
2008 年 12 月	8.40	15 780.68	5.80	11 242.80

续表

时间＼指标	城镇居民人均可支配收入实际累计同比增长(%)	城镇居民人均可支配收入累计值(元)	城镇居民人均消费性支出实际累计同比增长(%)	城镇居民人均消费性支出累计值(元)
2009年3月	11.20	4 833.90	9.60	3 130.10
2009年6月	11.20	8 855.90	10.30	5 979.30
2009年9月	10.50	12 973.28	10.10	9 093.70
2009年12月	9.80	17 174.70	10.10	12 265.00
2010年3月	7.50	5 308.01	8.70	3 474.71
2010年6月	7.50	9 757.11	7.20	6 570.80
2010年9月	7.50	14 333.83	6.30	9 941.63
2010年12月	7.80	19 109.44	6.40	13 471.45
2011年3月	7.10	5 962.82	5.50	3 846.32
2011年6月	7.60	11 041.49	5.90	7 318.17
2011年9月	7.80	16 300.85	6.70	11 195.39
2011年12月	8.40	21 809.78	6.80	15 160.89
2012年3月	9.80	6 796.31	8.20	4 320.13
2012年6月	9.70	12 508.54	8.40	8 193.77
2012年9月	9.80	18 426.60	7.50	12 377.20
2012年12月	9.60	24 564.70	7.10	16 674.30
2013年3月	6.70	7 427.30	4.80	4 634.70
2013年6月	6.50	13 649.10	4.70	8 784.30
2013年9月	6.80	20 169.00	5.00	13 319.00
2013年12月	7.00	26 955.00	5.40	18 023.00
2014年3月	7.20	8 155.00	7.30	5 094.00

注:城镇居民人均消费性支出累计值与根据表10－3计算的合计数相比有四舍五入导致的差异。

从家庭收支的数额来看,收入远远大于消费支出,而且差额呈现出不断扩大的趋势,收支结余在2013年达到了8 932元,占总收入的33%。说明居民家庭收支状况良好,家庭结余不断增加,从另一个侧面也证明了居民家庭储蓄和财富不断增加。

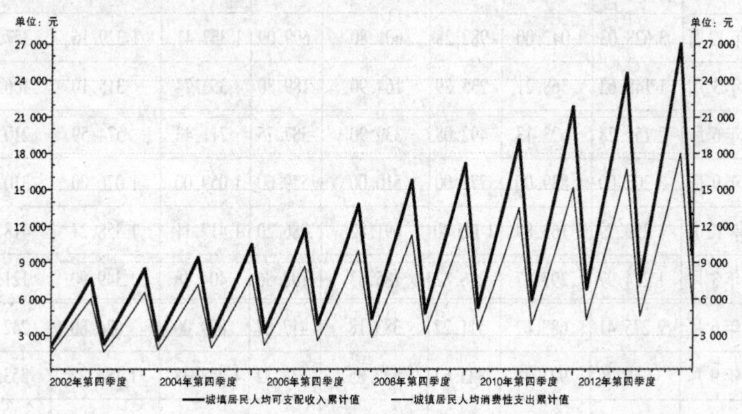

图 10－9 城镇居民收支对比情况

据统计数据发现,城镇居民的家庭消费支出也呈现出越来越健康、越来越合理的状态。

表 10－3 城镇居民人均消费性支出(累计值)分类表 单位:元

指标 时间	食品	衣着	居住	家庭设备用品及服务	医疗保健	交通和通信	教育、文化、娱乐服务	其他商品和服务
2005年3月	793.08	254.57	163.17	107.23	139.31	239.14	253.55	70.08
2005年6月	1 477.01	432.99	345.26	223.80	300.25	493.14	451.62	141.18
2005年9月	2 194.25	573.49	553.83	332.25	448.80	750.12	892.20	205.12
2005年12月	2 914.39	800.51	808.66	446.52	600.85	996.72	1 097.46	277.75
2006年3月	838.50	284.80	185.40	118.30	148.10	300.10	287.40	81.30
2006年6月	1 568.90	485.10	386.40	247.00	307.20	568.00	504.60	160.40
2006年9月	2 304.70	654.90	613.60	371.90	460.70	853.90	988.30	232.30
2006年12月	3 111.92	901.78	904.19	498.48	620.54	1 147.12	1 203.03	309.49
2007年3月	978.97	335.53	210.05	151.49	164.44	363.57	315.87	99.63
2007年6月	1 793.00	571.00	419.00	304.00	337.00	663.00	558.00	186.00

续表

时间＼指标	食品	衣着	居住	家庭设备用品及服务	医疗保健	交通和通信	教育、文化、娱乐服务	其他商品和服务
2007年9月	2 672.00	759.00	660.00	444.00	511.00	1 007.00	1 074.00	268.00
2007年12月	3 628.03	1 042.00	982.28	601.80	699.09	1 357.41	1 329.16	357.70
2008年3月	1 148.62	368.21	235.29	164.90	189.80	353.74	315.10	106.61
2008年6月	2 151.28	623.13	492.08	339.90	387.75	711.43	574.59	210.12
2008年9月	3 202.00	839.00	772.00	510.00	579.00	1 059.00	1 076.00	310.00
2008年12月	4 259.79	1 165.89	1 145.40	691.82	786.20	1 417.11	1 358.27	418.31
2009年3月	1 224.97	397.77	246.82	185.43	198.86	404.48	349.90	121.88
2009年6月	2 275.41	683.62	511.22	383.18	417.87	829.00	636.80	242.18
2009年9月	3 340.26	923.78	825.67	577.85	634.12	1 253.38	1 184.72	353.93
2009年12月	4 478.54	1 284.20	1 228.91	786.94	856.41	1 682.57	1 472.76	474.21
2010年3月	1 307.37	453.14	279.49	220.45	203.21	503.85	372.95	134.24
2010年6月	2 417.48	761.99	568.08	450.95	424.45	990.18	692.73	264.93
2010年9月	3 563.75	1 020.01	897.50	670.22	640.67	1 483.57	1 291.15	374.75
2010年12月	4 804.71	1 444.34	1 332.14	908.01	871.77	1 983.70	1 627.64	499.15
2011年3月	1 466.49	520.40	291.64	245.64	232.62	518.36	423.39	147.80
2011年6月	2 732.32	883.33	597.22	507.67	480.15	1 038.01	785.77	293.71
2011年9月	4 099.95	1 184.30	947.67	758.60	716.77	1 608.87	1 447.39	431.83
2011年12月	5 506.33	1 674.70	1 405.01	1 023.17	968.98	2 149.69	1 851.74	581.26
2012年3月	1 671.00	550.00	317.00	270.00	257.00	615.00	468.00	172.00
2012年6月	3 072.61	959.59	651.61	557.45	533.53	1 220.03	863.44	335.51
2012年9月	4 519.00	1 293.00	1 014.00	832.00	793.00	1 851.00	1 587.00	487.00
2012年12月	6 040.85	1 823.39	1 484.26	1 116.06	1 063.68	2 455.47	2 033.50	657.10

以2012年为例，居民家庭消费性支出已经达到16 674.31元，八大类消费支出详情如下：

食品支出达到6 040.85元，占总支出的比例为36.23%；

衣着支出为1 823.39元，占总支出的比例为10.94%；

居住支出为 1 484.26 元，占总支出的比例为 8.90%；

家庭设备用品及服务支出为 1 116.06 元，占总支出的比例为 6.69%；

医疗保健支出为 1 063.68 元，占总支出的比例为 6.38%；

交通和通信支出为 2 455.47 元，占总支出的比例为 14.73%；

教育、文化、娱乐服务支出为 2 033.50 元，占总支出的比例为 12.20%；

其他商品和服务支出为 657.10 元，占总支出的比例为 3.94%。

可见，食品、衣着支出的比例还是比较大的，分别为 36% 和 11%，两者合计达到 47%。而教育、文化、娱乐服务支出的比例较小，需要进一步提高。从总体来看，我国居民消费的状况不断好转。

另外，从居民收入的公平水平来看，反映居民收入公平度的指标基尼系数①呈现下降趋势，从 2008 年的高点 0.491 下降到 2013 年的 0.473，说明我国的居民收入分配越来越趋向于公平。

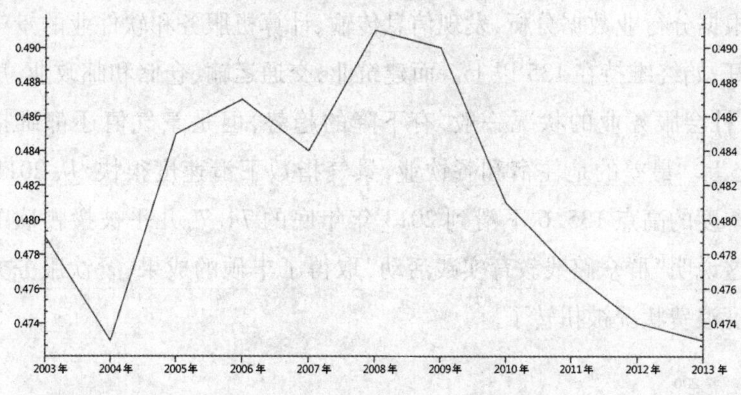

图 10－10　中国居民收入基尼系数

4. 经济景气程度逐渐好转

自 2008 年第四季度工业企业景气指数达到最低值 98.5 之后，工业

① 1922 年，意大利经济学家基尼（Corrado Gini）提出了基尼系数，用于定量测定收入分配的差异化大小。基尼系数的取值范围为从 0 到 1，它所代表的收入分配的差异化程度越来越大。依据国际标准，当基尼系数大于 0.4 时，表示收入差距较大，而当其大于 0.6 时，则表示收入差距很大。

企业景气状况开始好转，工业企业景气指数逐渐回升，2011 年第二季度达到了 132.6 的景气值，之后虽然有所回落，但是基本保持在 125 以上的水平，说明工业企业景气状况比较稳定。

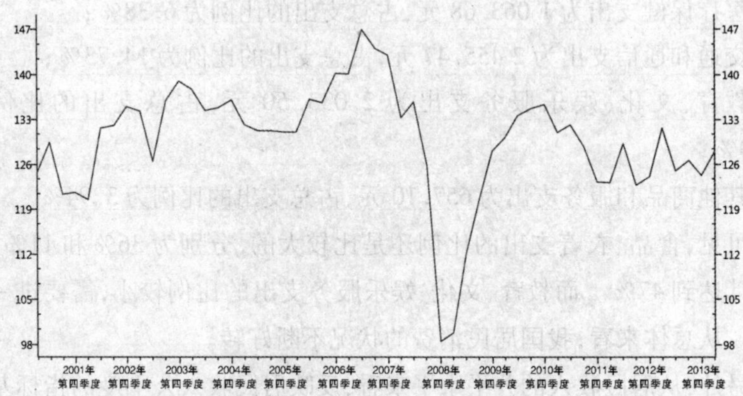

图 10－11　工业企业景气指数

根据分行业数据分析，发现信息传输、计算机服务和软件业的景气状况较好，始终维持在 135 以上。而建筑业，交通运输、仓储和邮政业，房地产业，社会服务业的状况一般，有下降的趋势，但是景气值还都维持在 105 之上。最差的是住宿和餐饮业，景气指数下滑速度很快，从 2011 年第三季度的高点 135.6 下滑到 2013 年年底的 74.7，几乎被拦腰砍下一半。这说明“群众路线教育实践活动”取得了丰硕的成果，餐饮服务方面的过度浪费状况被扭转了。

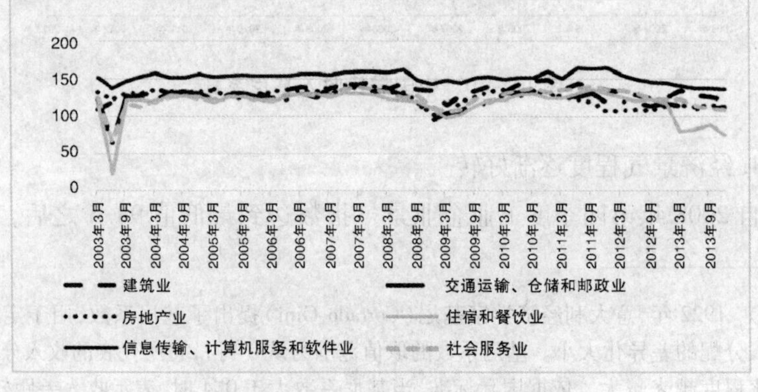

图 10－12　分行业企业景气指数

表 10－4　　　　　分行业企业景气指数表

行业 / 时间	建筑业	交通运输、仓储和邮政业	房地产业	住宿和餐饮业	信息传输、计算机服务和软件业	社会服务业
2003 年 3 月	109.34	123.81	131.88	115.05	151.77	125.40
2003 年 6 月	118.81	62.44	122.62	23.17	137.41	65.71
2003 年 9 月	124.82	126.95	130.61	122.41	147.24	116.52
2003 年 12 月	128.66	126.27	131.32	121.46	152.89	112.83
2004 年 3 月	121.17	136.86	135.91	118.47	157.11	121.71
2004 年 6 月	130.60	131.16	133.01	129.29	152.09	124.95
2004 年 9 月	130.25	132.73	132.42	127.16	151.81	127.99
2004 年 12 月	131.23	127.41	132.93	126.86	156.49	122.81
2005 年 3 月	121.91	136.54	134.61	118.26	152.33	122.52
2005 年 6 月	128.74	130.72	126.63	125.70	154.24	126.00
2005 年 9 月	130.85	130.34	123.71	126.30	154.70	126.78
2005 年 12 月	132.30	125.90	127.60	123.60	153.70	121.00
2006 年 3 月	124.20	128.30	133.00	118.90	153.80	122.90
2006 年 6 月	135.20	122.50	135.00	127.20	153.90	128.10
2006 年 9 月	139.40	131.20	132.60	129.80	156.40	129.30
2006 年 12 月	138.10	125.30	133.70	130.30	157.00	127.60
2007 年 3 月	127.70	137.70	138.80	125.10	155.10	128.10
2007 年 6 月	142.40	137.70	141.10	131.40	158.50	136.90
2007 年 9 月	143.20	139.20	140.30	130.20	160.00	139.00
2007 年 12 月	146.40	133.40	140.30	129.50	160.30	135.50
2008 年 3 月	136.70	135.10	132.20	123.30	159.00	132.20
2008 年 6 月	144.20	129.00	131.80	121.30	162.90	124.80
2008 年 9 月	135.30	119.60	118.90	119.00	147.60	127.00
2008 年 12 月	134.30	95.20	101.70	111.30	143.80	112.90
2009 年 3 月	115.70	104.50	100.90	98.40	147.70	105.70

续表

时间＼行业	建筑业	交通运输、仓储和邮政业	房地产业	住宿和餐饮业	信息传输、计算机服务和软件业	社会服务业
2009 年 6 月	128.90	108.50	119.60	103.00	145.10	109.00
2009 年 9 月	134.50	116.90	126.30	115.10	151.80	124.10
2009 年 12 月	140.50	117.80	133.60	121.60	153.50	119.00
2010 年 3 月	133.60	130.70	135.80	122.30	149.70	130.80
2010 年 6 月	142.40	131.80	127.30	128.80	151.30	134.70
2010 年 9 月	147.50	134.20	131.70	130.10	152.20	137.70
2010 年 12 月	148.40	128.70	132.40	124.20	159.70	132.00
2011 年 3 月	135.30	127.80	125.80	124.10	150.40	135.60
2011 年 6 月	143.70	125.80	122.60	129.80	165.10	136.70
2011 年 9 月	139.80	130.80	119.40	135.60	164.20	140.00
2011 年 12 月	135.50	118.50	107.20	129.90	164.90	135.70
2012 年 3 月	132.10	119.70	108.00	125.80	154.80	134.40
2012 年 6 月	128.50	118.20	109.20	121.10	148.80	130.80
2012 年 9 月	123.90	114.50	108.00	123.40	145.80	122.00
2012 年 12 月	124.40	118.10	113.80	117.50	144.40	122.20
2013 年 3 月	134.40	113.80	115.30	79.80	140.60	122.60
2013 年 6 月	128.90	110.70	113.20	82.90	136.80	114.60
2013 年 9 月	125.50	111.00	115.70	88.30	137.80	110.40
2013 年 12 月	122.80	113.30	113.20	74.70	136.70	109.10

根据对制造业采购经理指数(PMI)和消费者信心指数的统计分析发现,消费者信心指数开始恢复。而 PMI 和投资者信心指数依然处于较低位置,显示出制造业采购状况不乐观和投资者信心存在不足。而企业家信心指数也处于下滑状态,从 2011 年第一季度的 138.9 下滑到 2013 年年底的 117.1。总体来看,企业家信心、制造业采购信心、投资者信心处于下滑状态,并且指数值比较低,而消费者信心开始恢复。

5. 主要工业产品和基础能源产品产量平稳增长,固定资产投资增速明显

主要工业产品和基础能源产品钢材、水泥、电、汽油等出现了稳定增长趋势。从图 10 – 13 中可以看出,扣除季节性因素,这些产品的产量增长比较均匀。2013 年 12 月水泥的月产量已经达到了 20 529 万吨,比 2008 年 12 月的 12 527 万吨增长了 8 002 万吨,增幅接近 2/3。钢材产量在 2013 年 12 月已经达到了 9 040 万吨,比 2008 年 12 月的 4 882 万吨增长了 4 138 万吨,增幅达到 85%。2013 年 12 月发电量达到 4 780 亿千瓦时,比 2008 年 12 月的 2 740 亿千瓦时增长了 2 040 亿千瓦时,增幅达到 74%。汽油产量在 2013 年 12 月达到 875 万吨,比 2008 年 12 月的 575 万吨增长了 300 万吨,增幅达到 52%。

可以看出,主要工业产品和基础能源产品产量平稳增长,自 2008 年以来的累计增幅均超过了 50%。而这些产品是支持经济发展的主要产品,它们的平稳增长对经济发展的意义重大。

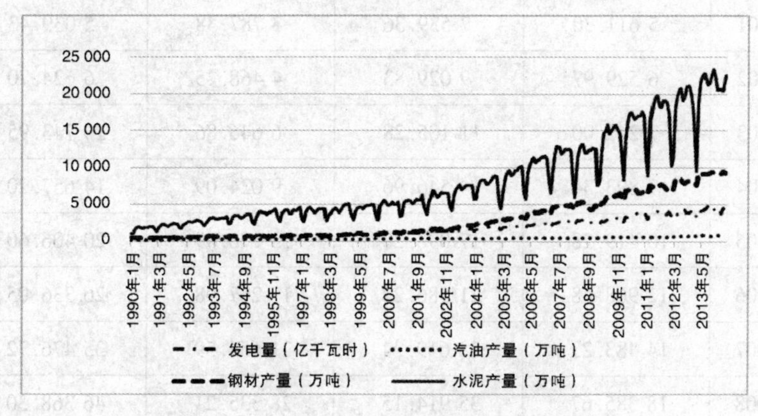

图 10 – 13　主要工业产品和基础能源产品产量

根据房地产业和制造业的固定资产新增投资额和投资完成额分析,房地产业和制造业的固定资产投资状况良好。房地产业固定资产新增投资额 2012 年为 45 705.25 亿元,是 2008 年 18 385.67 亿元的 2.49 倍;房地产业固定资产投资完成额 2012 年为 92 639.36 亿元,是 2008 年 35 914.15 亿元的 2.58 倍。制造业固定资产新增投资额 2012 年为 86 517.27 亿元,是 2008 年 28 335.21 亿元的 3.05 倍;制造业固定资产

投资完成额 2012 年为 124 403.90 亿元，是 2008 年 46 368.30 亿元的 2.68 倍。可以看出这两大产业的固定资产投资状况良好，投资规模不断扩大，对于经济发展起着很好的支撑作用。

表 10－5　　城镇固定资产投资　　单位：亿元

年份＼指标	房地产业固定资产新增投资额	房地产业固定资产投资完成额	制造业固定资产新增投资额	制造业固定资产投资完成额
1995	2 015.58	3 852.96	2 644.85	3 827.26
1996	2 906.90	4 067.87	3 409.90	4 184.41
1997	3 288.78	4 102.45	3 363.20	3 976.63
1998	3 833.24	4 697.49	3 286.54	3 873.10
1999	4 283.88	5 259.61	3 406.03	3 628.56
2000	4 787.92	6 147.42	3 335.40	4 003.78
2001	5 611.30	7 539.36	3 787.38	5 039.43
2002	6 529.97	9 029.83	4 468.25	6 624.70
2003	7 242.00	11 105.28	6 646.86	10 743.95
2004	7 893.34	14 546.96	9 024.09	14 657.20
2005	10 419.28	17 098.20	13 276.49	20 406.60
2006	12 968.48	21 586.22	17 267.98	26 336.05
2007	14 483.23	28 619.24	21 654.59	35 476.72
2008	18 385.67	35 914.15	28 335.21	46 368.30
2009	22 553.29	43 127.64	40 317.01	58 706.07
2010	27 642.99	57 633.09	48 751.67	74 485.18
2011	37 294.82	75 663.70	70 849.03	102 566.33
2012	45 705.25	92 639.36	86 517.27	124 403.90

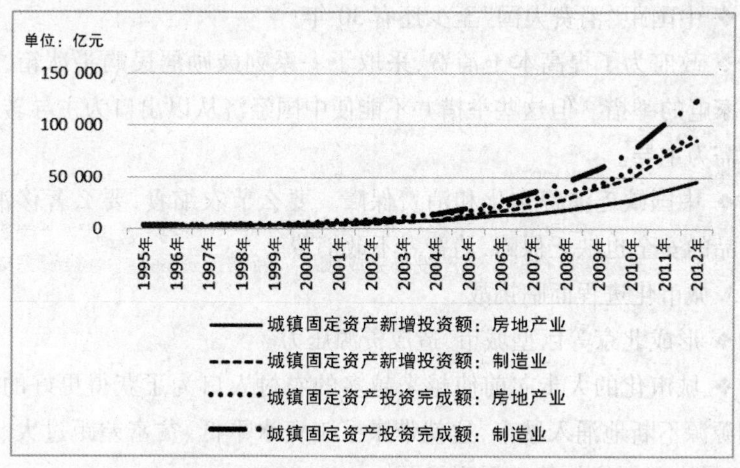

图 10－14　固定资产新增投资额和投资完成额

二、困扰中国经济发展的问题

(一)困扰中国经济发展的主要问题

1. 房地产问题

❖ 经济学家警告，中国开始面临房地产泡沫破裂的危险，这将对全球经济造成不可预料的影响。

❖ 4 万亿元人民币的巨额经济刺激计划，促进了建筑业的繁荣。地方政府修建了火车站、机场等重要的基础设施。2009 年，各级地方政府卖出了 1.9 万公顷土地，这一数值较 2008 年增长了 44%。

❖ 2009 年夏季开始，中国各银行房地产贷款总额增长 40%。

❖ 2011 年，全国房地产开发投资 61 740 亿元，比 2010 年增长 27.9%，增速比 2010 年回落 5.3 个百分点；房屋施工面积 50.80 亿平方米，比 2010 年增长 25.3%，增速比 2010 年回落 1.2 个百分点；全国房地产开发企业土地购置面积 4.10 亿平方米，比 2010 年增长 2.6%，增速比 2010 年回落 22.6 个百分点。

❖ 2012 年，“国五条”的地区差异和模糊信息，并没有给房地产市场带来预期的显著效果。

2. 拉动内需任重道远

❖ 经济转型不易，中国拉动内需面临挑战。

❖ 中国距“消费大国”至少还有30年。

❖ 政府为了提高本土消费，采取了一系列鼓励居民购买冰箱、洗衣机等家电的举措。但这些举措并不能使中国经济从以出口为主导转变为以内需为主导。

❖ 中国缺乏消费文化和消费保障。要么节衣缩食，要么奢侈浪费。消费品的安全也缺乏保障，消费者不敢消费。

3. 城市化进程面临挑战

❖ 形成北京等巨型城市，造成资源压力。

❖ 城市化的大步向前使越来越多的农村人口为了获得更好的工作报酬源源不断地涌入城市，这就带来了工资水平低、贫富差距过大、住房短缺、暴力犯罪增加等一系列问题。

❖ 摊大饼式的城市化建设无法重复，土地、水、空气等无法支撑。

4. 贫富差距愈演愈烈

❖ 贫富差距已经成为中国社会面临的严重问题。

❖ 目前，中国的人均国民收入属全球较低，但其却有着数万个亿元富翁。巨大的贫富差距使得精英阶层和普通百姓之间产生了无法忽略的巨大鸿沟。

表10－6　　**世界部分国家人均GDP**　　单位：美元

排名	国家和地区	2013年人均GDP	2012年人均GDP
1	卢森堡	112 135	107 206
2	挪威	105 478	99 462
3	卡塔尔	98 737	99 731
4	瑞士	80 473	79 033
5	澳大利亚	68 939	67 723
86	中国	6 629	6 076
141	印度	1 592	1 492
181	尼日尔	440	408
182	布隆迪	288	282
183	刚果民主共和国	251	237
184	马拉维	223	253

5. 产业升级面临阻力

❖ 由发展中国家向发达国家迈进是当前的任务。

❖ 由制造业大国晋升为服务业大国，是产业升级的重要转变。

❖ 中国的自然资源禀赋无法再支撑粗放式发展模式。

❖ 中国的环境已经达到临界值，无法再承受更多的污染。

（二）困扰中国经济发展的问题的成因

1. 为什么感觉收入低

❖ 一是全国平均水平较低，2013 年全国人均可支配收入为 18 311 元，同比增长 8.1%（扣除物价变动影响后），其中城镇人均可支配收入为 26 955 元(4 400 美元)。

❖ 二是收入增长速度低于同期的 GDP 增长速度。

❖ 三是物价上涨，尤其是与人们生活（衣、食、住、行）密切相关的产品。

❖ 四是人民消费期望值提高，向发达国家看齐(好车、豪宅、奢华消费)。

❖ 五是部分人的收入被平均了（行业差距、层级差距大）。

2. 为什么感觉差距大

❖ 一是地区发展不平衡，东部沿海地区先发展，内陆地区发展落后。

❖ 二是各地区资源条件不同。

❖ 三是各地区外部治理环境有差异，市场化、法制化程度及政府效率等不同。

❖ 四是行业差距，如垄断与非垄断、国有与非国有。

❖ 五是经常进行横向比，而不是同历史比、同前期比。

❖ 六是政策调节不到位，一次收入分配的调节力度不够。

3. 为什么房价高

❖ 一是房价本来就高，上涨过快。

❖ 二是投机投资过度，资金聚集过多。

❖ 三是缺乏系统的调控。

❖ 四是地方政府利益同居民利益有分歧。

❖ 五是成本过高，土地、资金、劳动力成本上涨。

4. 为什么感觉消费高

❖ 一是物价总水平上涨。

❖ 二是货币发行过多。

❖ 三是资源有限,人口多。

❖ 四是人民消费水平提高,追求更高层次的消费。

❖ 五是行业保护和垄断。

5. 为什么感觉浪费大

❖ 一是的确存在浪费,餐桌上每年浪费严重。

❖ 二是一些产品过度包装。

❖ 三是暴发户多,消费档次低,比富心理作怪。

❖ 四是缺乏可持续发展意识,只争朝夕,不看未来。

❖ 五是政策税收环节调控力度低。

6. 为什么感觉环境差

❖ 一是环境真的变差了,空气、水、森林等被污染。

❖ 二是工业化进程中的一个可能必然的阶段,伦敦、洛杉矶、东京等都经历过"污染—污染治理—保护"的过程。

❖ 三是缺乏环境保护意识,过度追求经济发展,但是经济发展的目的是什么?是为了人民过上幸福的日子,如果人们的身体健康受到影响了,追求经济发展有什么用?

❖ 四是政策跟不上,政府执法力度弱。

❖ 五是工程建设中缺乏必要的防护,缺少规划。

综上所述,中国目前经济现状综合问题集中表现为收入低,差距大,房价高,消费高,浪费大,环境差。

上述问题形成的原因在于:

❖ 经济双轨制(计划经济与市场经济并行)带来的副产品。

❖ 中国经济结构失衡造成的后遗症。

❖ 金融政策的变化导致风险积聚。

(三)经济结构调整的目标

为了解决目前面临的问题,需要进行经济结构调整,而我们现在正处于经济结构调整的初级阶段。

从本质上说,经济结构调整是对中国实体经济内部的自身结构失衡进行的调整,也是对外部冲击进行的回应。

从需求角度分析，调整是由外需主导型向内需主导型转变，由投资主导型向消费主导型转变。

从供给角度分析，是去除产品价格的虚高泡沫和去库存化的调整。

从产业角度分析，是部分产能过度扩张的行业去产能化，以及产业结构升级的要求。

从企业发展角度分析，是对国有企业的过度扶持、过度投资等双轨制政策逐渐退出的要求。

从社会福利角度分析，是由低工资、低福利社会向高工资、高福利社会转变的要求。

我国经济结构调整的最终目标应该包括如下方面：

❖ 国家升级：发展中国家到发达国家。

❖ 消费升级：低质低层次到高质高层次。

❖ 产业升级：制造业为主到服务业为主。

❖ 发展升级：跨越发展到和谐发展。

❖ 社会升级：不计后果到诚实守信。

❖ 金融升级：垄断约束到开放创新。

为了实现最终目标，应该对政策（包括财政政策、货币政策、收入政策和产业政策等方面）进行调整，以符合国家升级、社会升级和产业升级等方面的要求。调整路径如图 10－15 所示。

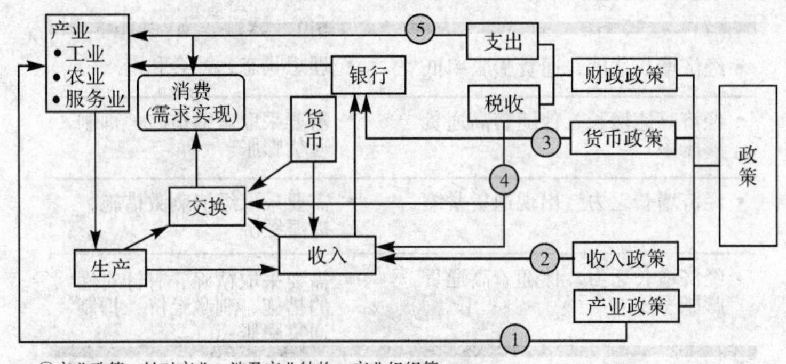

图 10－15　经济结构政策调整路径

三、中国如何升级为发达国家

不论是凯恩斯经济学、新凯恩斯经济学，还是弗里德曼经济学、新范式经济学，都有其成功之处，都曾经辉煌过一个时代并为经济发展提供了动力，但是最终都以经济泡沫破裂而告终。

人们推崇美国的经济发展模式和市场经济体制，但是美国目前的政党之争、议院和总统的冲突，以及政府对市场的干预等存在着众多矛盾。美国作为一个市场化历史比较悠久的国家，在几百年的历史中，经历了从自由放纵的个人主义市场经济，到政府引导经济事务，到自由资本主义，再到政府干预的资本主义等发展阶段，对到底哪一种经济发展模式是最完善的，至今也没有得出一个明确的结论。

人们不禁要问，到底什么样的经济发展模式是理想的？

下面的对比，也许能给大家以启示。

（一）经济发展与通货膨胀的关系

在整个经济发展的过程中，经济增长适度，通货膨胀率较低，才是理想、和谐的社会状态；而对于其他，诸如经济高速增长，或是经济增长乏力以致出现通货紧缩，都需要采取精确的、有针对性的措施，稳定经济发展，实现持续增长。寻求正确的经济发展理念和发展方式，正成为世界各国普遍关注的重大问题。

• 经济增长适度，通货膨胀率低	• 理想状态，社会和谐
• 经济高速增长，伴随着高通货膨胀率	• 需要采取紧缩措施，抑制通货膨胀
• 经济增长乏力，出现通货紧缩	• 需要采取经济刺激措施，提振经济
• 经济增长乏力，伴随着高通货膨胀率	• 需要采取精确、有针对性的措施，刺激经济，抑制通货膨胀

图 10－16　经济发展与通货膨胀

（二）政府治理与市场运行的关系

一般来说，各国政府可以通过高效、少量的市场干预，注重市场的自身调节，实现理想的政府治理，构筑有效市场。但是有些情况下，事与愿违，政府有时干预市场的效率较低，而且政策多变，不重视市场的自身调节，就导致经济发展的不稳定、不平衡。

理想的政府治理	不理想的政府治理
•领导者能力出众，精英治国	•领导者能力不突出，官僚治国
•政府干预市场效率高，地方政府执行力强	•政府干预市场缺乏效率，地方政府执行力弱
•注意市场的自身调节，政府尽量减少干预，政策稳定	•政策多变，不重视市场的自身调节 •自由放任，完全由市场调节

图 10－17　政府治理与市场运行

(三)成功升级为发达国家的条件

发展中国家成功实现向发达国家升级，必须满足如下条件：

(1)通过对外开放利用世界经济；

(2)维持宏观经济稳定；

(3)保持高储蓄率和投资率；

(4)用市场机制配置资源；

(5)拥有坚定、可信赖和有能力的政府。

我们应该按照这五方面的要求，不断扩大对外开放力度，保持宏观经济稳定，维持较高的储蓄率和投资率，充分发挥市场配置资源的决定性作用，保持国家和政府的稳定。

在中国经济发展目标明确的前提下，政府应该改变原来存在的只为拉动当地 GDP 而进行投资的一些做法，而更多地从百姓福利方面入手，将重心放在提升国民的幸福指数上。我们应学习西方社会，将经济发展的核心目标确立为创造财富、积累财富、享受财富。比如修建城市下水工程，我们应该力争使其牢固耐用为百姓生活带来方便，而非反复修建以图 GDP 的增长。

拉动经济靠地方政府投资手段是远远不够且不可持续的，因为它对 GDP 的拉动效果不好，而且导致了地方政府负债的增加，最终可能引发债务危机。我们应该走富民路线,实行结构性减税,要让百姓手中真正有钱。像西方国家那样依靠消费提升经济并不是靠外部拉动能实现的,老百姓有钱消费才是关键所在。

目前,我国的债务情况并不像部分专家所说的与"欧猪五国"类似,也不能与20世纪90年代的日本经济衰退归为一类。其原因在于,我国经济并不像欧洲和日本当时的经济一样已经达到较高的水平。我国存在着社保的历史欠账、环境污染等很多问题。当欧洲各国遇到债务危机时,只需勒紧裤带过上几年低福利的生活。而且对于20世纪90年代的日本来说,其海外投资所带来的巨额财富可以帮助国内下滑的经济振作起来。但是当中国遇到这种问题时,我们就会发现,一旦爆发多重叠加的债务危机,其后果将无比严重。为此,我们要做好如下准备:

第一,货币政策要谨慎。

一般来说,货币政策侧重于预防通货膨胀和调整结构。我们应该保证政策的稳定性及不间断性,不断增强政策的针对性,灵活地应对每个问题,以恰好的实施节奏、力度及重点,有效地处理好保持经济平稳较快发展、管理好通胀预期和调整经济结构三者之间的关系,促进国家经济的健康发展。要推动金融市场的健康有序发展,我国应进一步完善人民币汇率的形成机制;还要增强市场的资源配置功能,与经济政策协调配合,优化政策组合,着力于体制、机制改革和经济结构调整。

第二,理性调控楼盘价格。

全国人大常委会委员、全国人大内务司法委员会委员郑功成表示,我国要加大保障性住房的规模,提高我国居民的自有住房率,使供求关系趋向平衡,商品房价格也会渐趋理性。那么,人们购买住房将是为了改善居住条件,而不再是为了生存或者用于投资。

结合当前住房消费群体对住房需求的选择,人们一直存在一种观念,即住房分三重境界:最高境界是住自己的房,也就是购买所谓的商品房;次高境界是自己住别人的房,即租住别人的房;最低境界是自己住政府的房,即住公租房或保障房。因此,我国政府需要做的就是帮助住房需求者分清所谓的"三界",不能一开始就要最高境界,这不是理性的消费观念。

当然,改变当前观念的前提是政府要解决买不起房也租不起房的人的起码居住条件的问题,也就是加强保障房建设。从住公租房到住自己的房,应该是一个渐进的过程。而目前保障房的比重太小,还达不到这种效果,这样一来,也就很容易放大了大家在住房消费中的不安和焦虑,进而造成大家的非理性追求,以致把商品房价格推得很高。

总而言之,政府应该理性控制楼盘价格,转变消费者住房观念,刺激资本流向房地产以外的其他实体经济,最终让各行各业实现的利润趋于社会的平均利润。

第三,区域经济平衡发展。

首先,“西部大开发”、“振兴东北老工业基地”以及“率先发展东部地区”已经在党的十七届四中全会中被升级为国家的总体战略,而十八届三中全会提出的发挥市场在配置资源中的决定性作用更为国家和产业升级奠定了基础。地方性的区域规划是国家总体区域发展战略的一部分,也是实施国家总体区域发展战略所需要的。其次,国际金融危机导致国际贸易保护主义和地方经济保护主义抬头,对我国经济造成冲击,因此为了保持稳定的经济增长,就需要众多新的经济增长点。再次,我国各个区域都具有一定的发展基础,但是,行政区划与经济跨区域协调体系和机制并没有完善,成为约束区域发展的国内环境,需要更明确的功能定位,更应注意区域间的协调和合理分工。最后,资源环境对经济发展的约束应予以重视,一些区域产业发展超过了资源、环境承载能力,导致生态环境恶化。

第四,不断推进我国城市化进程。

加快城市化进程不仅可以降低过快的人口增长,还能够推动“三农”问题的解决。目前,我国农业生产规模不断扩大,土地的使用也日益集中,同时伴随着生产技术升级和劳动工具的先进化,农业生产力大为提高;而随着城市规模的扩大、城市人口的增加、人们生活水平的进一步提高,百姓对农副产品的需求也保持增长,这就形成了对农业发展的有力推动,为“三农”问题的解决创造了有利条件。推进城市化进程还可以在加快我国工业化进程、促进资源要素和经济活动的集聚以及保护和建设生态环境等方面起到重要的作用。

第五，打破部分垄断行业的垄断。

我国在深化经济改革及完善社会主义市场经济体制过程中，必须真正遵循价值规律，在经济运行中创造平等竞争、优胜劣汰的良好环境，实行等价交换的行为准则，反对行业垄断行为。行业垄断是典型的计划经济的产物，因此，从这方面讲，破除行业垄断就要首先实行政企分离。

第六，适当控制通货膨胀。

通货膨胀的传统定义是一定时期内纸币的发行量超过流通中所需要的金属货币量而导致的物价上涨的现象。通货膨胀产生的原因主要是：货币超发，造成流通中的货币量增加，币值下降，物价上涨，以及经济、产业结构不合理。我国 2008 年、2009 年出现的通货膨胀是两者兼具的。因此应该通过货币政策和结构调整来控制通货膨胀。

我们完全有理由相信，中国政府和人民具备足够的智慧和能力，在世界经济复苏的大背景下，不断深化改革，全面开放，实现中华民族的伟大复兴。

参考文献

陈帅宇. 2012. 欧债危机的成因、影响及启示[J]. 经营管理者(13).

陈云. 2008. 美国次级按揭贷款危机及对我国金融风险管理的启示[J]. 生产力研究(21).

楚焱. 2008. 冰岛:每人欠 37 万美元[J]. 新世纪周刊(30).

杜军玲. 2010 - 11 - 03. 央行继续实施适度宽松的货币政策[N]. 人民政协报.

丰雷,朱勇,谢经荣. 2002. 中国地产泡沫实证研究[J]. 管理世界(10).

何帆,程融融,曾省存. 2008. 美元汇率走势及其影响[J]. 中国金融(3).

姬春艳. 2012. 基于供求关系理论与泡沫理论房地产泡沫程度的分析研究——以郑州市为例[J]. 生产力研究(7).

贾晓薇. 2008. 美国次贷危机对中国的影响及对策[J]. 当代经济(8).

李延喜. 2008. 次贷危机与房地产泡沫[M]. 北京:中国经济出版社.

梁明,李光辉. 2011. 中国对外贸易:2011 年上半年分析和下半年展望[J]. 国际贸易(8).

刘晓辉. 2012. 欧债危机反思[J]. 领导之友(3).

牛娟娟. 2010 - 11 - 03. 央行:继续引导货币条件逐步回归常态水平[N]. 金融时报.

齐建国. 2009. 2008—2009:国际金融危机下的中国经济分析与预测[J]. 财贸经济(1).

童海华. 2009－02－07. 2009 年我国价格领域十大猜想[N]. 中国经济导报.

王敏. 2007－11－08. 关注美次债危机对中国经济五大影响[N]. 上海证券报.

吴伟. 2011－06－02. 美国突破“债务天花板”困难重重[N]. 中国财经报.

余永定. 2008. 美国次贷危机:背景、原因与发展[J]. 当代亚太(5).

朱哲欣. 2012. 浅析欧债危机——以希腊为例[J]. 时代金融(26).

后 记

2007年美国次贷危机爆发以来，我一直关注危机的进展，从学术研究的角度，在理论上梳理房地产泡沫的有关资料，并建立了比较粗浅的评价指标和体系来评价房地产健康发展状况。2008年，将上述研究成果在中国经济出版社出版了《次贷危机与房地产泡沫》一书，并有幸得到读者的关注，成为当时的畅销书之一。

之后的一段时间里，受地方政府、企业和同学们的邀请，我围绕金融危机后的世界经济、中国经济发展状况做了数十场报告，涉及欧洲债务危机、房地产泡沫等专题。

几年来，这些讲稿不断完善，现在终于要变成出版的文字，我心中的一块石头终于落地，个人的某些想法和观点将与公众见面，我既忐忑，又期待。

这本书委托大连出版社来出版，主要是基于对刘明辉社长及其团队的信任，也是对前辈、朋友承诺的履行。感谢张波涛、王阳等的辛苦工作，他们为讲稿和本书的出版付出了巨大的努力。

中国传统文化认为，“人而无信，不知其可也”（《论语·为政》）。诚信是中华民族的传统美德，“人无诚信不立，业无诚信不兴，国无诚信不强”明确提出了诚信是做人处事之本、治学经商之道、治国安邦之纲。“上好信，则民莫敢不用情”（《论语·子路》）、“言必信，行必果”（《论语·子路》）、商鞅变法的“立木为信”等都体现了中华民族对诚信的重视。司马光则将政府诚信上升到强国的境界：“夫信者，人君之大宝也。国保于民，民保于信；非信无以使民，非民无以守国。……不善者反之……上不信下，下不信上，上下离心，以至于败。”（《资治通鉴·周纪二》）

诚信是经济发展的基础，是现代契约精神的体现，债务危机的出现，是对诚信精神的践踏，是对契约精神的违背，危机的始作俑者必将成为历史的弃儿。

诚信是经济发展的动力，诚信社会需要大家的努力与维护，"诚信立，国富强，民幸福"。期待着我们在"中国梦"思想的指导下，顺利渡过全球经济危机，建设富强、民主、文明的国家。